职业院校专业群个性化人才培养模式创新与实践

ZHIYE YUANXIAO ZHUANYEQUN
GEXINGHUA RENCAI PEIYANG
MOSHI CHUANGXIN YU SHIJIAN

郑小飞 著

中国纺织出版社有限公司

内 容 提 要

杭州职业技术学院服装设计与工艺专业群于2019年立项为国家双高计划高水平专业群，专业群紧密对接纺织服装产业的发展趋势，不断深化校企合作、产教融合，积极探索个性化人才培养模式改革。本书是建设期间理论成果和实践经验的总结。

本书从校企命运共同体构建、专业群组建、人才培养定位、课程体系构建、教学资源建设、实训基地建设、技术技能创新平台构建、专业群特色文化培育和提升社会服务水平等方面总结了高水平专业群建设经验，既有机制举措，又有实践案例。

本书可供职业院校从事专业建设和教学工作的教师、管理人员及研究人员参考。

图书在版编目（CIP）数据

职业院校专业群个性化人才培养模式创新与实践 / 郑小飞著 . -- 北京：中国纺织出版社有限公司，2022.4
ISBN 978-7-5180-9503-2

Ⅰ.①职… Ⅱ.①郑… Ⅲ.①高等职业教育—专业设置—人才培养—研究 Ⅳ.①G718.5

中国版本图书馆 CIP 数据核字（2022）第 065453 号

责任编辑：华长印 刘美汝　　责任校对：寇晨晨
责任印制：王艳丽

中国纺织出版社有限公司出版发行
地址：北京市朝阳区百子湾东里 A407 号楼　邮政编码：100124
销售电话：010—67004422　传真：010—87155801
http://www.c-textilep.com
中国纺织出版社天猫旗舰店
官方微博 http://weibo.com/2119887771
唐山玺诚印务有限公司印刷　各地新华书店经销
2022 年 4 月第 1 版第 1 次印刷
开本：710×1000　1/16　印张：14.5
字数：253 千字　定价：98.00 元

前 言 PREFACE

近年来，杭州职业技术学院（简称"杭职院"）达利女装学院的学生在业内十分"活跃"。他们为著名画家陈家泠制作的系列服装，成为泼墨创作的艺术载体，走进中国国家博物馆；他们在暑期社会实践时所创作的面料图案，被企业"相中"落地，并在第18届中国国际家纺面料展上大放异彩；他们在全国高职院校技能竞赛上屡获金奖；在与浙江省内高校服装技能大赛上也毫不逊色，作品深受评委好评。

数据显示，达利女装学院2018年毕业生就业率为98%；2019年毕业生就业率攀升到98.34%；2020年毕业生就业率再创新高，达到99%；2021年，正当不少大学生都在感叹就业难时，达利女装学院很多毕业生早已找好"婆家"，超过了2020年同期水平。为什么在许多本科院校的毕业生一再降低就业门槛，努力冲击就业大门时，达利女装学院的高职毕业生却能像股票市场中的"绩优股"，营造出一个区域内的小"牛市"呢？

其原因归结于达利女装学院主动对接区域主导产业，打造与区域经济社会发展、产业结构调整契合度高的专业群，全力实施以服装设计与工艺专业为龙头，以针织技术与针织服装、艺术设计专业为基础的专业群建设，搭建学校、政府、行业、企业等共同参与的协同育人平台。十年来，达利女装学院围绕"准、深、广"的发展思路，走出了一条具有杭职院特色的产教融合、校企合作之路，为女装产业培养高素质技术技能型人才，助推区域经济社会发展和产业转型升级。

职业教育培养的是技能型人才，必须以就业为导向，瞄准职业岗位群和技术领域的实际需要，关注综合职业能力的培养。因此，以企业的生产实际和行业发展需求引领教学，以企业真实产品研发促进课程改革，可以让教学改革变得更有方向。与行业主流企业合作的一大好处是能紧紧抓住市场脉络，绝对不会让专业变"空"。在达利（中国）有限公司（简称"达利公司"）正式上线生产的丝绸产品中，很大一部分是由杭职院达利女装学院教师与企业设计师带领学生共同研发的。当这些产品在纺织服装市场激烈的竞争中脱颖而出时，参与研发的学生们也早已解决了就业问题。

学生为何能在业内如此受欢迎，还要从达利女装学院的成立说起。女装产业是杭州传统产业和特色产业，达利公司作为全球知名的丝绸纺织及服装企业，是国内丝绸女装产业发展的引领者。2009年1月，杭州职业技术学院在原艺术系的基础上成立了达利女装学院，在以合作共赢为基础，以合作办学、合作育人、合作就业、合作发展为目标，通过协议的形式缔约建设的相互联系、相互开放、相互依存、相互促进的校企共同体。

2019年，达利女装学院和达利公司开启了新的十年合作，寻求校企共同体的迭代升级。专业群对接杭州女装产业转型升级，进行专业定位，遵循"以学生为本"的宗旨，以提高岗位综合职业能力为目标，校企共同实施"双线双融"人才培养模式，构建时尚特色鲜明的专业群课程体系，共建"双师"结构教学团队、共建校内生产性实训基地，开发了由企业岗位能力要求和职业资格标准所构成的学力证书、岗位技能证书，旨在以企业生产实际引领教学，提高学生的综合职业能力，使学生体面就业。通过十几年的紧密合作，达利女装学院已成为融学校专业建设及企业生产研发各环节为一体的校企共同体，双方共同规划、共同组织、共同建设、共同管理、共享成果、共担风险，用创新的方式培养丝绸女装一线高级蓝领人才。

杭职院在人才培养的种种创新，提升学校内涵建设、赢得学生与家长认可的同时，形成了良好的社会口碑和舆论赞誉，引来教育管理机构、兄弟院校、学者专家的拜访与交流。于是，将人才培养创新的经验与做法加以总结，从而形成可供借鉴案例的要求与呼声日盛。在这样的背景下，笔者整理、总结了近年来在人才培养上的做法与举措，形成本书，希望为我国的职业教育人才培养理论与实践探索，贡献自己的一份绵薄之力。

郑小飞

2022年3月

目 录 CONTENTS

第一章

构建校企命运共同体　打造产教融合生态圈

　　校企合作是目前高职院校实施工学结合的重要途径，高职院校只有与社会企业有效衔接，才能培养出经济社会发展真正需要的高素质技能型人才。校企合作也是各校非常关注和积极探索的热点问题，多年来已有部分高职院校与企业合作，形成了一些校企合作模式。分析目前国内已有的校企合作模式，确实在高职教育中取得了一定的成效，但也发现，校企合作的企业往往由于其行业主导的局限性，难以深入开展工学结合的人才培养，校企合作中仍存在着许多实际问题和发展瓶颈，例如，缺乏有效的校企合作机制，校企合作动力不足；校企合作缺乏稳定性、持久性；合作表面化，企业没有在学校人才培养过程中产生实质性作用，这些问题都会制约校企合作的深入发展。因此，如何在这些方面取得突破，深入推进人才培养模式改革，是当前高职教育发展所面临的重大课题。

第一节　高职教育校企合作的现状分析

　　高职院校以培养符合企业要求的专业型人才为主要目标。高职教育的产生和发展都与社会经济发展紧密结合，它具有服务地方经济快速发展的作用。故高职教育以培养经济社会发展所要求的专业人才为目标，这样就使高职教育和经济发展相辅相成、相互促进。因此，高等职业教育的培养目标决定了高职院校必须开展校企合作。

　　那么，我国高职院校校企合作的现状如何，造成这些状况的原因又在何处？

　　高职教育作为职业教育的高级阶段，其根本目标是培养适应新时期社会需求的高素质技能型人才，这一特性决定了寻求并积极探索校企合作运行方式成为它的历史使命。纵观近年来我国高职教育的发展，的确取得了举世瞩目的成就，并且呈现一片欣欣向荣的景象。然而，我国职业教育校企合作产生和发展的时间较晚，理论研究相对薄弱，实践探索也仍在摸索中，尤其对高职教育来说，合作水平严重滞后于高职教育发展的需要，这些都是毋庸置疑的事实。总体而言，无论是校企合作的深度、广度，还是合作成效，都还不能很好地满足高职教育服务经济社会发展的需求，进一步深入开展这项工作，还有诸多需要解决的困难和问题。从执行情况来看，目前我国高职教育校企合作主要存在四种不尽如人意的现状。

一、合作深度

高职教育工学结合以校企合作为基础贯穿于人才培养的全过程，工学结合的程度和质量也直接取决于校企合作的深度和广度。同时，作为一种与社会经济关系最为密切和直接的高等教育类型，高职教育只有与行业、企业紧密合作，与地方社会经济发展进行有益互动，才能实现其人才培养、服务社会等功能。对于多数高职院校而言，在校企合作的初期，学校为了真正实现与企业合作培养人才、分摊教育成本、提高社会声誉等目标，大多会积极主动地寻求与企业的合作，消极参与的可能性较小。然而，由于缺乏相关体制的外部约束，学校容易产生急于求成的心态，加上学校与学校之间的竞争日趋激烈，尤其是办学成本的提高，校企双方的合作效率往往会随着时间的推移而出现下降的趋势，还有一些学校为了追求高收益，便会选择从控制合作成本入手，此时很容易导致浅层次的校企合作行为。

总体来看，现阶段我国高职教育大多还停留在较浅层次的合作，这主要表现在以下三个方面：首先，校企合作的内容比较简单，高职教育的功能观主要着眼于培养高技能人才，校企双方开展全方位、多层次合作的案例不多；其次，校企合作的形式比较单一，目前主要集中于订单培养、共建基地、顶岗实习等方面，参与其他形式合作的学生比例较低，形式多样的校企合作模式有待深入挖掘；最后，获得合作信息的途径不够丰富，企业获得相关合作信息的主要通道往往局限于职业院校主动联系、企业自主寻找、行业协会推荐等，而高职院校获得合作企业信息的最主要途径仅仅是主动搜寻企业，政府、行业协会在学校和企业获得双方主体信息和合作意愿的沟通上所起到的作用十分有限。不可否认，浅层次的校企合作是高职教育发展的必经阶段，这个阶段不仅是一个双向选择的过程，更是一个大浪淘沙的过程。在这一阶段，学校开始主动树立面向市场需求、服务经济社会的合作理念，逐步改革学校的教学方式、探索人才培养模式，以此接受来自市场最严格的检验。

二、利益契合度

高职院校与企业的合作应该建立在一定的利益基础之上，利益是双方产生合作行为的直接驱动力。当前，高职院校在校企合作中考虑更多的是如何借助外部资源，为培养高素质技术技能人才服务，强调政府以及行业、企业支持职业教育的责任和义务，还很少在校企合作过程中建立互惠共赢的利益机制，缺乏与企业合作的利益契合点。首先，企业对校企合作的需求不足。一是企业出于对高素质人力资源的追求，对于高职院校毕业生的需求并不高；二是职业院校还没有充分发挥其培训功能，并没能成为企业员工培训的依托主体；三是高职院校服务企业的能力不强，企业对于高职院校的合作教育项目具有很高期望，而高职院校的科研能力相对薄弱，无法满足企业对技术、科研的需求。其次，校企合作是高职院校办学的主要形式，而高职院校本身并不具备校企合作的主动权，双方在共同利益诉求和权利主体地位上产生了不平衡的关系。校企合作对高等职业院校具有重要的影响，从合作密度上来看，高等职业院校一般与多家企业建立有合作关系；从合作稳定性上来看，高等职业院校倾向与企业建立长期的合作关系；从合作主体看，国有企业是当前高等职业教育校企合作的主要企业主体。无论是哪种形式的合作，对高职教育的发展都起着不可或缺的作用。事实上，与高职院校对校企合作的迫切需求相比，目前大部分企业认为培养人才的主要责任是学校，企业只需选择人才，不必或很少参与人才的培养。不会主动承担高技能人才的培养工作，参与校企合作的热情和动力明显不足。在校企合作过程中，部分企业出于自身经济利益和生产实践等因素的考虑，在出现眼前利益和长远利益、自身利益和社会利益矛盾冲突时，甚至会对校企合作有所抵触。

三、合作平台

目前，高职教育校企合作大部分是临时性、阶段性的，只有在企业产生实质性的用人需求、学校面临教学实践任务时，相关工作人员才会产生向外寻求合作的想法，并通过临时性的联系予以安排。从学校角度来看，有相当多数高职院校的校企合作是在院系层面进行的，缺少学校一级的合作教育平台；从企业角度来看，企业还没有专门的机构负责合作教育，多数是由人力资源部门兼职负责或以项目形式开展。由于缺乏固定的交流场所、专门的组织机构和持续的互动平台，尤其是缺乏明确的合作规范和必要的合作资金等，高职院校和企业还没有组建共同的合作组织、联合机构或管理部门。这种互动交流平台的缺失，不仅使校企文化融合及资源优势互补很难实现，更难以达到拓展校企合作的深度与广度的目的。参与校企合作的主体因为没有一个共同的合作平台作为依托，彼此间的联系就变得很少，直接降低了双方开展持续互动的可能性，更难说对一些可拓宽领域或继续深入的合作共同进行探讨和研究。

四、合作质量

高等职业教育校企合作有着丰富的内涵，在现实中表现出多种多样的形式，但实习实训始终是其最为主要的形式，因此，关于高等职业教育校企合作的质量，可以从实习实训的质量中得以反映。首先，从实习学生的数量上来看，企业每年接收的实习学生的人数相对较少，并且往往都是学校主动联系企业进行商洽，为学生提供一定数量的实习岗位；其次，从实习安排上看，企业更多将学生作为生产岗位的员工使用，较少考虑技能人才培养的客观规律，主要根据单位生产的需要安排学生实习，学生实习对口率比较低，而高职院校则希望企业在安排学生实习过程中，按专业设置而不是按企业生产需求进行安排；最后，在学生实习方面，企业也很少提供配套的资金支持。高职院校和企业在开展校企合作的进程中，双方花费不少时间和精力，结果合作效益却并不明显，离"合作办学、合作育人、合作就业、合作发展"的要求还有很大差距。

第二节　缘聚：政府牵线校企合作谱新篇

基于人才培养的需要，学校领导一直在思考，和什么样的企业合作？如何加强校企合作？随着思考和调研的深入，思路也逐渐清晰，校企合作并不需要大面积撒网，而是要选一两家优质企业，与企业深度合作进行人才培养。于是，找到这种企业成为当时达利女装学院上下的共识。在这种情况下，校领导向主管工业的杭州市有关领导递交了一封请示，请求为杭州职业技术学院引荐一家企业，共同合作办学。

与此同时，达利公司也在为企业员工频繁跳槽、流动而颇伤脑筋。在两年内引进的8名学生已经离职了6人。

　　杭州市有关领导看完杭职院引荐企业的请示，立即想到了达利（中国）有限公司。达利公司是全球知名的丝绸纺织及服装企业，生产的丝绸服装出口已连续多年稳居全国服装企业第一，其自有品牌August Silk是中国在全球销量最大的丝绸女装品牌，连续五年获得中国服装行业百强企业，荣获了中国纺织工业联合会丝绸行业竞争力十强企业美誉。公司投资超6亿元建设"世界一流丝绸女装产业基地"，不仅有很强的实力，而且对于教育、慈善事业颇为关注和投入，是一家有很强社会责任感的企业。

　　于是，在相关领导和部门的牵线搭桥下，2009年1月14日，杭州职业技术学院与达利（中国）有限公司成为合作伙伴，开展深度的校企合作培养人才。自此以后，两家单位开展了卓有成效的校企合作，形成了声誉极佳的双赢局面。

　　现今，中国虽是世界上最大的纺织制衣中心，但还面临着很大的困难。如何在当前及未来激烈竞争的市场中取胜，能持续发展，并赢取市场，这需要花大力气实现产业转型升级。中国一定不可以也不可能继续作为一个低劳工、低增值的纺织服装中心。而要实现这个目标，任务十分艰巨，产业结构不尽合理、研发基础薄弱、技术创新后劲不足、从业人员素质偏低等，制约着中国纺织服装行业的发展。其路漫漫，任重道远。

　　达利国际集团有限公司（简称"达利集团"）是一家全球知名的丝绸纺织及服装企业。公司成立于1978年，1992年在香港上市。公司专营高档男女真丝产品，包括梭织、针织、时装便服、内衣系列、领带服饰和丝绸家纺产品。总部设于香港，在国内其他地区，以及美国、英国、意大利均设有分公司。达利（中国）有限公司（简称"达利公司"）是达利集团在国内开设的分公司，短短的三十几年间，达利公司从一个小公司发展成一家主营丝绸服装的全球著名企业。企业发展走上了正轨，事业取得一定的成功，企业家的道德感和责任心使达利公司一直思考如何回报社会。

　　"十年树木，百年树人"。选择合作办学，是优秀企业对社会、对行业产业的一种贡献。合作办学，培养高技能、有知识懂科技的新型人才，能迎接服装产业革命的新浪潮，这不仅是达利公司发展的需要，是实现公司使命成为世界第一的丝绸企业的需要，也是整个行业产业全面提升员工素质的需要。

　　随着企业发展，一个严峻的问题摆在面前，那就是如何稳定员工队伍，如何提升企业员工的职业素质。所有的企业家都知道，训练有素的员工队伍永远是企业生存和发展的决定因素。而杭州职业技术学院作为高职院校，看重对学生实操技能的培养，力求能为企业培养适用的人才，为企业的未来而教学。于是，校企双方一拍即合。而同一个愿景即希望中国始终成为丝绸女装的产业中心，使达利公司和杭职院靠得更紧。

第三节　融入：创新校企合作机制激发活力

近年来，高职教育受到各界的广泛关注，尤其是企业界。校企之间的合作越来越多。但有一个不争的事实是：合作浅尝辄止，较多浮于表面。许多企业游离于职业教育门外，既想从学校选拔出适用的学生，又不想为学生提供或较少提供技能培养的条件。究其原因是校企双方没有找到利益共同点。高职院校只有与社会企业有效衔接，人才培养与企业深度融合，课程设置适应岗位需求变化，人才培养随时置身于企业真实情境当中，才能培养出经济社会发展真正需要的高素质技能型人才。

以服装设计与工艺专业为例，服装类基础理论课可以变化不大，但专业课程的设置必须适应市场需要。具有创意的设计不仅仅需要从款式设计上有所突破，相关的服装结构设计、工艺设计也都必须跟上。达利女装学院让企业参与人才培养全过程，包括共同确定培养目标、制订人才培养方案、开发课程标准和教材、开展办学质量考核与监控等。同时双方还约定，课程设置除学校必修课外，增加达利公司的企业文化、达利公司工厂实训等课程内容。

达利女装学院成立之初，制定三年规划：坚持服务杭州女装产业的建设理念，根据杭州产业发展的需求，依托达利公司创建校企一体化的人才培养模式。以学生为本，遵循"重构课堂、联通岗位、双师共育、校企联动"教学改革思路，把学院建设成为国内一流的女装产业人才培养基地、女装产业技术服务中心，为杭州打造"丝绸之府、女装之都"培养高素质、高技能人才，以适应杭州女装产业的发展需求。

"人才培养"作为达利公司近三年发展规划框架结构的组成部分，有着明晰的发展建设思路。达利公司认为公司前十年发展不快，最大的制约就是人才，如果当下仍不能很好解决人才问题，那么公司的发展规划也会成为"镜中花、水中月"。一方面，经过内部培训，为公司的持续发展培养大批中坚、骨干力量；另一方面，依托达利女装学院，坚持"校企合作、工学结合"的办学方针，为达利公司提供源源不断的高技能员工，公司各中心都应重视关爱和培训这些学生，使他们在毕业择业时首选达利公司，并在他们中间培养有知识的新一代生产管理者和技术骨干。达利公司已为项目的开展提供了良好的技术管理资源、实践设施资源等，各专业也已顺利实施与达利公司生产技术管理岗位的对口培养，达利公司全方位介入学院人才培养规格的制定和人才培养的全过程。

一、校企合作体制机制创新

达利女装学院成立当天，确定学院办学总体发展方向的理事会成立，理事会是杭州职业技术学院与达利集团共同领导下的达利女装学院的最高权力机构，其主要任务是对达利女装学院办学中的有关专业设置、人才培养、"厂中校、校中厂"建设、产业互动、办学经费等重大问题，进行审议、决策、检查、指导、监督和协调工作。为了体现企业主体，理事会7位理事成员中，企业与学校各占3位。另外，为了实施"立足一个企业，面向整个行业"的校企合作理念，坚持以达利企业为主，因培养的人才要面向杭州女装产业，所以聘请了杭州市经济信息委员会相关领导担任理事，他们的参与可以提供杭州女装产业发展信息，使达利女装学院专业定位更加准确。

学院成立了企业主体的管理机构，由达利公司委派女装学院院长，领导班子成员由企业、学校共同委派并由理事会任命。达利公司服装中心、针织中心的领导分别兼任了学校服装设计与工艺专业、针织技术与针织服装专业的企业方负责人。这使达利女装学院成为全国第一个由企业领导担任院长的校企共同体。企业负责发展决策，专业设置，学校负责专业建设、教学实施与教学管理。这为校企双方开展产学研合作提供了有力的组织保障。这一机制有效推动了校企紧密合作，较好地解决了目前职业教育校企合作中存在的表面化、浅层次等问题，促进了人才培养与用人单位之间的对接，为创新人才培养模式、加快推进教学改革提供了机制保障。

校企共同体实施理事会领导下的院长负责制，为了进一步突出企业主体，院长由达利公司董事长担任，达利公司人力资源部总监担任院长助理，协助院长联系、沟通学院建设中的具体事务，日常教学管理、学生管理、招生就业、经费使用等则由杭州职业技术学院的二级学院领导负责。达利企业各生产中心负责人分别担任企业方专业负责人，与校内的专业负责人共同负责专业建设具体工作。

常务副院长协助院长全面负责达利女装学院教育教学和行政管理的日常具体工作。党总支书记兼副院长负责学生管理工作、安全稳定工作。副院长负责教学日常工作、科研工作、实训基地建设及其管理、职业技能培训考核鉴定等工作。院长助理协助院长工作（图1-1）。

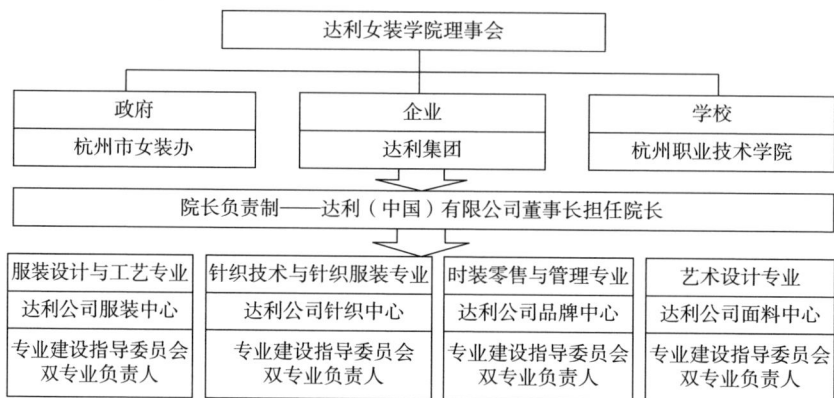

图1-1　达利女装学院校企共管运行机制示意图

校企共同体体制机制以制度建设为抓手，形成了有利于资源共享、双方共赢的深度合作机制。在理事会领导下的院长负责制框架内，建立院长与公司总经理、专业负责人与盈利中心经理、教师与师傅的对接联系制度，建立达利女装学院校企合作运行制度、教学教务管理制度和教师学生管理制度等，规范校企合作，以保障专业现代化建设的顺利推进。完善了《达利女装学院院务工作例会制度》《达利女装学院专业建设实施细则》《达利女装学院专项奖助学金管理办法》等制度，推动了基于校企共同体的专业建设，提高了人才培养质量。

（一）理事会领导下的院长负责制为专业建设提供组织保障

专业群所在的达利女装学院是学校与达利公司以合作共赢为基础，以合作办学、合作育人、合作就业、合作发展为目标，通过协议的形式缔约建设的相互联系、相互开放、相互依存、相互促进的校企共同体。学院实行理事会领导下的院长负责制，制定了《达利女装学院理事会章程》《达利女装学院院务工作例会制度》等制度。

每年召开一次理事会会议，对达利女装学院办学中的有关专业设置、人才培养、师资队伍建设等重大问题进行审议、决策和监督；理事会成员由政府、企业、学校三方构成，其中理事长和女装学院院长负责校企合作，落实理事会决议；达利女装学院领导负责日常教学管理、学生管理、招生就业等教学和行政管理工作。理事会下设专业建设指导委员会，组织企业专家定期召开专业建设研讨会等会议。理事会领导下的院长负责制规范了校企合作，保障了专业现代化建设的顺利推进。

校企共同体秉承"企业主体、学校主导"的原则，企业方负责专业设置、人才培养定位，学校负责专业建设、教学实施和制度管理，双方共同制定实施了一系列教学教务管理制度和教师学生管理制度等，为校企双方共同建设达利女装学院提供了有力的制度保障，较好地解决了目前职业教育校企合作中存在的表面化、浅层次等问题，保证了人才培养规格与用人单位需求之间的紧密对接。

（二）建立了资源共享、双方共赢的校企合作运行机制

形成专业动态调整机制。达利公司将达利女装学院的发展列入公司的总体发展规划中，女装学院每年与达利公司各部门负责人召开专业建设研讨会，依据产业发展、达利公司转型升级对岗位以及对人才规格的需求，修订人才培养方案，调整专业课程设置及教学内容。这一调整提高了专业教学与丝绸和女装产业发展的对应度，提高了人才培养与产业发展的适应度。

建立专业人才共享机制。校企实施"双专业负责人"制，在原有学校专业负责人的基础上，聘请达利公司与专业对接的部门经理作为兼职专业负责人，使专业负责人有个精通市场和行业的技术专家或高管作为后盾，共同为本专业的发展出谋划策。学校的专业负责人与兼职专业负责人紧密合作，在校企合作办学的过程中，为专业的发展把好方向，提供专业教学的优质资源。同时，通过双专业负责人制度，让企业参与专业建设，加快了校企融通步伐，提高了学校专业负责人对企业实际情况的了解，促进了校企合作、产教结合。共建专兼结合的教师队伍，达利公司派遣技师承担学校的教学任务，指导学生的实践训练，作为学校"技能型"教师的一部分；学校定期安排专业教师进入企业顶岗实践，在生产、管理、服务第一线工作中提高教师实践能力。

建立专业技术共享机制。达利公司作为丝绸女装行业中的主流企业，技术力量雄厚，能够为学校教学提供先进技术标准和评价标准；学校以企业产品开发为切入口，利用教师科研能力和学校科研条件的优势，带领学生承接达利产品开发项目和技术攻关项目，通过项目实施，既提高了教师的科研水平和产品研发能力，也为达利公司创造了效益，节省了公司的人力资源投入。同时，专业教师还开展了达利公司员工培训服务，先后开展了立裁技术培训和服装色彩知识培训等服务。

建立专项经费激励机制。自2009年起，达利公司每年设立100万元的项目经费，用于教学团队建设、学生培养、师生科研激励等，在专业建设中起了很大的作用。

（三）制定了确保校企合作长效运行的配套制度

校企共同制定了一系列规章制度，如《达利女装学院院务工作例会制度》《达利女装学院专业建设例会制度》《达利女装学院学生顶岗实习管理和质量考评细则(试行)》《达利女装学院专项奖助学金管理办法》等配套制度，为校企长效运行机制提供制度保障，解决了兼职教师聘用等专业建设的系列问题，为工学结合的教学组织与实施搭建了平台，形成了全面推进对接产业，服务地方经济的人才共育、过程共管、成果共享和责任共担的长效运行机制，实现了校企双赢。

二、"校企共同体"使人才培养与岗位需求有效对接

"校企共同体"使企业进学校、师傅进课堂、学校融企业、师生进车间、校企紧密结合，提高学生职业岗位培养的针对性、实践性和有效性。学校根据不同企业的生产岗位要求，确定不同的人才培养规格，这是改善高职学生职业岗位迁移困境和困惑的重要途径和手段。

第一，"校企共同体"促进了学校人才培养与企业人才需求之间的有效对接。"校企共同体"实现了校企双方共同制订人才培养目标和方案，共同组织、实施教学计划和内容，共同研究高职院校人才培养与行业企业及其职业岗位（岗位群）的实际对接问题，由于企业主动参与学校人才培养的全过程，因此，"校企共同体"在人才培养及学生职业岗位能力培养方面发挥了积极作用。

第二，"校企共同体"优化了课程结构体系和人才培养模式。依据企业生产需求，使课程结构体系对应企业生产项目要素，使专业课程内容对应职业岗位能力要素，依据每个职业岗位能力要求确定学生的职业能力（职业素质、职业素养、职业道德等）、关键能力（学习能力、工作能力、创新能力等）和技术（技能）能力。校企双方共同参与专业建设和课程改革，共同实施人才培养计划，共同目标是提高人才培养的针对性，提升人才培养质量。

第三，"校企共同体"提升了教师的职业岗位能力和学生的准工作岗位能力。"校企共同体"是校企双方建立的密切合作的伙伴关系，教师到企业经历了工艺流程，教师的教学岗位联通了企业的生产岗位，企业的师傅、能工巧匠亲身体验学校教学经历和学生工作经历，联通了教师工作岗位。这样一来，教师联通了师傅岗位，师傅联通了教师岗位，学校教师与企业师傅实现了双向的岗位互换与互补，换位思考，换岗工作，共同完成学生培养任务。教师与师傅的岗位互换与联

通，促使学生的理论学习岗位与生产实践岗位的常态化、多元化、双重化和交叉化。学生在课堂上既可以经常接受具有理论知识兼有生产实践技能的教师的授课，也可以经常接受具有生产实践技能兼有课堂教学经验的师傅的授课；同样，学生在企业也可以经常接受具有双重身份的教师或师傅的技术指导。教师与师傅的岗位互换与联通，表现在课堂教学中，使学生明确了生产岗位或将来工作岗位的方向、内涵、要素及要求；表现在企业中，使准员工的学生熟练地掌握生产技术的要领、工艺流程的方法和工作岗位的要求。学校企业双方融会贯通，提高了学校的办学效益和针对性，教师、师傅和学生三者互动，提升了人才培养的内涵和质量。

第四节　融合：校企联动参与人才培养全过程

一、"敲墙运动"

2007年才建成的崭新的教学大楼，墙被敲得像马蜂窝一样，四五个教室全被打穿了，而且不止一幢。刚建了一年多的新楼，就被敲成这样，而且接下来，所有的8幢教学大楼都免不了这样的命运，绝大部分教室的墙壁都要被敲掉。

大学里好好的教室为什么要被敲掉？因为这样的传统教室不适合职业教育。可学校毕竟和工厂两样，怎么让学生一毕业就上岗？

一大批教师被派到企业去工作，企业的一些员工被请到学校来上课；接着学校要设置一个全真训练环境，让学机械的学生，在机器上边操作边学；学服装的，自己能设计制作几件衣服。要打造这样的教与学环境，教室就成了大问题。常规的高职教室就和本科高校教室一样，都是阶梯式、排排坐，只适合教师在黑板上写字，学生在下面听，哪适合操作机器呀。于是，"敲墙运动"由此产生。

见过这样的教室吗？课桌椅是工作台，参考资料是图纸，教师也不在讲台前喋喋不休，而是手把手地教。

这是教室还是车间？这让人很难一下分清。时任校长叶鉴铭说，要的就是这个效果—通过校企的深度合作，实现教学和就业的有效衔接，最终达到双赢。

这个像极了车间的教室，已经出现在杭职院。学校第七教学楼内的普通教室已经全部打通，一楼、二楼已改造成为服装设计加工实训车间。教学楼整一个楼层都被打通了，里面放着崭新的机器，学生就在这里操作、上课。"敲墙运动"

后，学院变成了"工厂"。

最初也有学校领导担心会不会有人反对，说他们是敲新楼的"败家子"。可最后还是决定干了，"和本科高校专业设置基本一样的高职，培养出的学生哪里拼得过本科生？"没想到时任杭州市市长去视察之后还挺赞同，说高职重在培养技能型人才，的确不需要这么多普通教室。

学院利用现有设备、场地建成了集教学、研发、培训、社会服务于一体的校内实训基地，为女装企业在职职工再就业培训提供技术与设备的支持，为女装产业的技术升级，提高产品质量、生产效率，以及降低管理成本、改善生产工艺和提高女装企业的竞争力等培养技术人才，并为女装品牌的提升提供技术支持，使之成为杭州"中国杰出女装设计师人才发现计划"的对接延伸孵化基地，为设计师的创意转化提供有利条件和创造搭建平台。

二、校企联手培养"被企业需要的人"

2011年3月，达利公司高层云集杭州职业技术学院，共商达利女装学院发展大计。校企双方提出要"深化校企共同体，打造女装学院高铁目标"。

因此，达利女装学院一成立，达利公司将其人才培养的模式列入公司的总体发展规划中。而学院依据公司所需求的岗位以及对人才规格的要求，调整了原有的专业和方向，最终形成了以服装设计与工艺专业为龙头，以针织技术与针织服装为基础的专业群。这一调整提高了专业设置与丝绸和女装产业发展的对应度，提高了人才培养与产业发展的适应度。

同时还组建了教学督导委员会，各专业负责人和专业骨干教师为教学督导委员会成员。教学督导委员会执行督教、督学、督管，指导教学的职能，维护正常的教学秩序，促进日常教学管理，确保教学稳定。

达利女装学院在教学过程中设置柔性课程、柔性学时、柔性实习，根据企业的人才需求"量身定做"，在企业的生产经营过程中"按需改做"，根据企业的发展情况"抓缺补做"。在教学过程中注重对学生进行企业理念、文化、管理等方面的培养和熏陶。

目前，达利女装学院在校生达1600余人，培养的学生均为纺织服装产业链急需的技术、管理应用型人才。达利公司已为项目的开展提供了良好的技术管理资源、实践设施资源等，各专业实施与达利公司生产技术管理岗位的对口培养。通过合作和"订单"培养，达利公司优先获得适用的毕业生。例如，为了品牌拓展与推广的需要，学院设置了时装零售与管理专业方向。

如今达利女装学院的学生再也不用四处找实习单位，再也不会遭受冷遇。因为达利女装学院的同学既是杭职院的学生，又是达利公司大力培养的储备人才。达利公司直接参与学校教学，把企业的需求转化为教学的内容；达利女装学院的同学不但能同时得到学院教师、企业管理人员、技术人员的共同指导和培训，而且拥有到达利公司顶岗实习的机会，表现突出者具有到企业工作的优先权。在达利公司，学生能提前进入实习、就业状态，感受企业的文化，体验企业的运行模式、管理模式，较早实现"学生—职业人—社会人"的转化，真正实现人才的零距离培养。

三、以校企共同体为载体　提高人才培养质量

与达利公司合作共建的达利女装学院，是一个校企共同体，有一个全新的办学模式，体现在课程体系建设中，把培养学生的职业素质、岗位能力与可持续发展能力视为关键。

达利公司为师生的顶岗实习搭建了有利平台，而教师们也形成一致共识：要主动深入企业，通过加强实践教学环节来提高专业实践技能。2013年，校企共建的达利丝绸创意设计中心成立，主要任务是开发达利公司丝绸产品。设计研发团队由各专业组的教师组成。这是很好的实战锻炼机会，同时对教师也提出了很高要求，每月一次雷打不动的产品研讨会，要求教师经常要放弃寒暑假和节假日休息时间，但是辛苦后的收获也是显著的，从作品一次次被淘汰到一次次被认可，教师专业技能得到很大提升。

在教学方式方面，专业真实情景的教学环境和实践场所彻底改变了原来枯燥无味的课堂教学环境，激发了学生的学习动力。达利女装学院投资1300多万元，建成校内实训场所、生产性实训车间1440多平方米，并配备了先进的设备。公司的产品在学院实训车间的流水线上生产，既满足了教学的需要，又服务了企业生产。达利公司还安排学生到企业实习，感受公司企业文化，学习相关技能，专业现代化建设使学生的就业竞争力明显提高。服装设计专业学生的就业率达到了98%，工资水平也普遍比其他院校同类专业的学生高出10%以上，甚至有的学生在企业顶岗实习期间的月工资就高达5000多元，用人单位的满意率达到100%。

通过"岗课赛证"融通、"学做合一"实训，学生在实践中"摸爬滚打"历练，在各类技能大赛中成绩斐然。学生专业技能夯实，在全国职业院校学生技能

大赛中获得一等奖12项，12名学生获全国技能标兵称号，15名学生获技师职业资格；在浙江省大学生科技竞赛中获奖9项，其中一等奖4项。学生实战能力突出，作品受到社会高度认可，学生与艺术大师陈家泠合作的系列作品被国家博物馆永久收藏，学生承担G20志愿者服装的设计、西博会服装制作120余套，制作了"世界之最大旗袍"，申报了吉尼斯世界纪录。学生毕业三年后自主创业率为20.48%，28名学生创立了自己的服装品牌。

第五节　蝶化：相互借力实现校企双赢

一、达利女装学院成为"2010杭州美丽现象"

2010年4月28日下午，2010年杭州美丽行业生活品质点评发布会在中纺中心服装城召开。在这美丽的日子里，大家相聚一起——点评美丽行业在2009年度反应品质特色的现象、区块、活动、人物和产品，共同见证"美丽生活品质杭州"。

2010年杭州美丽行业生活品质点评以丝绸文化、服饰文化、美容时尚等为交流载体，展示和倡导美丽、清新、优雅的生活品质，围绕"让我们生活得更好"这一主题，体现具有杭州特色的"美丽生活"。2010年杭州美丽行业生活品质点评活动受杭州市城市品牌促进会委托，由杭州美丽行业生活品质点评组群主办，杭州市丝绸行业协会、杭州杭派女装商会、杭州市服装行业协会、达利（中国）有限公司等承办。

自点评工作启动以来，多家媒体陆续报道，企业、市民广泛参与，网络、纸质投票高达5000余票，提升了美丽行业品质生活点评的社会影响力。其中，2010年杭州美丽行业之美丽生活现象反映了杭州美丽行业的特色或亮点，并具有重大影响的社会现象，它们不仅受到社会与媒体的广泛关注，同时也受到市民的认可，并自发推广。入选2010年杭州美丽行业生活品质点评的现象有——美丽厂区、丝绸女装产业联盟、中国优秀服装设计师汇聚杭州和"校企共同体"之达利女装学院。

"校企共同体"是杭州职业技术学院深化校企合作的成果，突破了我国高技能人才培养的瓶颈，在全国属首创，走出了一条中国职业教育的新路。达利女装学院是达利公司与杭州职业技术学院合作共建的结晶，使企业生产与学校教学、企业工艺与学校课程、企业评价与学校考核、企业团队与学校团队、企业文化与校园文化融为一体，专业教学品牌化、个性化，培养的正是女装企业发展急需的适用人才。杭州女装产业的发展靠品牌，女装品牌的建设不仅需要一流的设计师，更需要一流的制版师和工艺师。如果说"中国杰出女装设计师人才发现计划"的推出实施，是培育一批一流女装设计人才、打造名副其实"中国女装品牌之都"之一翼，那么以校企合作共赢为动力，以培养制版师、工艺师为取向，以打造"中国杰出女装设计师人才发现计划"对接延伸孵化的女装生产技术教学基地为目标的达利女装学院，则是辅以杭州女装产业起飞之另一翼。

"美丽生活现象"的称号给了达利女装学院，对于学院来说，既是荣誉，也是责任，同时也反映了社会对高职院校的殷切希望。

二、校企共同体引起各界关注

达利女装学院成立以来，全体教职员工以学生为本，爱学生、爱校、爱专业，在各自的工作岗位上塑造了一种勤勤恳恳、忘我工作的敬业形象，为自己所从事的教育事业，为"三育人"工作付出了满腔热忱、捧出了全部真诚。"达利人"以特有的执着和努力，使规模小、底子薄的女装学院，创造了一个又一个佳话，实现了一个又一个新的跨越，取得了一项又一项骄人的成绩。整个学院呈现出学生勤奋上进，教师积极进取，专业建设蒸蒸日上，教学质量持续提升，各方面良性发展的大好局面。相继有200多个参观团到杭州职业技术学院参观取经。

服装设计专业被评为国家级骨干建设重点专业、省级示范建设专业，服装工业工程实训中心列为浙江省重点实训基地、中央财政支持的职业教育实训基地建设项目，服装结构设计教学团队列为浙江省重点建设团队项目。推出在国内更符合企业标准的"服装制版师"职业技能证书；取得国家双高计划高水平专业群建设项目、全国骨干院校服装设计专业重点建设专业项目、中央财政支持的实训基地建设项目、浙江省级院校重点建设专业项目、浙江省特色专业、浙江省教学创新团队建设项目等；3门课程获省级精品课程建设项目；"基于校企共同体背景下的服装设计专业现代化建设的实践"这一课题获得了2010年"纺织之光"教育教学成果奖一等奖，这一成果也引起了教育界的极大关注；"构建基于达利典型产品"的课程体系获得杭州市教学成果三等奖。

达利女装学院凭借出色的业绩，2012年获"浙江省三育人先进集体"荣誉，2013年获"杭州市劳模集体"称号，使社会知名度与美誉度不断提升。

2011年6月，香港达利集团董事梁淑妍代表达利女装学院，参加了由教育部在天津举办的"中国教育成果展"中的"合作育人"专题研讨会，并在会上做了"校企联姻、共图发展"的主题发言。研讨会上共有6个单位代表发言，600人与会，而达利集团是唯一一家企业代表发言，其余的都是来自政府的教育部门或校企的学院方。梁淑妍女士的发言内容给大家留下了很深的印象，更为重要的是达利女装学院的校企合作模式同样引起了教育界和企业界的极大关注，在会议中得到与会同仁的赞同。

三、校企共享丰硕成果

校企的共融，专业的共建，教学的共施，人才的共育，让企业和学院尝到了甜头。

达利公司优先选用学校毕业生到公司就业，每年都有达利女装学院的学生在达利公司从事服装制版师、设计师助理、跟单员、业务员、陈列师、厂长助理等工作。达利公司提供的专项奖学金、助学金，也让很多学生受益，激励了学生的学习积极性，有效地帮助家庭贫困生完成学业。

达利女装学院师生为"达利之夜"——流行款式发布会制作服装，为Cslr、Theme品牌制版，利用达利服装中心多余的丝绸边角面料，经重新设计利用，制作成精美小包、工艺品、饰品，为"丝绸世界"开发旅游产品等。服装专业教师已为Aslr品牌设计春装350款、夏装500余款。针织专业师生设计并制作August Silk品牌的毛针织围巾的样品、研发新的花型与新的组织纹样，为企业完成样品围巾200余条，投产80余条。

达利公司借助学院的技术，进行新产品的研发和生产工艺的改造。此外，公司把高技能人才的培养、员工的培训放在达利女装学院。公司利用学院的设备、师资和场地，进行员工培训，降低内训成本；在学院里推广企业的产品（服装），培养潜在的客户等。达利女装学院多次承办以"达利杯"冠名的全国性技能大赛，这些都极大地提升了达利公司的社会影响力。

第二章

探索个性化人才培养　建设国家双高专业群

第一节　对接产业转型需求，明确专业群定位

杭州职业技术学院与女装产业的主流企业达利（中国）有限公司合作成立达利女装学院，建立达利特色的运行机制、保障机制，成为校企共同体，在学习借鉴"友嘉模式"的基础上，达利女装学院紧紧依靠达利公司，面向杭州女装产业，实施"立足一个企业，面向整个行业"的校企合作理念，突出"企业主体、学校主导"，把服务、引领产业发展作为专业群建设的目标。

一、纺织服装产业背景调研分析

（一）建设"纺织强国"的发展目标

中国是国际上规模最大的纺织品服装生产、消费和出口国，是纺织产业链最完整、门类最齐全的国家，全行业就业人口超过2000万，每年为农村进城务工人员提供1000多万个岗位，是国家重要的民生产业。据相关数据显示，2018年，中国纤维加工总量约5460万吨，占全球纤维总量的55%左右❶；中国纺织品服装出口额2767.3亿美元，占全球35%❷；规模以上企业服装产量287.81亿件，相当于为世界人口每人提供6.89件衣服❸。随着"一带一路""中国制造2025"倡议的实施，纺织服装业作为树立文化自信和推进人类命运共同体建设的重要产业平台，未来我国纺织产业将向纵深方向发展，行业增长方式将逐渐由规模数量型增长向质量效益型增长进化，逐步实现到2020年由"纺织大国"迈向"纺织强国"的目标。建设纺织服装强国，创新驱动实质是人才驱动，创新发展关键是人才发展。要不断提升服装设计与工艺专业群整体实力，成为服务"纺织强国"建设的重要

---

❶ 纺织行业以高质量的发展成绩向祖国献礼［J/OL］.中国纺织网，2019-10-8.
❷ 低碳环保，纺织业新时尚（新视点）［J/OL］.人民网，2019-11-06.
❸ 起底中国纺织业的复兴之路［J/OL］.中国丝绸产业网，2018.

支撑。

《纺织行业"十四五"发展纲要》的2035年远景目标提出，2035年我国要成为全球时尚的重要引领者。与现代经济体系和人民更高品质的生活相匹配，纺织行业有效满足居民消费升级和产业转型升级的要求。形成一批对全球时尚发展具有引领力、创造力和贡献力的知名品牌，共同构筑全球时尚文化高地。"十四五"期间，自主消费品牌的时尚引领力与全球认可度不断提升，跻身世界品牌第一梯队的制造品牌规模进一步扩大，百亿元以上品牌价值企业数超过40家，重点集群区域品牌影响力持续提升。

（二）浙江省纺织服装产业发展

根据浙江省时尚产业人才发展规划（2017—2022年）提出：到2022年，培养造就一支与纺织服装产业发展需求相适应，规模合理、结构优良、素质一流、富于创新的纺织服装产业人才队伍，基本建成集聚能力强、辐射领域广、创业创新活跃的纺织服装人才高地，初步形成我省纺织服装人才全球化竞争的比较优势。

中国经济已经进入新常态，浙江省正在加快发展纺织服装产业发展促进城市发展，主要体现在杭州纺织服装产业正在引入数字化技术，加快纺织服装产业智造步伐，通过"互联网"引领服装产业高质量发展，以大幅提升生产效率及生产方式精细化、柔性化、智能化水平为目标，基于5G、人工智能和数字孪生等信息技术，以纺织成套装备研发为重点，加快发展纺织领域智能制造系统集成商，推进装备、软件、信息技术协同创新，以纺织装备数字化和信息互联互通为基础实施纺织行业智能制造重点工程。杭州构建多个纺织服装智造平台，纺织服装产业逐步向数字化转型，实现多平台多形式助力纺织服装产业聚力发展，同时打造时尚品牌，使"品字标浙江制造"推进时尚品牌地位更加突出，政府扶持和高校教育构建了纺织服装人才培育系统，形成研究型、应用型、技能型人才培养体系。

随着纺织行业的不断发展，该行业存在的问题就逐渐凸现出来，其中较为明显的问题是传统中小企业数字化改造动能力不足，产业链各环节联动协同的合力不足，品牌影响力、创新力和竞争力不足，时尚产业领军人才、实用型人才不足，时尚文化与本土传统文化的融合不足等问题。

据统计，中国纺织品三大行业（纺织业、服装业、化学纤维制造业）产值占比约分别为61%、28%、11%❶。除化学纤维生产技术和服装骨干企业的缝纫设备、

---

❶ 纺织业行业现状［EB/OL］.中国报告大厅.

生产工艺接近国际先进水平以外，纺纱、织造、染整等传统工艺与世界先进水平有较大差距。其次，我国纺织行业的标准较低。中国的纺织企业还处于低端生产阶段。大约有80%的企业生产中低档产品、6%的企业生产中低档产品，4%的企业生产质量低价格低产品，仅有10%的企业生产高质量产品❶。另外，高素质高技能人才的缺乏也制约了产业的高端化发展，行业缺乏品牌运作、资本运筹、国际交往的人才，缺乏国际化经营经验和适应国际竞争的复合型人才，实际上还有企业信息化程度不高和缺乏品牌经营理念等诸多缺点。

（三）纺织服装产业面临转型升级

改革开放40多年来，服装产业作为对外开放的排头兵和市场化改革的先行者，取得了巨大的成就。服装行业作为传统优势产业，既面临着产业结构调整、消费需求升级等方面的机遇，同时也仍然存在着低端产能过剩、高端供给不足、创新能力不强、品牌影响力有待提升等问题。面对发展困境，纺织行业积极求变，不断推进两化深度融合，加快新旧动能转换，以智能制造为手段，打通纺织全产业链、生产制造关键环节的数据流，开展生产模式、商业模式的变革，实现纺织行业劳动生产率、生产柔性的大幅提升，以及产品质量、资源能耗的改善，推动纺织服装产业向高端发展，随着纺织服装行业智能化发展速度加快，企业实施智能化改造的热情高涨。

面向未来，服装产业要落实"科技、时尚、绿色"的产业定位，"创新驱动的科技产业、文化引领的时尚产业、责任导向的绿色产业"将成为纺织行业推进高质量发展的战略重心。《浙江省全面改造提升传统制造业行动计划（2017—2020年）》提出：推动服装制造业向时尚化、个性化、精品化方向发展。提升创新设计、智能制造水平，加强自主品牌建设，加快服装企业由大规模标准化生产向柔性化、个性化定制等服务型制造转变，培育形成以品牌、质量、设计、服饰文化为核心的竞争新优势。女装产业向"时尚+科技"转型升级需要专业群提供重要支撑，需要技术支持，以新技术研究和标准化战略推动企业迈上新台阶。

二、纺织服装产业人才需求分析

杭州打造"国际女装之都"迫切需要提供人才与智力支持。杭州是国内著名

---

❶ 浙江省杭州市纺织行业发展状况调研报告［R/OL］. 2013.

的女装产业集群地，杭州丝绸女装产量可形象地概括为"世界三件、中国一件；中国三件、浙江一件；浙江三件、杭州一件"。杭州拥有达利、汉帛等规模女装企业1000余家，知名女装品牌200多个。杭州市政府着力创建"女装之都"，《杭州市时尚产业发展"十三五"规划》明确将时尚服装服饰业作为杭州"十三五"期间时尚产业五大重点发展领域之首，重点发展丝绸、女装、童装、纺织面料等领域，推进杭派女装向高端女装发展，打造国际丝绸时尚中心、国内领先的女装和童装基地、国内时尚纺织面料基地。现阶段，杭州女装产业面临匹配产能缺失、快速反应能力弱、高效自动化缺失等一系列困境，迫切需要整合高校服装专业和科研院所力量，着力解决企业发展中的难点和痛点，实现杭州打造"女装之都"的战略目标。

服装设计与工艺专业群于2020年11月至2021年3月在中国纺织专业国家教学标准的制订期间，教师团队对浙江省纺织服装行业中的32家企业人才需求进行了问卷调查与实地访谈，收回有效问卷56份。按分层抽样的原理，以所属地区、企业性质、企业规模和创办时间4个项目对样本企业进行统计，如表2-1所示。

表2-1 样本企业分布

分类项目	频数（家）	比例	分类项目	类别	频数（家）	比例
纺织	10	32%		杭州	9	28.8%
服装	8	25.6%		宁波	3	9.6%
家纺	14	44.8%	所属地区	嘉兴	6	19.2%
				绍兴	6	19.2%
企业性质	民营	29		丽水	1	3.2%
	三资	3		海宁	6	19.2%
	—	—		台州	1	3.2%
企业规模	500人	26		1978年以前	6	19.2%
	500~1000人	4	创办时间	1978—1991年	8	25.6%
	1000~5000人	2		1992年后	18	14.4%

虽然样本不能完全代表纺织服装行业企业，但样本企业覆盖了整个浙江省纺织服装行业的各种类型，相关数据足以客观真实地反映目前纺织服装企业技能型人才的整体状况。

（一）技能型人才现状

1. 技能型人才数量

本次抽样调查的32家样本企业的高技能型员工160人，其中，持有职业资格证书的技能型人才23人，占样本企业全部职工总数的14.37%，按一般通行的技术工人占职工总数50%的统计口径计算，样本企业技能型人才缺口比重为35.63%。调查还发现，样本企业目前有技能型而尚未经过职业技能鉴定的技术工人有37人，占职工总数的23.90%，如果加上这部分技能人才，样本企业实际的技能人才总数为59人，占全部职工的16.27%，缺口比重为13.73%。由此可见，目前浙江省纺织服装企业技能型人才总量短缺，持证上岗比例较低。

2. 技能型人才技能等级结构

在被调查的57名持有职业资格证书的技能型人才中，技能型人才结构呈现非常明显的金字塔形结构：初级工31人，占技能型人才总数的54.73%，是"塔基"；"塔身"为中级工，共19人，占技能型人才总数的32.56%；高级工、技师和高级技师三者（即高技能人才）合计为6人，仅占技能型人才总数的11%，是"塔尖"。尤其是高级技师有3人，仅占技能型人才总数的0.6%，比例极低，如表2-2所示。

表2-2 技能型人才技能等级结构

序号	技能等级	拥有职业资格人数	占有证人员比例（%）
1	初级工	31	54.73
2	中级工	19	32.56
3	高技能人才（高级工、技师和高级技师三者）	6	11
4	高级技师	3	0.6

这与先进制造业国家技能型人才的鼓形结构（初级工15%、中级工50%、高级工35%）相比差距较大，表明当前浙江纺织服装企业高技能型人才数量，比例严重不足，缺口较大，已成为众多纺织服装企业发展壮大的一个突出问题。

3. 技能型人才学历结构

调查显示，样本企业技能型人才以高中、初中学历层次为主，两者相加占全部技术工人的35.6%，大中专毕业生占21.3%，小学及以下文化程度占15%，大学本科及以上文化程度只占技能型人才总数的28.1%。与制造业发达国家如德国、日本相比，浙江制造业中小企业技能型人才整体学历明显偏低，这在客观上加大了高技能型人才的培养难度。同时，由于技术工人整体素质偏低，使很多科技创新成果难以转化，阻碍了企业新设备、新工艺、新材料等的引进和使用，对浙江打造先进纺织服装生产基地产生了严重的负面影响，如表2-3所示。

表2-3　接受教育水平（调查人员总数160人）

教育水平	小学及以下	初、高中学历	大中专毕业生	大学本科及以上
人数	24	57	34	45
百分比（%）	15	35.6	21.3	28.1

4. 高技能型人才群体的年龄结构

从样本企业技能型人才的年龄结构来看，30岁以下的技术工人占技术工人总数的43.26%，31～40岁的技术工人占33.27%，41～50岁的中年技术工人占17.83%，老年技术工人（50岁以上）占5.64%。可见，技能型人才总体年龄结构趋向年轻化，40岁以下的从业人员已成为浙江先进制造业基地建设的主要推动者和实现者。但调查发现，被调查企业技师、高级技师年龄普遍偏高，46岁以上的占40%多，青年高技能型人才严重短缺，其中35岁以下的青年几乎没有技师和高级技师。随着老一代高技能型人才的逐渐退休，许多企业原本就短缺的高技能型人才将后继乏人，面临断档的危险，如表2-4所示。

表2-4　技能型人才的年龄结构（调查人员总数160人）

序号	30岁以下	31～40岁	41～50岁	50岁以上
人数	69	53	29	9
百分比（%）	43.26	33.27	17.83	5.64

（二）样本企业技能型人才需求预测

1. 技能型人才的需求增长率

从对技能型人才的需求增长率来看，今后5年样本企业对技能型人才的总需求将增长139.12%，每个产业样本企业对技能型人才的需求增长率均超100%，这说明各产业对技能型人才的需求增长较快。其中，纺织服装业未来5年对技能型人才的需求增长率分别达149.15%，均高出平均增长率。

2. 纺织服装产业技能型人才需求类型

浙江纺织服装业企业对技能型人才的需求重点有：

①纺织面料开发人员（面料纹样设计、面料织物组织设计方向）。

②服装产品设计、服装版型开发、服装工艺设计等方面的技能型人才。

③服装运营、服装销售方面的技能型人才。

④服装智能化生产管理、服装数字应用、服装销售方面的技能型人才。

浙江纺织服装产业的实力，发展速度及对经济增长的贡献在全国具有领先地位。浙江省中小企业发展中面临的技能型人才短缺问题在全国具有代表性，调查分析浙江省纺织服装产业技能型人才现状，对摸清浙江省纺织服装产业技能型人才短缺的实际情况，探讨解决的对策具有一定的参考意义。

三、紧密对接产业链确定专业群人才培养规格

（一）以链建群，专业群与女装产业链精准对接

我国拥有全世界规模最大、最具活力的纺织品服装生产、消费市场，随着消费结构升级步伐加快，消费者更注重衣着的性价比和个性化选择的新趋势，为传统纺织服装产业向时尚产业转型升级提供了机遇与空间。同时，以数字化、信息化、智能化先进制造技术为突破口，让中国服装产业与发达国家同步进入以"互联网+"、大数据、云计算为标志的云经济时代。国家关于"互联网+"、大数据推动产业创新发展的战略，也为我国纺织服装产业更大范围、更高效能、更多手段地整合产业创新资源，以及扩大产业价值增长空间创造了有利条件。

"十三五"时期以来，我国经济由高速增长阶段转向高质量发展阶段，以云计算、物联网、大数据、人工智能为代表的新一代信息技术与传统产业融合创新，工业互联网新业态成为产业转型升级的路径和基石，职业跨界性越来越明显，工作环境复杂多变，单一技能很难适应工作要求，岗位能力越来越综合化。服装职业院校围绕产业链全过程组建纺织服装人才培养专业群，助力中国服装产业的升级转型，成为产业发展的"加速器"，已经成为当下最为迫切的命题。

1. 分析产业链，找准岗位群

时尚产业是杭州市重点打造的产业之一，产业基础雄厚，涵盖面广，包括时尚珠宝、时尚皮具、服装服饰、时尚家具、时尚电子消费等产业，根据专业群的发展定位，将其中的服装服饰产业作为重要的对接产业。

调研服装服饰产业链典型企业，分析女装产业全生命周期上下游环节，全部罗列后进行归类、整合，产业链结构主要分为面料开发、服饰品开发、女装品牌产品开发、高级女装定制、时尚女装产品制造、时尚女装品牌管理与策划、时尚女装销售等环节，然后分析产业链中的所有岗位群，择取具有高职人才类型特征的岗位群（图2-1）。

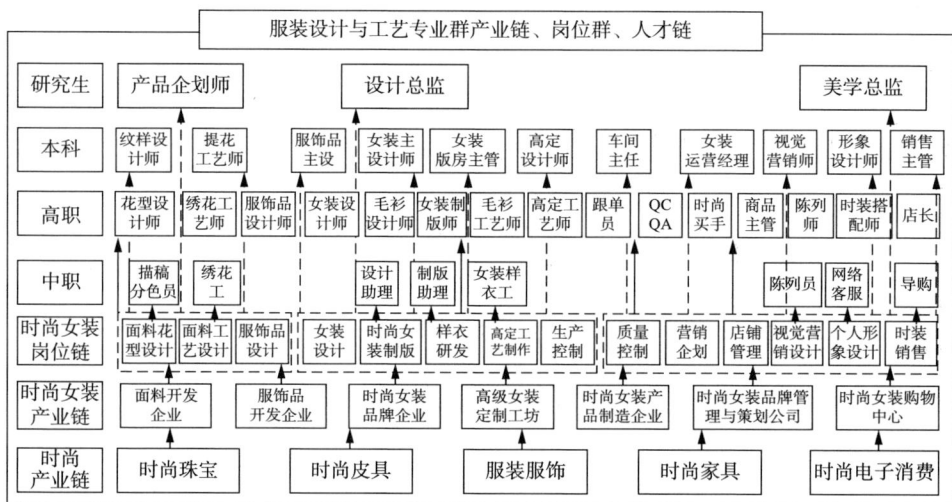

服装设计与工艺专业群产业链、岗位群、人才链

研究生	产品企划师			设计总监							美学总监			
本科	纹样设计师	提花工艺师	服饰品主设	女装主设计师	女装版房主管	高定设计师	车间主任	女装运营经理	视觉营销师	形象设计师	销售主管			
高职	花型设计师	绣花工艺师	服饰品设计师	女装设计师	毛衫设计师	女装制版师	毛衫工艺师	高定工艺师	跟单员	QC QA	时尚买手	商品主管	陈列师	时装搭配师	店长
中职	描稿分色员	绣花工		设计助理	制版助理	女装样衣工							陈列员	网络客服	导购
时尚女装岗位链	面料花型设计	面料工艺设计	服饰品设计	女装设计	时尚女装制版	样衣研发	高定工艺制作	生产控制	质量控制	营销企划	店铺管理	视觉营销设计	个人形象设计	时装销售
时尚女装产业链	面料开发企业		服饰品开发企业		时尚女装品牌企业		高级女装定制工坊		时尚女装产品制造企业		时尚女装品牌管理与策划公司		时尚女装购物中心		
时尚产业链	时尚珠宝		时尚皮具		服装服饰		时尚家具		时尚电子消费						

图2-1　女装产业链、岗位群和人才链示意图

2. 组建专业群，重构课程体系

针对面料开发、女装产品研发及制造和女装销售三个女装产业重点领域，按照"岗位描述、任务分析、能力定位、课程固化"的思路，组建以服装设计与工艺专业为龙头，以艺术设计（纺织装饰）、针织技术与针织服装、时装零售与管理三个专业为骨干的服装设计与工艺专业群；以女装这一典型服装产品为载体，重构专业之间的逻辑关系和专业群课程体系，实现专业群人才培养供给侧和女装产业需求侧的动态匹配。

（二）定位精准，专业群人才培养与女装产业需求高度融合

专业群的人才培养总目标是培养适应现代纺织服装产业发展趋势的新时代复合型高素质技术技能人才，以满足地区企业和行业发展的人才需求，实现专业建设与纺织服装产业发展的紧密对接，为产业创新发展提供人才保障。同时，专业群所在专业围绕培养总目标具有相对独立的人才培养定位，如表2-5所示。

表2-5　专业群人才培养定位表

序号	专业名称	人才培养定位	专业群人才培养定位
1	艺术设计（纺织装饰）	面料花稿设计师等	熟悉纺织服装现代化生产，能胜任数字化服装样板开发、智能化服装生产、个性化定制等工作，能从事服装制版、服装设计助理岗位工作，并具备朝技术主管、厂长助理、QA、QC等岗位发展潜质的复合型高素质技术技能人才
2	服装设计与工艺	服装制版师、设计师	
3	针织技术与针织服装	针织横机工艺设计师针织服装设计师等	
4	时装新零售管理	时尚买手、店长等	

　　服务女装产业转型升级，精准对接女装产业三大领域，培养符合女装产业发展需求的复合型技术技能人才（图2-2）。

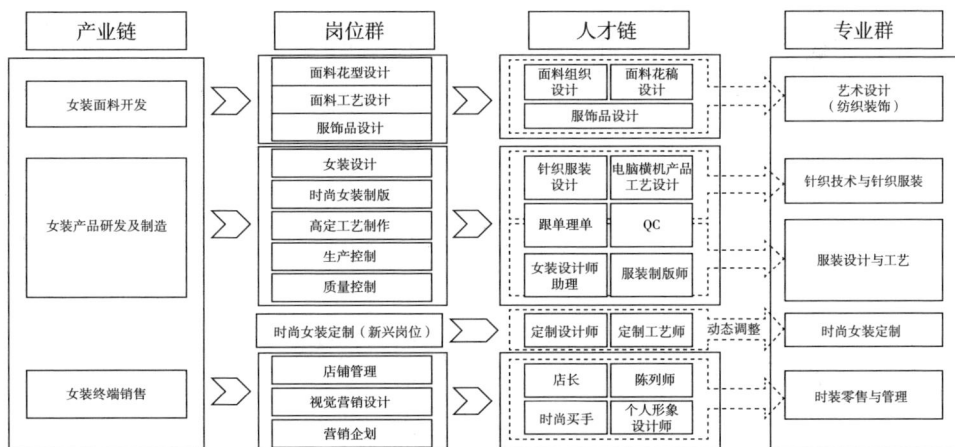

图2-2　服装设计与工艺专业群人才培养与岗位关系示意图

　　一是围绕面料开发领域，重点建设艺术设计（纺织装饰）专业，培养能根据流行趋势和设计要求进行印花、绣花、提花花型设计和服饰品设计，并具有创新意识和原创能力的复合型技术技能人才；二是围绕女装产品研发及制造领域，重点建设服装设计与工艺专业和针织技术与针织服装专业，发展时尚女装定制方向，培养具有时尚意识，能运用智能化和大数据等技术手段进行产品研发的复合型技术技能人才；三是围绕女装销售领域，重点建设时装零售与管理专业，拓展女装视觉营销方向，培养具有时装店铺管理、商品管理和营销企划能力的复合型技术技能人才。

（三）逻辑合理，群内专业相互依存度高，典型特征突出

纺织服装产业链主要由面料开发、服装产品研发、服装工业化生产、服装营销组成。时尚纺织服装专业群以纺织产业链中端的服装设计与工艺为核心专业，包括以针织产品为主的针织技术与针织服装专业，前端设置有艺术设计（纺织装饰设计）专业，后端设置有时装营销与管理专业。专业群贯穿纺织服装产品从研发设计到品牌营销产业链的前、中、后端全过程，以骨干校重点专业为核心引领，带动群内其他专业发展，形成了极强的专业集聚效应。

服装设计与工艺专业群聚焦女装产业，下含4个专业相互依存度高，具有"职业岗位相继、技术领域相近、专业基础相通、教学资源相融"的典型特征。

一是各专业对应的目标岗位和技术要求，均围绕女装上下游产业发展，并以女装产品为教学载体；二是依据"基础共享、专技阶进、研学交融"重构服装设计与工艺专业群课程体系，据此建设服装设计与工艺专业群教学资源库，各专业均能高度共享基础课程及课程资源；三是各专业均能围绕女装产业集聚教学资源，构建的生产性实训基地、组建的双师队伍能在群内实现高度共享，各专业能紧贴女装产业发展，协同开展科技创新与社会服务。

四、根据产业发展动态调整专业方向

建立专业群及内部专业动态调整机制，及时跟踪区域经济社会发展变化，随着企业需求的不断变化及时调整专业群和群内专业方向设置，持续促进专业群与产业、教学过程与生产过程、课程内容与职业能力的对接度，提高专业群人才培养目标与企业岗位需求的吻合度。

（一）互联网时代服装产业销售模式的转变对人才的需求

1. 直播经济发展迅猛

随着互联网的快速发展以及计算机手机通信等软硬件的升级，网购成为一种不可忽略的生活方式，包括年轻人和老年人，甚至包括农村里面没有任何文化学历的部分人，都参与其中。买卖搬到了互联网上，就逐渐衍生出来各种工种人才需求，网络营销也就逐渐成为一门学问，而短视频和直播的崛起再次改变购物的形式，而我们现在正处在网络营销成熟阶段，直播电商成为助推我国经济社会发展的重要新动能。

大力拓展直播电商领域的就业空间获得国家政策的鼓励与支持。国家发改委、中央网信办、工业和信息化部等13个部门联合发布《关于支持新业态新模式健康发展激活消费市场带动扩大就业的意见》，其中明确指出积极培育新个体，支持自主就业，支持微商电商、网络直播等多样化的自主就业、分时就业。

2. 直播人才需求旺盛

服装销售发展由线下为主转为以线上为主，集中式网络营销平台向企业营销平台转变，由单一传统电商平台向直播平台转变。

调查数据显示，相比于2019年，2020年上半年电商行业对"直播运营"相关岗位人才需求增幅达47%。2020年1月起，电商行业对"直播运营"岗位的人才需求逐月递增，2月至3月疫情期间，该岗位的需求增幅明显高于同行业其他运营岗位。2020年"MCN/直播/网红"成为电商行业里的热门职位标签，杭州对该职位的人才需求最多。

在线求职平台均发布了直播电商调研数据报告，发现在"宅经济"的催动下，直播卖货的国民度迎来爆发。其中，一线城市的多方数据均可观。拉勾大数据研究院发布的《电商人才行业报告》显示，2020年1月至5月电商行业招聘需求指数增幅中，杭州位列第一，达到64%。该报告提到，随着"电商+直播"的卖货模式受到行业和消费者认可，直播内容优化，成为电商行业的下个发力点。伴随着直播人才需求的增加，2020年直播相关职位的简历投递量也同步增加。其中，杭州直播相关职位的简历投递量增幅达307%❶。

BOSS直聘发布的《2020上半年直播带货人才报告》提到，2020年上半年，杭州、广州和深圳三城领跑"带货经济"发展，无论是岗位需求量还是求职者最向往的目的地，这三个城市均位居三甲。BOSS直聘研究院数据显示，在企业招聘需求量最大和求职者最向往的前十个城市中有七个重合，分别为：杭州、广州、深圳、北京、上海、成都和长沙，基本构成了目前"带货经济"的优势集团，电商平台、MCN机构、短视频平台、供应链等各方面资源均有较好基础。

随着5G网络时代的到来，拥有新媒体技能的人才将会越来越重要。服装网络营销行业的快速发展，对新媒体人才的需求在急速增长，新媒体营销岗位带来了新的机遇，目前已有众多毕业生转向网络营销与直播电商岗位。

---

❶ 电商行业人才报告［EB/OL］.拉勾大数据研究院.

（二）专业数字化转型升级需求

时装零售与管理专业成立于2009年。专业定位是培养店长、陈列师、时尚买手等岗位。近年来这些岗位需求大幅下降，传统服装品牌企业也向新媒体营销转型，毕业生大部分在网络营销和电商直播相关岗位工作，现有的人才培养不能胜任服装销售新业态、新岗位能力需求，急需进行动态调整、转型升级，确保人才链与女装产业链精准对接，使专业群建设始终和产业发展同步，人才培养和产业需求全方位融合，2021年，专业群增设服装智慧营销专业。

（三）服装智慧营销人才培养定位

服装智慧营销专业面向电商平台和服装企业直播电商的主要岗位群，培养具有良好职业道德和人文素养，具有一定职业道德和敬业精神，具备直播内容策划、直播文案撰写、电商选品、网络直播运营、客户服务、网络直播等专业能力的"懂技术、精运营、能策划、会直播"互联网营销复合型人才。

经过企业沟通，国内同类专业开设课程分析等，专业组教师认真探讨，初步构建专业方向课程体系，体现"厚基础、重实战、强合作"的课程特色，课程设置及内容如图2-3、表2-6所示。

专业实践课	电商视觉营销实训、顶岗实习（探索2+1）
专业核心课	网店运营与管理、直播运营与活动策划、摄像与创意短视频制作、商务数据分析与应用实训
专业平台课	电商文案策划与写作、服装搭配技巧、网店美工、服装陈列、网络消费心理学、服装产品管理

图2-3 课程类型及相应内容

表2-6 课程名称与主要内容

序号	课程名称	主要教学内容与教学计划
1	网络消费心理	1.服装品牌消费者认知过程分析；2.网络消费者行为数据分析；3.影响网络消费者行为因素分析；4.网络营销语言沟通方案策划
2	直播沟通技巧	1.网络直播的台词设计及表达；2.网络主播的形体与肢体语言；3.带货主播销售技巧；4.主播的音乐背景选择

续表

序号	课程名称	主要教学内容与教学计划
3	服装搭配实务	1.服装色彩搭配；2.服装图案选配与装饰；3.服饰核心元素搭配；4.服饰形象搭配
4	直播运营与活动策划	1.直播电商的趋势和发展；2.网络营销的分类及发展；3.网络营销与直播电商法律法规；4.人设、内容、产品的关系；5.电商直播运营技巧；6.直播运营活动策划
5	服装商品企划	1.服装商品企划前的准备；2.服装商品企划立案；3.服装商品企划开发与选品；4.服装商品企划运作
6	网络营销	1. VLOG的拍摄；2. 短视频策划与编剧；3. 网络舆情应对与处置；4.新媒体运营
7	直播电商	1.化妆技巧及形象设计；2.直播产业带活动策划；3.直播电商运营技巧；4.抖音等新媒体运营技巧

第二节　以"精技能、重复合"为目标推进人才培养模式改革

一、深化校企命运共同体建设

总结前十年校企共同体的理论和实践成果，不断完善校企合作体制机制，实现校企双方合作共赢、共生发展。遵循"合作共赢"原则，采用共商、共建、共享的方式运作，真正尊重和体现校企合作各方共同的利益、价值和文化，顺应职业教育前进的方向，形成校企合作共生系统，让校企合作更持久，更具生命力。

（一）深化校企合作，促进校企共同体迭代升级

党的十八大以来，国家高度重视职业教育，习近平总书记对职业教育工作作出重要指示，强调要"深化产教融合、校企合作，深入推进育人方式、办学模式、管理体制、保障机制改革"。

"双循环"新发展格局正成为我国"十四五"及今后一段时期国民经济和社会发展的重要发展战略，校企合作是高校融入社会发展大循环的有力举措，也是

助推企业转型升级的有效途径,更是高效衔接教育链、人才链、产业链、创新链的关键一招。新发展格局下,企业的产业结构、管理机制发生巨大变化,进行适应性调整,这些变化势必导致企业寻求新的校企合作体制创新。因此,新形势下的专业群建设要不断优化适应新发展格局需求的校企合作模式,以更高质量的校企合作促进迭代升级。

（二）以技术研发和技术服务为突破口打造校企共同体升级版

产教融合最终的评价标准,是产业的先进元素,包括先进技术元素、工艺元素、资源元素和科学管理,以及优秀的传统文化和高端的发展要求融入教育教学的过程中,融入课程体系中,融入人才目标和规格中。

对达利公司以及杭州纺织服装的中小微企业进行了深入调研,了解企业的现状、发展瓶颈、企业在转型过程中的痛点等问题,通过调研发现,纺织服装企业要在两个方面进行转型升级,一是数智化转型升级,从传统的劳动密集型特征转向数字化方向发展,通过新技术应用降低生产成本,提升产能;二是随着国内国际双循环格局的形成,企业的重点转移到内销,多品种小批量的发展趋势给企业的产品研发带来更大的挑战,需要人力资源和技术支持。

技术的革新在引领职业教育变革发展,职业教育要为产业的发展提供更多的技术服务。首先,教师要融入产业发展,及时掌握新技术、新要求、新工艺;其次,还要加强专业群的课程体系、教学组织、教学内容的变革。

（三）培养适应产业发展的创新型复合人才

增强职业教育适应性成为当前阶段构建高质量职业教育体系与实现职业教育现代化发展的迫切任务,也是构建服务技能型社会的教育体系的重要组成部分。人才培养的适应性体现在:适应企业发展,适应岗位工作任务,具备解决复杂问题的能力和较强实践和创新能力,通过产品研发提高学生的创新能力是重要渠道,一是产品研发的复杂性和工作过程的完整性能有效提高学生的综合能力,跨专业的团队构成也能拓宽学生的专业能力的覆盖面,有助于学生职业发展;二是通过产品研发,学生能深入了解企业标准,缩短就业适应周期;三是研发项目的高标准、高要求也有助于培养学生的职业素养。

二、试点基于"1+X"证书制度的人才培养模式改革

依托与全球知名丝绸女装企业达利集团共建的产业学院体制机制优势，率先试点"1+X"证书制度改革，实现"岗位基本能力"和"岗位拓展能力"培养双线并进，对接X证书标准实施课证融通，以研促学推进专业互融，"双线双融"推进高技能复合型人才培养模式改革。

第一学年开设专业群共享课，掌握纺织服装产业链岗位群的通用知识和通用能力，例如，服装史、服装材料知识及应用、服装色彩、服装结构基础、服装工艺基础等。

第二学年同步开设"专业分立模块课程"和"专业互融模块课程"，一线基于"岗位基本能力"设置职业知识、技能、素养等能力递进的"专业分立模块课程"，对接职业能力标准，实现课证融通；一线基于"岗位拓展能力"设置"专业互融模块课程"，跨专业组建学生团队和导师团队，从磨合期到成长期，再到成熟期，秉承项目产品从简单到复杂的螺旋形设计理念，开发初级产品研发项目、创意产品研发和承接中小微企业的产品研发项目，融入创客理念的教学模式，建立过程评价和市场认可度相结合的评价体系，提高学生的创新能力，实现专业互融。通过"双线双融"达到以研促学，以学促研的目的，增强学生的社会适应力、岗位竞争力和创新力（图2-4）。

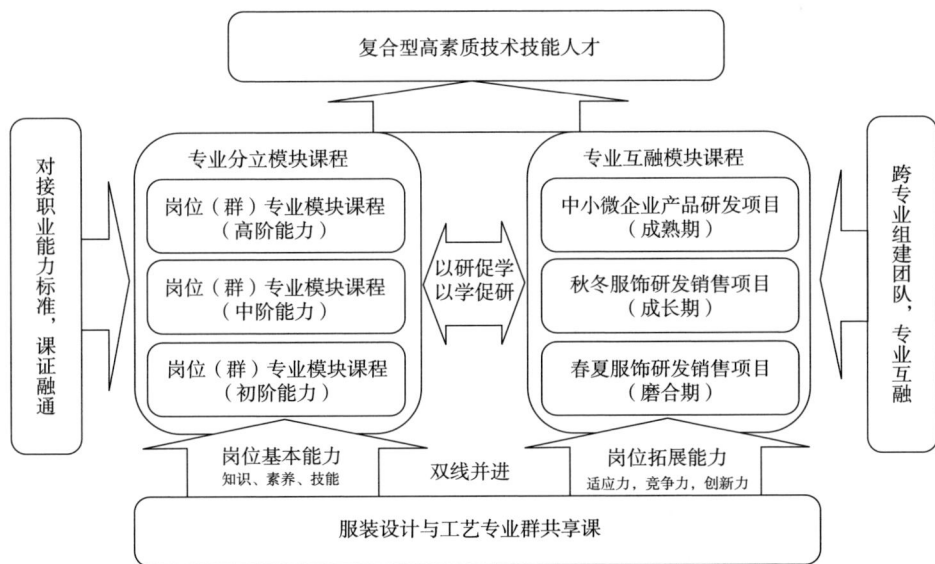

图2-4　基于"1+X"证书制度的人才培养模式示意图

三、探索中高职一体化人才培养

（一）厘清中高职一体化培养目标

中高职培养目标的定位是中高职课程衔接的依据，也是课程衔接的起点。遵循和适应职业教育系统的内部关系来考虑中高职之间的层次、课程结构的相互衔接，从纵向将中职与高职作为同一系统的两个衔接的层次来统筹发展，更好地体现职业教育的育人功能。因此，合理定位中高职贯通的一体化人才培养方案，分中高职两个层次进行实施，有利于培养中职学生的基本技能、培养专业的兴趣，激发继续学习的动机，为高职阶段的学习打下基础；高职除了技能培养提高以外，更多地侧重培养学生的迁移发展能力、培养学生综合职业能力以及创新创业能力。

基于女装产业发展与转型升级的需要，达利女装学院服装设计专业通过市场调查、毕业生回访、职业专家引领、企业一线人员共同探讨，确定人才培养定位为面向杭州女装企业生产技术、管理等岗位需要的，具有服装制版与工艺设计等专业知识、基本技能和较强的岗位实践能力，能从事服装制版岗位工作的高素质高端技能型人才。

作为中高职衔接的试点专业，达利女装学院服装设计专业依据职业教育人才培养目标与规格的确定依据，在中职阶段重点培养的是完成生产任务的能力，关键是具备从事岗位的具体操作能力，即能够根据材料选择合适的工具与方法，并且具备技能相关的实用性知识，侧重技能的培养、操作的规范性与专业的兴趣培养。具体到服装设计专业，通过制作一些趣味性的项目，如手机套、抱枕等简单的项目制作，来逐步培养学生的专业兴趣，同时通过服装基本款式的制图与工艺制作，掌握制图与工艺的基本技能，能够胜任实操性工作；高职阶段主要培养的是职业能力，能解决生产过程的实际问题，关注的是生产全过程，也就是说需要具有系统性的应用知识与技能，具备应用能力与创新能力。服装设计专业侧重培养的是技术与职业素质，采用的是流行款式的制作与企业真实的产品研发与生产项目，从而培养学生良好的职业素养。

（二）构建中高职一体化课程体系

中高职衔接是世界职教发展的潮流，也是我国职教体系对经济社会发展所做的积极反应。教育部在《教育部关于推进中等和高等职业教育协调发展的指导意见》中提出，"围绕区域发展总体规划和主体功能区定位对不同层次、类型人才的需求，合理确定中等和高等职业学校的人才培养规格，以专业人才培养方案为载体，强化学生职业道德、职业技能、就业创业能力的培养，注重中等和高等职业教育在培养目标、专业内涵、教学条件等方面的延续与衔接，形成适应区域经济结构布局和产业升级需要，优势互补、分工协作的职业教育格局。实施中高职衔接，系统培养高素质技能型人才"。而中高职的衔接包括培养目标的衔接、专业设置的衔接、学制的衔接、教育体制的衔接和课程的衔接等，其核心与落脚点是课程的衔接。

构建中高职一体化课程体系有利于培养目标的实现，有利于开发一体化的课程标准、编写一体化的教材，有利于教学内容的相互承接、相互渗透，有利于职业能力的培养，有利于教育资源的节约，有利于中高职两个层面职业教育的共同健康发展，有利于进一步发挥高职在职业教育中的引领作用等。

达利女装学院服装设计专业作为省内进行中高职衔接试点计划的专业之一，通过研讨形成了有关中高职衔接的课程开发思路。中职学生以核心技能培养为目标，侧重于单一性或基础性的实际操作技能的培养为主，通过"做中学"，经过反复的项目训练形成技能。高职学生在中职阶段具有基本技能的基础上，要进一步体现专业的技术属性，关注的是综合职业能力的培养，对于知识的掌握不仅会"应用"，还能"应知"，做到"知其然"且"知其所以然"，通过"学中做"，用真实的项目进行教学训练，培养学生的综合职业能力。因此，从中职到高职阶段，在课程体系构建中要求课程内容编排上做到逐渐拓宽、课程知识结构上逐渐拓深、技能培养中逐渐拓高等原则，即按照形成一体化的培养目标、一体化的课程体系以及课程标准，分中高职两个阶段进行实施，期间共同进行教学管理、课程评价等思路实施人才培养方案。

中高职一体化课程体系建立于职业岗位能力分析的基础上，服装设计专业组织参加中高职衔接工作的中职、高职骨干教师在课程建设专家的引领下，邀请服装企业一线技术专家开展了工作任务分析会议，形成了中高职各阶段的核心能力与单项能力，如表2-7所示，并以此为依据形成了课程结构。

表2-7　中高职能力分解表

能力类型	中职（侧重技能）	高职（侧重技术）
核心能力	能绘制单品的平面设计图	根据品牌风格进行单品设计
	能熟练进行典型（基本）款式的制版	能根据（流行款）设计稿进行结构设计 能根据试样结果进行结构调整

续表

能力类型	中职（侧重技能）	高职（侧重技术）
核心能力	能熟练进行典型（基本）款式的工艺制作	能根据款式、面料特点进行工艺设计及制作
单项能力	能手工绘制效果图	能运用专业绘图软件进行（流行）服装产品（款式图、服饰图案）表达
	能使用基础软件常用工具	
	能操作服装CAD软件	能运用服装CAD软件进行结构设计及纸样输出
	能进行服装基础立体裁剪	能进行（流行款）服装立体裁剪
	能进行工业样板制作	能根据（流行款）结构制图进行纸样设计
	能根据号型系列规格进行典型（基本）款式推挡	能根据（流行款）进行推挡
	能操作常规缝纫设备	能操作特种缝纫设备
	能识别常用服装面辅料	能根据款式选用面辅料
	能掌握基础手工艺技法	能根据款式要求选择工艺方法并实施
	了解企业生产流程	能进行生产过程管理

根据中高职不同阶段的培养目要求系统构建课程体系，按照"中职课程重基础，强应用，让学生初步建立职业概念；高职课程重实践，强创新，鼓励学生在真实或模拟的工作场景中发挥主观能动性和实践性"原则，由浅入深设置课程。图2-5所示的课程结构分为素质课程、平台课程、核心课程、实习课程四个类型，每个类型课程从上到下、从左到右其素质、知识、技能等要求呈递进关系。

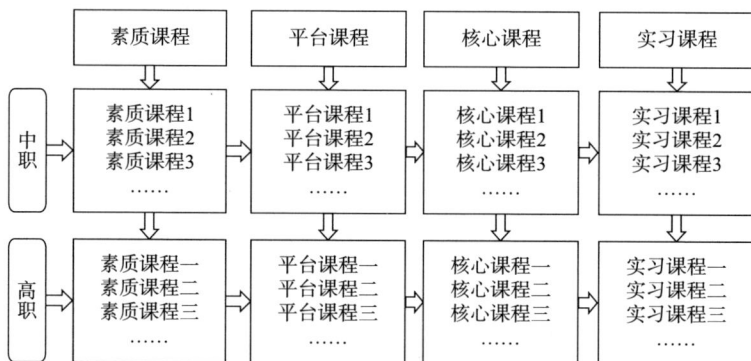

图2-5 中高职一体化课程结构

要达到培养目标，必须具备一定的文化素质、职业素质与技能，而这些知识与能力的培养要符合职业人才培养的规律，即知识的连贯性与技能训练的连续性，我们把相关的专业课程按照服装款式的简易程度从简单到复杂、从易到难、从单项到综合进行排列，同时又可以满足技能培养的连续性，从单一技能到复杂技能到综合职业能力培养。这样的课程设置与时间安排可以分清中高职阶段各自完成的课程教学目标（图2-6）。

图2-7是列举计算机应用技能的培养过程。计算机作为绘图工具十分重要，为了适应企业生产的需要，我们不但要求学生具备计算机应用的基本技能，而且更需要学生具备使用计算机软件的能力，如熟练运用CorelDRAW、Photoshop、CAD等软件进行绘图的能力。因此，课程结构的排列上从第一学期开始一直到最后环节的毕业设计，每个星期都设置了与计算机有关的课程，保持课程间的连续性、顺序性和整合性。

学期	课程
一	制版与工艺基础
二	裙装制版与工艺
三	裤装制版与工艺
四	衬衫制版与工艺
五	外套制版与工艺
六	企业实习
七	春夏女装制版与工艺
八	秋冬女装制版与工艺
九	新产品研发
十	毕业设计

图2-6　课程的逻辑顺序

学期	课程
一	计算机基础
二	计算机基础
三	计算机基础
四	CoreldRAW应用
五	Photoshop应用
六	企业实习
七	服装CAD
八	服装CAD
九	新产品研发
十	毕业设计

图2-7　计算机技能培养的连续性

一体化课程标准以学生职业能力和职业技能培养为重点，是对学生接受一定层次的教育后所应具备的能力素质的描述，是管理和评价课程的基础，是对于明确课程目标、课程内容，制订课程实施方案，教材编写，教学方法，教学评价，教学资源选择的依据。课程标准的统一是课程体系衔接的关键。中高职院校在制订一体化课程标准时，可先由高职院校牵头编写具体的课程标准，再组织中职学校的教师一起进行讨论，经过多次反复的研讨，形成统一文本作为五年课程建设目标的主要依据。

确定中高职相互衔接的专业课程内容，制订科学合理的教学顺序和实施路线，既可以避免中、高职课程内容的重复，又可以做到课程内容拓宽和加深，技能培养的拓高，真正实现课程内容衔接的连续性、逻辑性和整合性。据此形成了课程、项目与内容之间的对应关系表，表2-8是以第二学期裙装制版与工艺、第七学期服装CAD课程为例的项目与具体内容关系图。

表2-8　课程与内容关系图

学期	项目课程	主要教学内容与要求	技能考核项目与要求
第二学期	裙装制版与工艺	教学内容： 1. 西服裙制版与工艺； 2. 鱼尾裙制版与工艺； 3. 斜裙制版与工艺； 4. 褶裥裙制版与工艺 教学要求： 1. 能合理制定裙装规格；能进行裙装的制图及工业样板制作。 2. 了解裙装常用面辅料的性能； 3. 能熟练掌握常规设备的使用； 4. 掌握各类裙子的缝制方法、工序流程	技能考核项目： 1. 西服裙制版与工艺； 2. 时装裙制版与工艺 技能考核要求： 1. 在规定时间内完成制版与工艺； 2. 制版结构设计合理； 3. 工业样板制作合理； 4. 产品质量符合达利标准； 5. 职业素质符合岗位标准
第七学期	服装CAD	教学内容： 1. 根据工艺单、平面款式图进行服装CAD制版； 2. 根据工艺单进行服装CAD放码； 3. 根据工艺单进行服装CAD排料； 4. 用运用数字化仪输入样板； 5. 建立基础样板数据库 教学要求： 1. 能使用服装CAD制版工具； 2. 能使用服装CAD放码工具； 3. 能使用服装CAD排料工具； 4. 能使用服装CAD数字化仪； 5. 能建立基础样板数据库	技能考核项目： 1. 服装CAD制版； 2. 服装CAD放码； 3. 服装CAD排料； 4. 数字化仪样板输入； 5. 建立基础样板数据库建设 技能考核要求： 1. 在规定时间内完成考核； 2. 服装CAD制版、放码、排料、数据库符合达利标准

文化基础课程注重中、高职层次知识点的有机融合，以适应其渐进性学习和终身教育的需要，中职阶段注重基础素质教育；高职阶段注重学生知识、技能和职业素质的全面培养，提高学生可持续发展能力。

课程评价是课程体系衔接的保障。为保证中高职的有效衔接，必须充分体现教学的过程管理，即共同监控教学质量。高职院校专业所在的院系加强了同中职学校的联系，以合作专业的专业建设为纽带，以专业人才培养方案制订、课程建设、教学管理研讨和集体备课等形式，了解中职学校的专业建设情况和学生学习情况。同时，与中职学校共同商讨，每学期确定一门统考课程，由专业所在院系出题，组织人员到中职学校进行考试，确保课程标准实施与教学质量的提高。

（三）中高职衔接实施过程调研

达利女装学院服装设计与工艺专业是浙江省中高职衔接试点专业，2012年开始与杭州范围内3所中职学校合作开展中高职"3+2"衔接工作，在课程开发专家和企业专家的引领下，进行岗位工作任务和能力分析，明确一体化培养目标，制订一体化人才培养方案，构建一体化课程体系，高职主导制定了一体化的课程标准。通过几年的中高职衔接教学实施，笔者发现中高职在教学管理的衔接上还存在一些问题，如何使参与衔接的学校按照既定的人才培养方案实施，提升教学质量，成为当前急需解决的问题。

1. 升学后高职阶段学习现状调研

2015学年，共有3个班通过升学选拔升入高职。按照课程体系开发思路，中职课程重基础，强规范，让学生初步建立职业概念；高职课程重应用，强创新，通过真实项目提高综合职业能力，中职阶段要掌握专业的基本知识点和技能点，高职阶段主要侧重于这些知识和技能的应用。为了了解教与学情况，通过教师和学生座谈及问卷调查等形式进行调研，教师调研内容包括专业基础知识和技能掌握情况、学习态度、课堂表现、素养养成情况等；同时对97名学生进行问卷调查，问卷包含33项课程标准中应知应会的内容掌握情况、企业实习情况、对职业素养的认知、高职学习适应度等，调研分析如下：

（1）专业知识和技能掌握情况

①专业基础不扎实。高职第一学期的课程是"秋冬流行女装制版与工艺"，教师反映在教学中约70%的学生无从下手，只能重新讲解基础知识，拖慢教学进程。究其原因是中职基本上采用传统的教师灌输式教学方法，学生依葫芦画瓢，没有思考、理解和掌握知识点，自然不会应用。

②知识点遗漏。对问卷中应知应会内容学习情况进行统计，学过28项以上的占15.5%，23项以上的占80.4%，说明在中学阶段没有完全按照课程标准执行，在高职阶段还要进行基础知识查漏补缺，打乱了既定的教学计划。

③技能操作不规范。教师反映80%以上的学生没有养成良好的操作习惯，质量意识淡薄，大部分作品不符合企业质量要求。

（2）不同学校差距明显

由于合作的3个中职学校分属不同的地区，有些中职学校有悠久的办学历史，在师资力量、实训条件、教学管理等方面都有一定基础，有些地区的中职学校办学时间不长，办学条件、生源质量也参差不齐，加上师资队伍较弱，因此学生的知识和技能掌握情况明显偏弱，组班后教学进度很难统一，需要考虑实施分层教学或其他教学手段，给教学带来很大难度。

（3）职业素养培养不够重视

调查中发现，中职阶段在教学中偏重专业技能的培养，忽视对学生的职业意识、职业情感和职业道德等隐性职业素养的培养。

①学生的职业价值观没有形成。学生没有职业认同感，对专业的兴趣不浓，调查中44.3%的学生表示毕业后不从事服装专业工作，他们在校学习的目的纯粹是为了毕业文凭，缺少动力，作业应付。

②软技能培养不够。学生的自主学习、团队合作、沟通表达能力等隐性的职业素养比较欠缺，目前杭职院非常重视学生职业素养，将职业素养培养融入专业课堂，学生成为课堂的主体，教师"教"的时间大大减少，因此学生反映不适应高职的教学方法。

③学生的基本素养没有养成，如卫生习惯、文明礼仪、课堂纪律等，给学生管理工作带来一定难度。

2. 中高职衔接过程中存在的问题分析

（1）中高职衔接运行不规范

中高职衔接工作存在"重开局、轻过程"现象。合作学校对前期工作比较重视，花了很多精力多次组织专家研讨人才培养定位，制定人才培养方案和课程标准，探讨编写中高职一体化教材，在理论层面构建了相对完整的体系。但是在工作开展以后，双方的重视程度大大降低，既没有成立专门的管理机构，也缺少相关运行制度，目前中高职双方基本处于各自为政的状态，高职学校很少组织教师到中职学校进行调研和交流，中职学校也没有及时向高职学校反馈教学实施情况。在执行中高职衔接人才培养方案的过程中，合作学校按照各自的教学组织、认识理解进行教学实施，彼此缺少沟通，存在"两张皮"现象，培养质量难以得到保证。

（2）教学质量管理制度不完善

课程衔接是中高职衔接的重点，课程教学质量直接影响中高职衔接的质量。调研中发现中职在课程标准实施上存在"打折扣、减内容、降标准"现象，究其原因是双方教学管理衔接缺乏科学、规范、有效的保障机制。新制定的中高职一体化课程标准比中职以往传统的课程难度大，要求高，如果没有严格的教学管理制度，教师在课程实施中容易倾向执行传统的课程教学方案。另外，在实施过程中高职的引领作用不明显，既然是一体化课程体系，那么教学思路、教学方法都应该保持一致性，需要高职教师进行必要的指导，比如，合格课堂标准、教学方案设计、教学内容遴选、教学资源准备、考核方案制订等都应该有统一要求。

（3）升学选拔考试制度不完善

升学选拔考试既是对中职学校人才培养的评价和反馈，督促人才培养工作的有序运行，同时也起到学生学习的导向作用，现行的考核方案的设计存在不少问题。

①没有统一标准。现行升学选拔的主要考核指标是中职阶段的学业成绩，占录取权重80%，杭州市组织的统考成绩占录取权重的20%。学生平时成绩由各学校自行评价，评价主体单一，没有高职和第三方机构参与，由于学校之间的不平衡，标准不统一，很难衡量学生的实际水平，相同成绩不同学校的学生技能水平有很大差异。

②考核指标只注重专业技能，缺乏职业素养等德行方面的考核。

（4）第六学期实习缺乏管理

根据教学安排，中职阶段第六学期的任务是企业实习，因为已经完成升学选拔考试，各中职学校对这项任务不够重视，既没有对学生的实习单位统一安排，也没有进行有效管理。事实上中职学校也有实际困难，一方面是缺乏企业资源，有的中职学校因为校企合作不够紧密，没有建立足够的校外实习基地，不能全部解决学生实习问题，需要学生自己联系实习单位，部分学生因无法落实存在虚报现象；另一方面是师资和教学条件的限制，教师的教学任务繁重，没有精力去监督学生的实习情况，学生的实习单位、岗位、实习表现等都没有进行监控和管理，没有起到实习效果，反而带来负面影响，学生的技能、心态等都有了很大放松，导致升学后学生不在状态。

（四）提升中高职衔接教学质量对策

1. 成立中高职发展管理机构

为保证衔接工作的长期性及延续性，保证人才培养质量，成立中高职衔接工作领导小组，对参与中高职衔接工作的各部门进行统筹管理，协调各方资源，制定相关运行制度和教学质量管理制度，不断完善一体化人才培养方案，对人才培养方案实施进行监控，落实实习环节并强化质量管理，确保实现中高职人才培养的顺利衔接。领导小组由高职院校中高职衔接所在专业的院长任组长，中职学校的教学副校长任副组长，成员由三方面组成，一是高职专业负责人和督导；二是合作中职学校的教务处长、教研组长；三是行业、企业专家。

2. **建立交流沟通机制**

建立畅通有效的沟通交流机制，以不同形式开展教学管理人员、专任教师、学生之间的交流互动，促进相互了解与沟通，使工作执行更加顺畅有效。主要在三个层面开展交流，一是教学管理层面，制定《中高职衔接教学工作例会制》，定期开展教学工作研讨会，了解课程建设、学生学习和督导听课情况，听取各校在执行过程中的意见和建议，完善协同育人机制；二是课程建设层面，建立课程标准动态调整机制，根据实施情况，通过研讨对课程标准进行调整，确保课程标准的科学性和可操作性，既要符合学生认知规律和专业人才培养需求，同时又要考虑中职学校的实际情况，具有可操作性，定期召开联合教研活动，以课程研讨为核心议题，研讨教学方案、交流教学心得、反馈学生情况；三是学生交流，高职的专业教师定期到中职学校对学生进行一些专业指导或做一些专题讲座，也可以组织学生到高职院参观学习，尤其是新生入学后的第一课，中高职教师要协同进行入学教育。

3. **建立教师对接帮扶机制**

教师的理念和能力是提升教学质量的关键。在师资队伍建设中要充分体现高职的引领作用，建立中高职教师结对帮扶制度，合作企业、高职、中职共建教师师傅团队，如设计教学团队、制版与工艺教学团队等。通过结对帮扶，一是共同学习，增进了解，高职教师了解中职办学的实际情况，有针对性地提出意见和建议，中职教师了解高职教育理念，更好地改进教学方法；二是协同中职教师开展课程建设，从教学内容遴选、教学整体设计和单元设计方案、教学资料准备、信息化教学手段应用、教学评价等方面进行沟通和指导；三是提升教师专业技能，充分利用高职校企合作的优势资源，中职教师可以参与合作企业的真实项目研发，利用暑期等时间开展技能培训等活动，使教师队伍的整体素质得到提升。

4. **建立资源共享机制**

在中高职衔接工作中，高职要利用资源优势带动中职共同发展。①师资共享。有计划地安排高职学校的专业负责人或骨干教师前往中职学校传授教学经验，承担一定的教学任务，既可以熟悉中高职教育的内在联系和标准要求，又可以与学生联络感情，为其今后快速适应高职学习打下基础。②共享教学资源库。杭职院建有国家级教学资源库，这些资源都可以和中职学校共享，为中职学段学习的学生开放优质网络课程，探索学分共享机制。③共享实训条件。中职学校实训资源不足的课程，高职既可以承担部分实训任务，同时还可以为参加中职大赛的选手进行辅导和培训。④共享企业资源。加强第六学期实习管理，安排中职阶段的学生进入达利产学研中心或者校外实训基地开始"合作培养"，完成顶岗实习，学生可以提早了解达利公司的环境和文化，减少过渡过程中的阻力与问题。

5. 建立质量监控体系

建立以中高职协作、实时监控与及时纠偏为主线的教学质量监控体系，进行全方位、多角度的综合评价，不断改进和完善中高职衔接的教学管理。①制定课堂质量标准，开展两级督导。在工作领导小组领导下，成立教学督导组，制定教学督导办法，对教学工作的各个环节进行检查，监督人才培养实施质量。中职学校督导小组根据课堂评价标准对所有教师听课，高职督导不定时进行听课，根据听课情况进行评价，对不合格教师进行辅导，直至通过。②加强运行管理。通过随机听课、召开师生座谈会、期中和期末教学检查、企业实习检查、组织评教评学等方式，建立信息收集、分析、反馈机制，将发现的问题及教学建议等及时向学校反馈。③改进课程评价方法。建立由教师评价、企业评价、学生评价组成的多元评价机制。每学期确定一门统考课程，由高职出题，组织人员到中职学校进行考试，以企业专家为主进行评价，考试结果计入转段成绩，保持学生学习的压力感，提高中职学生学习积极性。

6. 完善升学选拔制度

转段招生方式的合理性和有效性是保证中高职衔接人才培养质量的关键环节。转段考核具体内容包括文化课成绩、专业课成绩、综合素养、技能测试四个方面，如表2-9所示。文化课成绩占30%，引导学生重视文化基础学习，培养学生自我学习的能力和良好学习习惯，为其进入高职院校自主学习打下良好基础；专业课成绩占40%，包含专业基础课和专业核心课程，由高职统一命题，统一评分标准。增加综合素养考核，对学生在校期间的表现进行评价，根据学生所获荣誉和奖励进行加分，在国家级竞赛中获奖的同学可以免试入学，同时根据违纪处分的情况进行扣分，严重违纪一票否决。技能测试成绩占30%，由高职院校负责组织实施，每学期组织一次测试，检验学生的技能掌握情况，由高职教师和企业专家共同评价。

表2-9 升学选拔考试内容

测评项目	测评内容与标准	占比（%）	备注
文化课	语文、数学、英语、计算机应用及选修课课程	30	文化课总成绩占30%
专业课	专业基础课和专业核心课	40	专业课总成绩占40%
综合素养	加分：荣誉，竞赛获奖		校级荣誉（2分） 地（市）级荣誉（5分） 省级技能大赛一、二、三等奖（10/8/6） 国家级技能大赛一、二、三等奖（免试）
	扣分：在校违纪处分情况		通报批评（5）、警告（10）、严重警告（15）、记过（20）
技能测试	每学期抽测	30	测试总成绩占30%

中高职衔接是一项长期而艰难的工作，目前我们的探索还只是前期的人才培养方案制订和课程体系构建阶段，后期更重要的工作是如何将人才培养方案落到实处，如何保证课程衔接的教学质量。因为是分段实施，中、高职学校在长期的办学过程中又都有各自的办学理念和办学定位，所以在方案实施过程中一定会存在一些的问题，这就要求各合作学校在人才培养的质量方针、质量目标上达成一致，加强组织和制度建设，强化教学质量管理，克服困难，协同创新，不断思考、不断完善，只有这样才能保证中高职衔接的人才培养质量。

四、实施"金顶针"计划，培养国际化女装技术技能拔尖创新人才

发挥时尚女装技术技能人才培养高地优势，多渠道培养国际化女装技术技能拔尖创新人才。依托全国技术能手大师工作室、全国教学名师工作室，采用"导师制"培养专业群拔尖人才，组织参加国内外技能大赛，通过以赛促教，实现职业技能和职业素养互融互促。联合国际服装院校共同开展时尚女装工作坊的研发项目，外籍教师、技术能手及教学名师组建指导团队，中外学生组建研发团队，采取国际开放和协作交流的培养方式，通过成果展览、产品研发交流等形式，激发学生的创新意识。发挥名师名匠的榜样引领作用，培养学生"精益求精、耐心

专注"的工匠精神，通过参加境外研学、国际时装展演等活动，拓宽学生国际视野，提升审美鉴赏能力。

（一）实施个性化培养的目的和意义

1. 专业群的核心文化缺失，学生个性化专业特质欠缺

当前纺织服装产业呈现个性化、生态化、智能化、品牌化发展新趋势，急需培养"懂设计、精制版、能制作、会营销"的服装高素质高技能工匠型人才。基于专业群服务纺织服装产业与地方区域经济的专业定位，此前尚未较好地依托纺织服装领域发展特点及纺织人才需求定位，尚未找到符合服装专业群发展、课程特色的核心文化载体，缺乏从课程顶层设计进行思政文化着力点的挖掘与统筹。

2. 课程体系专业互融不明显，个性化"立地式"研发能力培养不足

达利女装学院全面深化基于校企共同体合作机制，以链建群，以群建院，对应杭州女装产业链前端面料设计、中端产品研发与生产以及后端产品营销等典型岗位群，构建了以服装设计与工艺专业为龙头的专业群。但课程体系的专业互融较为欠缺，未找到各典型岗位群之间的关联性，各专业课程较为独立、零散，急需重组课程体系，从基础共享、专技阶进、研学交融层面对课程体系进行顶层设计，以培养服务女装产业链"懂设计、精制版、能制作、会营销"的高技能人才。

3. 教学实施忽视多元个性，差别化精准教学难以开展

基于高职服装专业学生在个性、动手能力、创造能力上的差异性，因而在服装产业链上适应的岗位也有所差别。此前，教师多遵循技能的强化训练，按照技能考核、单一大赛等来指导常规教学，导致部分学生的挫败感较强；评价方式也多侧重工艺技术和制图制版，对于学生在岗位综合素养和能力上缺少过程性评价，导致学生学习积极性不强。教学形式与评价过程动态性不够，与杭州女装岗位群的工作过程不够紧密，尚未围绕专业群建设构建针对性强、操作性强的教学和评价方法。

4. 个性化教学缺乏载体，学生展示技能的平台不够

学院建有国家级女装工业工程实训基地，现有多个技能大师工作室，各专业校企合作联系紧密，在校内有多个校企产品研发中心，在校外均有多个实训实习基地。但缺乏对现有资源的统筹、整合与设计，没有较好地对现有资源进行合理利用，导致个性化教学缺乏载体，学生展示技能的平台不够。因而急需搭建"资源共享、项目互融，研发创新"的产学研赛创一体化的工作坊育人平台。

（二）实施举措

1. 制定"文化引领、革新为先、匠心铸魂"的专业群课程思政建设思路，培育专业群文化，凝练"做匠人，修匠心"的工作坊文化

将纺织强国的建设目标、服装产业技术革新和国产服装品牌的国际化塑造作为专业群课程思政的重点，系统构建了"三层面、三维度、六要素、六评价"的专业群课程思政教学和评价体系，以工作坊为实战载体，培养"设计呈文化底蕴，研发敢突破创新，制作显技艺精湛"服装人才个性特质（图2-8）。

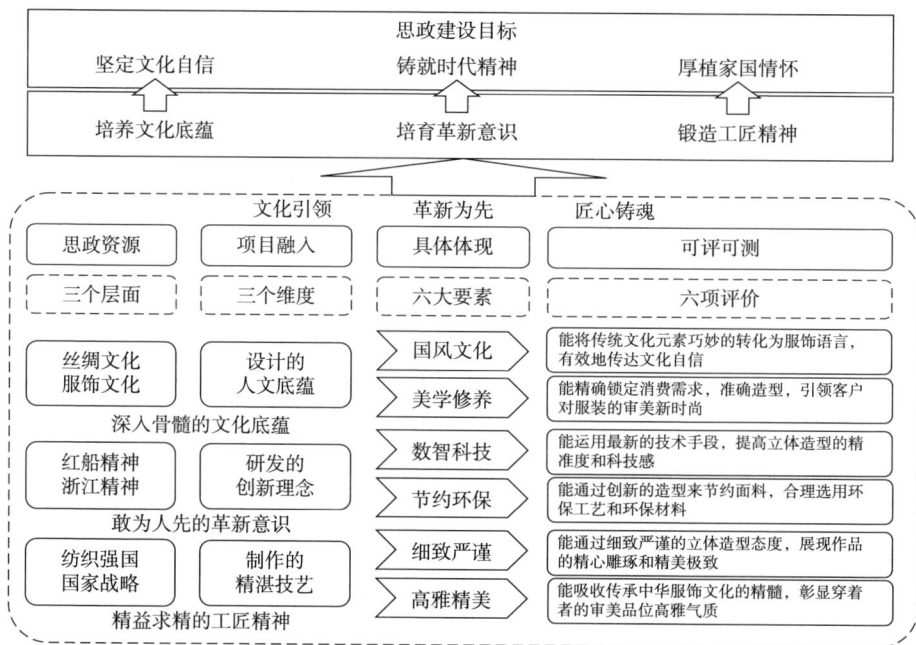

图2-8 "文化引领、革新为先、匠心铸魂"的专业群课程思政建设思路

2. 构建"基础共享、专技阶进、研学交融"的专业群课程体系，培养"懂设计、精制版、能制作、会营销"个性化高技能人才

按照"宽基础、精技能、重复合"原则，搭建专业群课程共享课程；对接时尚女装产业面料设计、女装针织、梭织产品研发、女装营销四个方向建设模块化课程，培养学生不同专业方向的岗位技能；开设专业互融模块课程，在工作坊内开展初级产品研发项目、创意产品研发和中小微企业的产品研发项目，培养学生的个性化"立地式"研发能力（图2-9）。

3. 实施"双线双融、个性选择，多元评价"教学改革，打造"工作坊"产教融合个性化教学模式

一线基于"岗位基本能力"设置职业知识、技能、素养等能力递进的专业分立模块课程实施课证融通；一线基于"岗位拓展能力"设置专业互融模块课程，融入创客理念的教学模式，学生根据自己的专业特长和兴趣进入工作坊按照企业项目开发流程开展项目实施。开发基于增值理念的项目化课程的多元评价系统，生成每位学生的个性成长画像（图2-10）。

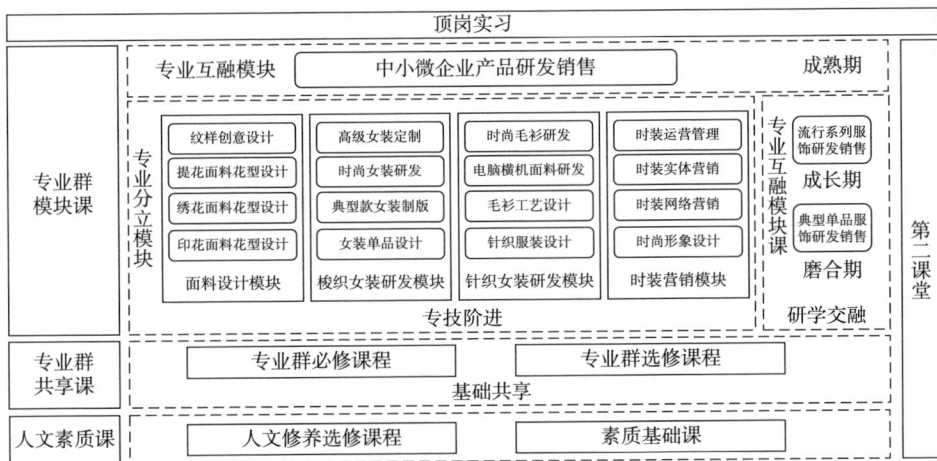

图2-9　"基础共享、专技阶进、研学交融"的专业群课程体系

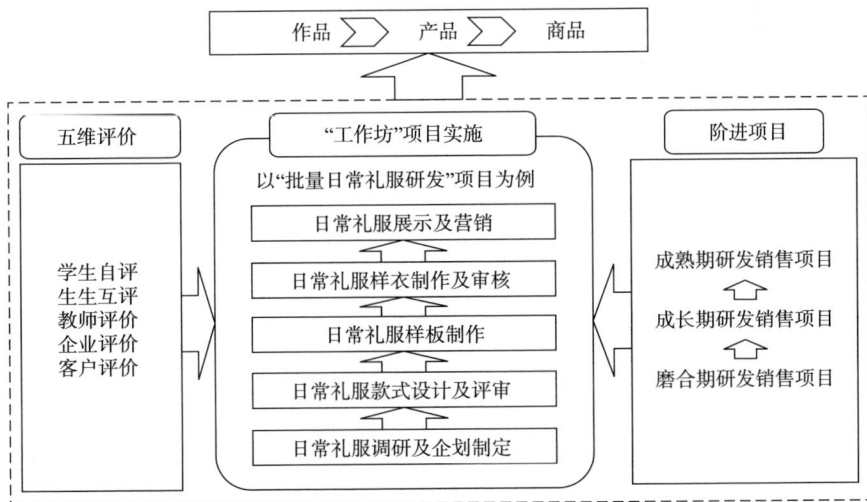

图2-10　"工作坊"企业项目化教学实施流程

4. 建设"资源共享、项目互融，研发创新"的产学研赛创一体化的"工作坊"育人平台，搭建展示个性的服装秀场

以国家级女装工业工程实训基地为基础，在服装工程创新下设置3个大师工作室16个特色工作坊，每个工作坊入驻企业项目组和学长创业项目，师生跨专业组队进入工作坊开展"产学研赛创"活动。校企合作为学生搭建展示个性的时装发布、陈列展示、直播营销的"小秀场"，最终带领学生走向国内外的时尚"大秀场"（图2-11）。

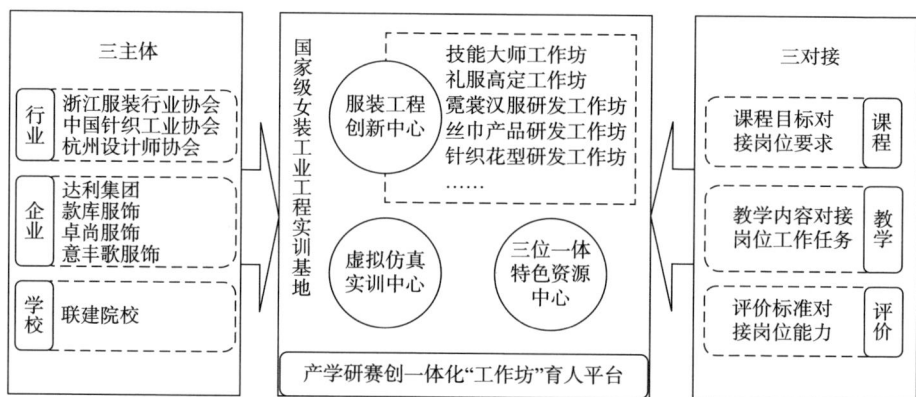

图2-11 "资源共享、仿真虚拟、研发创新"的产学研赛创一体化的
"工作坊"育人平台

五、专业群数字化升级

（一）专业群数字化转型的思路

1. 审时度势，适应纺织服装行业数字化发展趋势

随着服装科技设备的深入研究与发展，未来服装生产将走向数字化时代，诸如3D技术、机器人作业、自动化技术应用这样的新工艺以及整套流水化、现代化、数字化的解决方案将得到应用，数字化的生产模式将颠覆传统生产模式，促进服装产业的升级发展。

目前行业中已有将RFID识别技术运用到服装吊挂生产线管理领域，改写了全球现行吊挂生产线不能同时生产小批量、多品种、各类复杂服装的历史，解决了传统服装行业从缝制到后道等各工序在生产过程中管理的"瓶颈"。

数字化、自动化、智能化的新型技术与产品的不断进步，对于企业以及员工都有着绝对的价值体现，前所未有地改变了传统服装行业的作业方式，服装产业迎来数字化的生产模式，进入一个新时代。

2. 顺势而为，推进专业群课程体系数字化升级

服装产业在走出国门接轨国际的进程中，面临着前所未有的挑战和机遇。服装产业不仅需要做大，更需要做强，这就需要服装产业在新技术、新技能上做出改变和突破。

改变和突破的根本在于人才培养模式的改革。作为高职院校，高等职业教育中的课程体系、课程内容是联系教育链、人才链、产业链、创新链、技能链、职业发展链等众多区域和模块的纽带。创建适应纺织服装行业数字化发展的新的课程体系和课程内容。

专业群的课程体系针对纺织服装全产业链中不同职业岗位或岗位群所需的知识与技术、素质与能力进行设置与延伸，旨在培养具有时尚意识，能运用智能化和大数据等技术手段进行产品研发的复合型技术技能人才。服装相关专业点的数字化升级，需从优化课程资源，引进国际高端设备，邀请国内顶尖专家等几个方面着手，进而引领专业群培养更多专业人才、服务更多企业，推动职业教育服务国家战略、促进产业升级，最终打造一个当地离不开、业内都认同、国际可交流的职业教育"样板专业"。

3. 适销对路，培养服装数字化技术技能人才

以针织服装产业为例，目前有"全成型"技术和3D数字服装设计技术两个发展潜力较好的方向。

"全成型"技术指"一根纱线进，一件衣服出"，跳过了传统的缝合工序，有效缩短生产周期、减少人工和原材料损耗，是纺织工业技术革新的里程碑。以"全成型"新技术应用为切入点，以企业发布的真实订单为任务驱动，有效缩短学业与就业的距离，重点培养针织服装产业紧缺的智能织造技术技能人才，与本科院校同类专业错位发展。

在3D数字服装设计中，可以通过三维立体的数字服装查看设计效果，服装研发可不受限于平面图纸及语言交流，这对设计开发一直都面临高要求与高挑战的针织服装产品尤其适用。将3D技术引入针织专业课程体系，建成数字资源中心，搭建数字化展厅。

"全成型"技术和3D数字服装设计技术在课程体系中的加入将为未来纺织服装产业培养更多复合型、实用型人才。

（二）专业群数字化升级实施举措

1. 与时俱进，动态调整专业群人才培养定位

专业群立足产业行业发展，全面进行专业数字化转型，专业建设紧密依托行业中的龙头企业，积极发挥云计算、物联网、大数据、人工智能等新一代信息技术作用，推动信息技术融入专业教育教学过程，促进专业升级改造、推动人才培养模式创新。针对针织行业中全成型技术变革、纺织服装行业3D虚拟展示等产业升级方向，及时调整针织专业人才培养目标，根据行业智能织造的转型升级，适应"互联网+"的新型毛衫行业发展新业态，培养全成型电脑横机应用人才及3D数字服装设计人才。

2. 对接行企，动态更新教学资源库素材库

及时对接企业行业，承担针织工业协会的流行趋势面料研发部分，吸引工作室入校，与国内最大的电脑横机制作商慈星股份有限公司共同合作，建设包括针织花型库、版型库、实现所见即所得、自动推码、虚拟试穿、智能工艺等一系列数字资源库（图2-12）。

3. 因势而新，重构数字科技精技能层次递进式课程体系

立足"全成型"毛衫设计师、服装3D建模师等新岗位、新需求，增设"全成型电脑横机工艺编程""3D时装数字建模"等课程，重新开展专业工作任务和专业能力分析，重构以时尚、数字、科技为主线的精技能层次递进式课程体系。继续实施作品就是产品，产品就是商品的教学理念，坚持德技并修、育训结合，着力推进针织专业人才培养方案、课程体系、课程教材、课堂教学和实习实训等环节改革（图2-13）。

专业组教学团队与合作企业协同设计构建了以项目驱动为主线的专业课程体系，产教"双主体"深度融合，渗入层级递进课程群，突出学生电脑横机工艺设计技术技能和创新创业能力培养。注重课程思政与思政课程的有效衔接，在项目化课程注重科技强国、技能强国、文化自信、工匠精神等思想的融入，产教融合渗入人才培养的全过程。

4. 共建平台，共享课程资源重构教学内容

根据行业企业发展及紧缺岗位人才能力需求，搭建专业课程平台，设计三个层级递进课程包，层级教学内容之间形成支撑：专业基础课程及选修课程包、专业核心课程包、专业综合实训课程包。每个层次课程群中设计不同比例的校企合作课程，专业基础课程包使学生了解、掌握针织技术与针织服装基本知识理论，专业选修课使学生拓展专业思维，培养专业表达与实现的能力，注重技能训练，课程类型包括专业知识理论课程、理实一体化课程；核心项目化专业课程包注重学生专业知识和专业技能的培养，完成企业项目或单品的设计实践；专业综合实训课程群，注重企业项目开发和综合创新能力培养，设计了针织服装创新实训和企业实习实训活动，结合合作企业产品开发、国内外专业赛事活动进行互动教学，同时注重学生市场参与能力和专业研究能力培养（图2-14）。

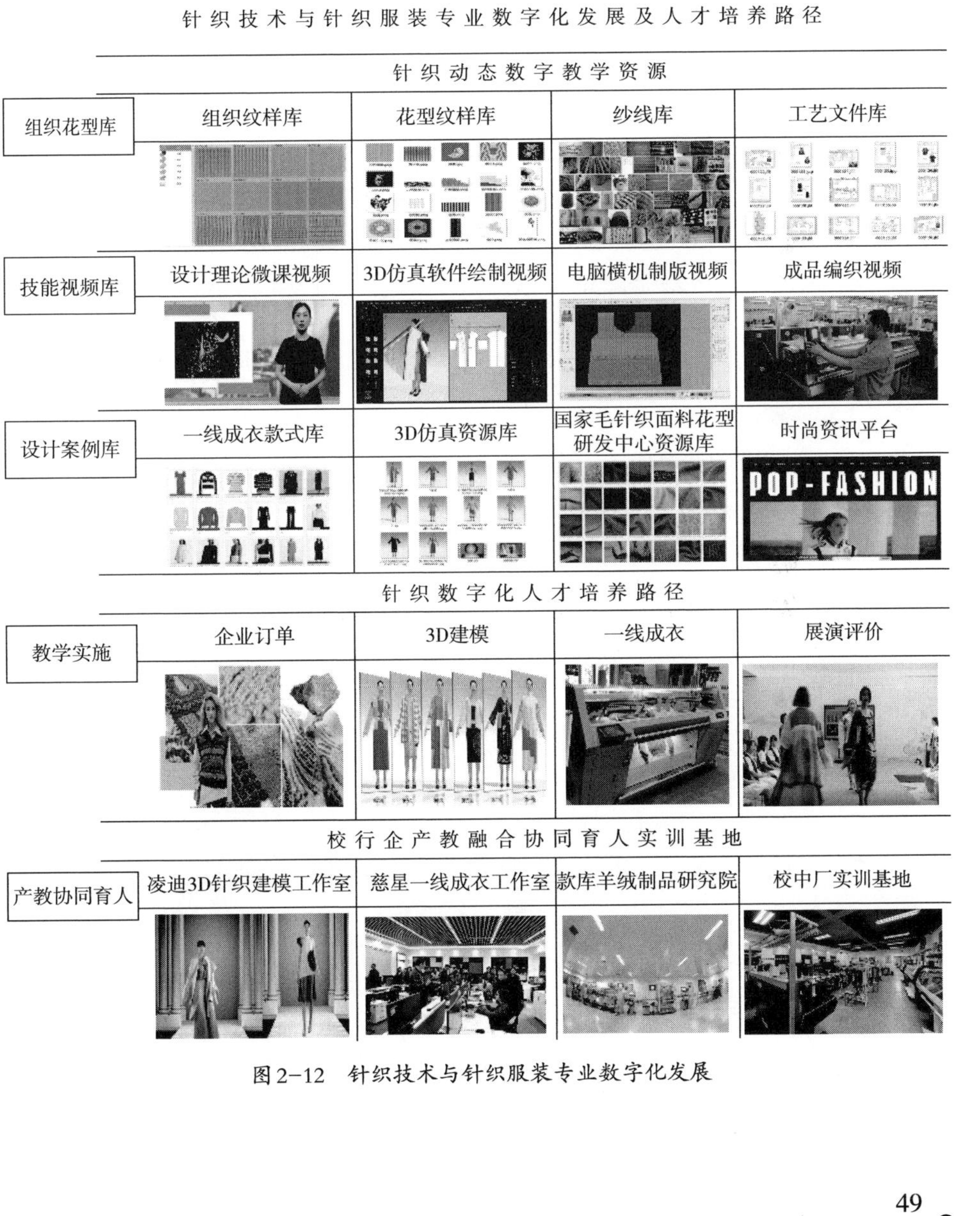

针织技术与针织服装专业数字化发展及人才培养路径

	针织动态数字教学资源			
组织花型库	组织纹样库	花型纹样库	纱线库	工艺文件库
技能视频库	设计理论微课视频	3D仿真软件绘制视频	电脑横机制版视频	成品编织视频
设计案例库	一线成衣款式库	3D仿真资源库	国家毛针织面料花型研发中心资源库	时尚资讯平台
				POP-FASHION
	针织数字化人才培养路径			
教学实施	企业订单	3D建模	一线成衣	展演评价
	校行企产教融合协同育人实训基地			
产教协同育人	凌迪3D针织建模工作室	慈星一线成衣工作室	款库羊绒制品研究院	校中厂实训基地

图2-12　针织技术与针织服装专业数字化发展

顶岗实习	横机面料设计	横机工艺设计	针织毛衫设计	3D建模	全成型产品研发	生产控制	质量控制	第二课堂
专业核心课 + 专业实训课	毕业设计							
	女装单品设计 女装制版与工艺 针织服装设计 3D时装建模 款式设计	单品 典型款	针织毛衫工艺设计 针织横机面料开发 电脑横机工艺设计 全成型工艺设计 工艺设计	系列 流行款	时尚毛衫研发 电脑横机面料研发 毛衫工艺设计 针织服装设计 综合实训			
专业基础课 + 专业选修课	色彩构成与应用 图案设计 女装设计实务 计算机辅助设计 服装材料应用 创意配饰设计 专业英语 针织工艺基础 专业必修课程		时装网店运作 中西服装史 服装CAD 服装生产管理 成衣立体裁剪 女装制版与工艺 服装跟单理单 时装摄影 时尚女装品牌鉴赏 专业选修课程					
素质基础课 + 人文选修课	人文修养选修课程		素质基础课程					

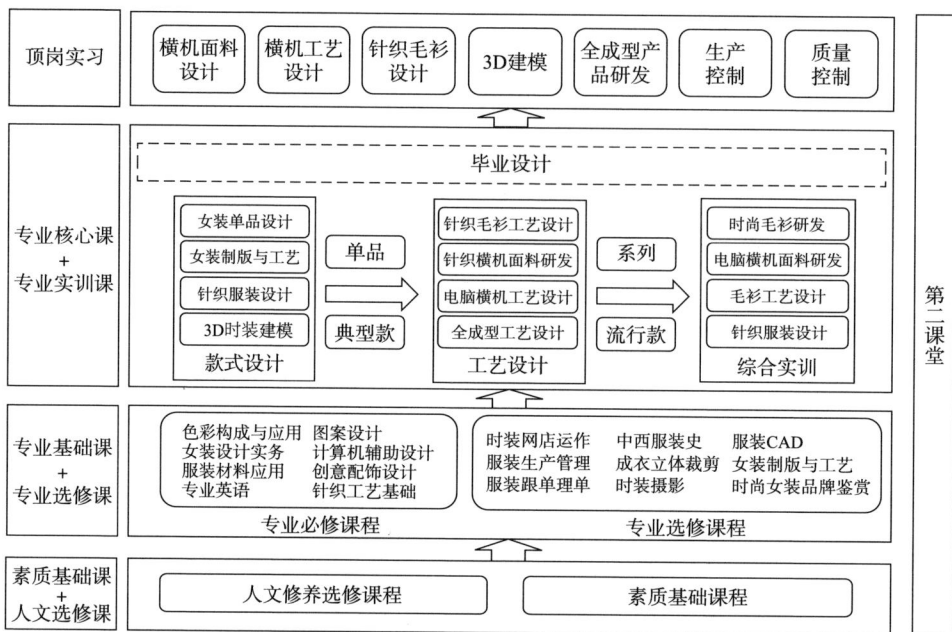

图2-13 数字、科技精技能层次递进式课程体系

专业综合实训课程包	企业项目开发和综合创新能力 针织服装创新实训、企业实习实训
专业核心课程包	专业知识与专业技能融合贯通 完成典型款针织服装设计及制作
专业基础课程包 专业选修课程包	了解、掌握专业基本知识理论 拓展专业思维，注重专业表达及实现

图2-14 层次递进课程包

第三节 以"强应用、提素质"为目标 实施工作室教学

一、工作室建立背景

（一）工作室制教学模式成为国内外流行的一种教学模式

早在20世纪20年代，德国包豪斯设计学院对设计教育进行了全面的改革，

强调艺术和技术的统一，聘请技能技巧高超且有实践经验的工匠进行"作坊"教学，教学成果以成品方式呈现，培养学生"从实际出发，设计为人服务，创造新生活"的实际能力，当时培养出一批杰出的设计师和设计教育家，被誉为现代设计教育先驱。后来，该教学理念传到了美国，在美国商业因素和时代的影响下，发展成形式简单、商业性强的国际主义风格。其教学在沿袭包豪斯"作坊"制的同时，在实践环节加大商业社会项目在艺术设计专业教学中的比重，成立众多以商业为目的的工作室，注重工业生产环节等。但国际主义风格过多地融入商业化色彩，遭到以乌尔姆设计学院为代表的强烈反对，乌尔姆设计学院在教学上继续秉承包豪斯教学模式，但以严肃的设计教育体系来取代美国商业主义，开设的工作坊重在培养学生创造性和动手能力，开创全新的视觉体系课程等。可以说，乌尔姆设计学院是包豪斯式教育的另一个实验中心，为工作室教学模式的发展提供了可靠的历史凭证和宝贵资料。

当今，工作室制教学已经成为国际上流行的一种教学模式，如法国的"巴黎美院"，采用工作室学分制，所有的工作室都统称为Atelier，即"车间"的意思，工作室的学生身穿工作服，并用真实材料进行实际操作。这种教学方法极大地提高了学生的职业素质。俄罗斯列宾美术学院的梅里尼柯夫工作室是以梅里尼柯夫教授的名字命名，他严肃的现实主义艺术观及精湛的艺术见解，给学生以莫大的启迪，他的人格魅力影响和诱导工作室的学生沿着一条正确的路走向艺术的成熟，多年来培养了一大批优秀艺术人才。

（二）国内职业教育改革的进一步推进工作室制的教学模式成为热点

21世纪初，我国开始大规模举办高职教育，教育部出台了一系列重要的政策文件，以加快高等职业教育改革和发展。各地方政府和高职院校积极贯彻落实教育部会议及文件精神，以服务为宗旨、以就业为导向，工学结合，校企合作，积极探索人才培养模式改革，大胆进行专业教学改革和课程建设，经过几年的努力，我国高职教育不仅在规模上实现了跨越式发展，在内涵建设上也取得了不小的成绩。

"十二五"期间，随着产业结构调整和经济社会转型升级的需要，职业教育在促进人力资源开发、提高人口素质、构建学习型社会中将发挥更加重要的作用，高等职业教育内涵发展、高质量发展成为趋势。2010年发布的《国家中长期教育改革和发展规划纲要（2010—2020）》中明确表示职业教育要"把提高质量作为重点"，至此职业教育内涵发展已经上升为一个战略性的概念，以质量提高、效益提升为特征的内涵发展，将成为今后一个时期内职业教育改革发展的重心，是职业教育走向教育现代化的着力点。

但目前高职服装专业学生高技能人才培养中存在一些问题：①实习效果不佳。当前大多数高职院校服装设计专业的培养计划中，实践性环节主要有认识实习、生产实习和顶岗实习。认识实习学生仅得到表面感官认识；生产实习一般以单项技能训练为主，综合、全面的技能训练不够；顶岗实习以学生个体为主，教师难以及时跟踪监督和指导，实践效果不佳。②教学项目无法真实化。为了让学生获得综合职业能力，目前高职院校普遍采用引入企业真实项目，融真实项目于课程的教学中。但往往专业人才培养计划制订在前，真实项目与内容及完成时间都具有不确定性，无法与人才培养计划的内容相匹配；若采用模拟项目来解决这一问题，却又缺失了真实的"企业感"，使项目课程教学对培养高技能人才的作用大打折扣。

工作室制教学模式是以工作室为载体，融课程教学、技能训练、生产实践为一体，将传统的学校封闭式教学转变为面向生产实际的开放式教学，以课程知识为基础，以专业技术的应用为核心，以专业教师为主导，以承接技术项目为主要任务，将教学与生产紧密结合，由教师带领学生在承接和完成生产技术项目的过程中完成综合专业技术的训练。因此，为培养具有高职不可替代的高技能人才，各高职院校纷纷成立工作室，工作室制的教学模式成为热点。

（三）工作室制教学模式改革中的问题

多数院校在开展工作室制教学模式改革时，还普遍存在着以工作室个别成员承接项目私自完成为主，对工作室的功能定位不准确，工作室的人才培养功能发挥不足，探索工作室各个教学环节实施细节不够，管理体制与运行机制不健全等等问题，因而使得众多院校的工作室形同虚设，人才培养、团队合作等功能都成为一句空话。

（四）符合现代高职教育的工作室制教学模式的研究鲜受关注

工作室制教学模式对高职工学结合的人才培养、师资队伍建设等有着非常重要的作用。但是，多数院校在开展工作室制教学模式改革时，深入研究其教学功能，探索各个教学环节实施细节的成果不多，结果往往造成工作室短暂繁荣、项目承接不畅，尤其是教学效果不明显。那么，高职院校到底是否有必要进行工作室制教学模式改革？工作室制教学模式怎样体现教学功能？完整的高职教育工作室制教学模式构架是怎样的？影响高职教育的工作室制教学模式的因素有哪些？工作室教学和课堂教学的关系如何处理？这一系列的重要问题并没有受到学者专家们的广泛重视。

针对上述问题，按照"工学结合""校企合作"对高职教学内涵的实际要求，学习国内外工作室制教学模式的成功经验，积极探索基于校企共同体的工作室制高职院校创新型高技能人才培养模式。本书以杭州职业技术学院服装专业服装立体造型工作室为例，介绍在基于校企共同体的工作室制高职院校创新高技能人才培养方面所做的一些探索和努力。

二、应势而生的专业群工作室教学改革

随着与达利公司合作的不断深入，专业群将课程教学与达利产品研发结合在一起，要求学生根据达利公司品牌风格和定位设计研发设计产品，由达利公司挑选，投入生产。

这样的项目化课程内容难度加大，而且因为现有班级人数多，教师辅导压力加大，作品效果受到一定影响。目前一个班的学生数基本上都在40人以上，按照每个学生完成3件作品计算，每个班就会出现至少120款衣服，而且都是不同款式的，学生对于这些款式的样板和工艺处理都没有概念，需要指导教师一对一地细心指导，教师辅导一个学生或一组学生的时间都比较长，一个轮回下来，耗时很长，学生在有问题的时候得不到教师的指导，其他同学也帮不上忙，为了保证任务的进度，只能自己摸索着做，又因为学生平时看得少，经验积累不够，在很多细节上的处理往往都不对，不符合企业标准，导致最后的作品效果不好，对学生的学习兴趣和积极性都影响较大。

专业群的教师们在不断寻求教学组织形式的改革。

2016年，学校组织了一批教师到德国和新加坡学习。在德国学习的时候，发现一个班人数都控制在15人左右，每个班两位指导教师，一位是专业辅导教师，另一位是生活导师，了解学生的平时生活和学习情况，遇到什么问题可以及时解决。在这种教学模式下，课堂形态非常好，上课氛围很宽松，学习效果也非常好。

学习回来后，学院召开了研讨会，讨论如何开展小班化教学，通过小班化教学改革进行个性化培养，提高教学质量。在借鉴和利用其他学校的成功经验的基础上，制定了一套实施方案进行探索。

三、深化"三段式"教学组织

实施"2+0.5+0.5"教学组织。一二年级拓宽学生专业基础，第五学期企业真实项目研发，第六学期顶岗实习。第一、第二学年的专业学习使学生对专业有了更多的认识，根据自身特点和兴趣为自己制订职业生涯规划，明确了发展方向，学习也有了动力。第三学年学生和企业双向选择，分别进行现代学徒制培养和工作室培养。学生根据各自选择进入技能大师工作室、名师工作室或研发平台，进行个性化定制、女装产品设计、女装制版技能及创新创业技能的培养与实践。根据企业品牌特点和产品开发要求进行当季产品款式设计、纸样设计、样衣制作、CAD制版等项目开发，工作室实行企业化管理，根据学生完成任务的效率、质量以及学生的职业素养，以企业为主进行评价。工作室选拔采用学生自愿报名，专业教师和企业导师根据学生的平时成绩和面试情况择优录取，每个班级15人左右，由专业教师和企业导师组成团队进行指导，他们既是教学导师也是职业生涯发展导师，企业导师还负责后续的实习安排和质量管理。

小班化的教学管理，由工作室指导教师制订单独的人才培养方案和考核方案，公共基础课和素质拓展课大班教学，专业课采用小班化教学，在教学中注重因材施教，跟踪每位学生的成长，使学生能得到全面、健康的发展。

四、基于校企共同体的工作室制高职院校创新型高技能人才培养

在校企共同体基础上建立的工作室，有连续不断的实际生产项目（服装新品）的研发任务驱动，有企业专家的共同参与，有校企双方的经费投入，有力地保障了工作室制教学模式的改革。

（一）通过工作室个性化培养提高学生综合素质

1. 通过产品研发培养学生创新能力

高等职业教育的两个基本属性：类型是职业教育，即职业性；层次是高等教育，即高等性。高职教育的这两个特性决定了高职教育所培养的人才除了要重视职业能力外，还要具备区别于中等职业教育的创新、研发和服务能力。工作室的建立和工作的开展，应用新技术、开发新产品，承接社会各项服务，在专业教师的带领和指导下，学生有机会参加技术开发、服务等应用性课题的研究和综合实

践，促使他们主动学习相关知识和技能，努力克服解决生产实际中遇到的问题。这为学生充分接触区域产业，理论联系实际提供创新实训平台，让学生通过参与真实项目的研发，创新能力得到锻炼提高，实现"训与研合一"。

工作室通过多年的教学实践，在培养高职创新型高技能人才方面，确立了采用"工作室教学＋课堂教学"的教学模式，即学生按专业方向进入工作室后，专业课程的学习全部在工作室通过以达利公司为主的企业产品开发项目进行小班化的"做中学"。在部分通识课程、学科课程等学习中，回到课堂，进行大班学习。课堂的学习为工作室的项目制作提供理论和实践的基础，而工作室的教学又为课堂的学习提供实践验证，两者的教学相辅相成，加深学生对理论知识及单项技能训练的理解，强化学生的思维和逻辑训练，培养创新能力。

2. 通过任务分解发挥学生特长

在许多工作室的运行中，由于来自企业的真实项目，具有一定的综合性和创新性，与课堂的作业不同，项目的完成要求尽量完美，避免失败。因此，面对真实的项目，学生往往有所畏惧，感觉无从下手，大多数工作室的项目只能由个别能力较强的团队成员完成，工作室制教学成为形式。工作室制教学作为一种教学模式，必须对项目进行整体教学设计，应充分考虑其特殊的教学组织形式。所以，在拿到项目后，工作室负责人会指定一位团队教师负责该项目，并由教师组织若干个学生组成项目组，在指导教师的带领下，项目组成员一起参与项目的分析，具体分解复杂的项目，尽量分解到足够具体足够细，再根据每位学生的特长及在工作室学习时间的长短，由学生独立完成各切块项目。学生在分头完成项目的过程中，指导教师要及时关注项目的进展情况并分阶段集中学生进行项目进展汇报和总结，查找问题，改进完善，确保项目的顺利进行；同时，学生在汇报和总结的过程中，相互学习，有利于每位学生了解和掌握整个项目的实施情况，提高其综合职业能力。

3. 通过任务实施增强团结协作能力

团结协作能力是职业能力中最重要的能力之一。由于项目来自企业和社会，需要综合解决生产实际问题，工作室的成员之间需要扬长避短、优势互补、通力协作才能完成项目任务。在完成项目的过程中，成员之间的团结协作能力得到了极大的锻炼和提高。比如，工程方向的学生向设计方向的同学请教服装款式设计、计算机效果图绘制、色彩搭配等技能；设计方向的学生向工程方向的学生学习面料性能、制版、工艺等方面的知识；服装整体策划方面有特长的学生也与大家共同分享了项目的策划、制作流程和各环节之间的把控等问题。学生之间的沟通合作增多，专业知识和技能融合的实效性在工作室项目的完成过程中得到充分展现。

4. 通过成果展示树立专业自信

据相关心理调研数据显示，大部分高职学生因为没有考上理想的大学，普遍具有挫败感，在学习能力、人际交往、个人成长等方面较为迷惘，表现出自信心不足。因此，在高职学习期间，让学生掌握一技之长，找回自信，是高职院校教育者在教学实践中必须考虑的重点。

工作室的工作环境装饰和文化建设对高职学生也能起到潜移默化的作用。在教师的指导下，由学生将工作室的橱窗与展示的内容定期更换，使学生在工作室完成的优秀项目成果得以及时展现。学生在浓郁的工作氛围和布满自己作品、成果的环境中学习、工作，内心充满了成就和自豪感，极大地激发了学习、创新的积极性和主动性；同时，在完成真实项目的过程中，促进相关知识和技能的掌握，树立学生的自信心。

5. 通过双师指导促进学生成才

工作室中教师和学生共同组成研发组，专业教师承接来自企业和社会的课题，并选择符合工作室的研究方向、与企业生产实际结合得较为紧密的项目作为指导载体，让学生参与到专业教师的科研项目中进行实践学习。学生在参与项目的过程中快速培养起解决实际问题的能力，也了解了企业对一线人才需求的特点，增强了社会服务能力。

师生关系由传统课堂教学的一对多转变为工作室教学的多对多，工作室团队的专业教师、企业设计师、企业管理人员、具有某方面特长的学生等取代了传统课堂教学的学校专职教师。对学生的指导更具有针对性，学生在工作室接触和体验到团队成员各自不同的工作风格和人格魅力，成员间的沟通快速、及时，工作效率和业务能力大大提高。

（二）工作室建设的目的

1. 作为学生的创新实训平台

引入企业横向课题，专业教师带领学生进行创意性项目的实训，学生通过参加技术开发和服务的应用性课题的综合实践，创新能力得到锻炼提高，实现"训与研合一"，真刀真枪地实训，让学生学会学习、学会思考、学会研发、提高职业技能，获取实际工作经验，巩固、综合、强化实践能力，有利于实现高端技能型专门人才的培养。服装立体造型工作室每年至少指导学生毕业设计10人，通过工作室研发团队教师和企业设计师的指导下，提高毕业设计质量，培养学生的创新能力。

2. 作为教师的课题研发平台

通过工作室的设置，凝聚一批有着相同研究方向和共同志向的教师，形成研发团队，进行新工艺、新产品的开发和研究，提高教师的科研能力和水平。总结工作室的教学活动、提炼适合高职教育的教学理念和方法，更好地为专业建设服务。

3. 作为师生的成果展示平台

以工作室为展示窗口，展示师生的研发成果、优秀作品，激发学生的学习积极性，培养学生的自信心。

4. 作为专业的对外服务平台

利用工作室的人才、科技、信息等方面的优势，开展服饰新产品的研发和技术创新服务，为企业解决生产技术难题；利用工作室的教学资源对企业员工进行培训等对外服务，同时，提升本专业的社会影响力和辐射力，加快品牌专业的建设。

（三）工作室运行管理机制

为了确保工作室的工作设备正常运作，保持一个良好的工作环境，较好地发挥工作室的作用，培养成员团结互助，不断进取的精神，在工作室创办初期，制定了相关的规章制度。

1. 工作室对学员的专业培养目标

为学生职业技能的培养提供平台，拓展学生的视野，提高学生立体裁剪技能与水平，提高个性化服装、服饰品的设计能力、提升学生分析问题和解决问题的能力，提高学生的职业综合素质。

2. 学员的职责

①制订三年个人成长发展目标和具体每年的实施计划。

②每人每学期至少参与一项企业横向课题。

③不无故缺席工作室每周一次的设计交流，每人每学期设计交流的主题发言不少于1次，相互之间设计交流每学期不少于15次。

④每人每学年至少有1个设计作品被企业采纳。

⑤企业提供的产品和设计资料未经工作室教师允许不得擅自外传。

⑥完成工作室规定的学习和研发任务。

3. 管理与考核

工作室为每位成员建立业务档案，工作室制定考核制度，对学员进行全面考核。工作室学员实施动态管理，对认真负责完成工作室布置的各项活动，经工作室全体成员评议，评选出优秀工作室学员，并给予一定的奖励。

五、各具特色的专业工作室、研发中心

（一）工作室一：达利产品研发中心

为进一步推进达利集团的内销品牌战略，顺利实施快时尚的产品要求，整合达利女装学院的师生、设备设施等资源，在达利女装学院成立达利产品研发中心，完成品牌部分新产品的研发任务，既解决当前品牌研发的难题，又为达利集团后续培养人才，形成合力的人力资源储备，提高品牌市场竞争力，更锻炼了师生的产品开发能力。

选拔优秀学生作为研发中心成员，在负责人的带领下，完成分部负责人下达的各项任务，学院为这些优秀的学生实行个性化培养，其每个学期的成绩，将根据学生的具体表现，以达利公司为主、学院教师为辅，共同完成对学生的评价。

达利产品研发中心的工作主要有"学"和"研"两部分。

首先，学生需要一些理论上的指导。不能让学生只做不学，学生没有一定的知识储备是无法完成产品研发的，也不利于学生成长。每周至少安排8课时的教学，教学内容初期就制定好发给学生，有些教学内容会根据在研发中发现的问题临时安排。这些教学有时会请达利公司专家以及行业企业的专家授课（图2-15、图2-16）。

其次，安排任务进行产品研发。在研发中运用所学知识，充分发挥团队的力量，在规定时间内保质保量完成研发任务。要完成每周10款的产品研发任务。

学生做产品开发最关键的问题是缺少精益求精的精神，没有用"挑剔"的眼光对待每一件作品，学生因为经验不足，也找不出哪里有问题，哪里还不够完美，如衣服上稍微有点皱，在学生眼里可能不是问题，而这样的衣服企业是不认可的，一定要调整到最佳状态，还有有些衣服外观很好，但是穿上后会不舒服，这些问题都要制版师解决。

产品开发中的这些问题就需要指导教师把关，需要一次次调整，关键是要说明哪里有问题，该怎么调整，这是对指导教师很大的挑战，教师也在研发中得到提高。

图2-15　企业专家在研发中心进行技术指导

图2-16　意大利制版师SUSI来研发中心进行技术指导

（二）工作室二：服装设计专业服饰立体造型研发中心

1. 工作室概况

随着我国服装市场与国际接轨，现代服装的设计与生产呈现多品种、小批量、高质量、短周期的发展趋势，而服饰立体造型能充分营造服装的立体空间，强化视觉效果，而且丰富服装的细节，使服装达到平面裁剪无法达到的创意效果，更能迎合现代消费者个性化的着装观念。服装立体造型体现了服装的三维立体效果，尤其对精品高档服装的设计与生产发挥着至关重要的作用，该技术是服装设计高技能人才必须掌握的核心技术之一。女装学院以服饰立体造型研发中心为平台，培养一批对服装、服饰品立体造型感兴趣的学生，提升其服装空间造型能力和服装创新能力，提高学生职业素质。

服装立体造型工作室和达利公司的服装产品研发部对接，承担部分产品开发任务。根据产品研发部提供的每季品牌企划和产品开发的主题，工作室的教师带领学生进行系列款式设计，并按照品牌质量要求完成纸样和样衣制作。工作室学生的选拔采用学生自愿报名，专业教师和企业导师根据学生以往成绩、学生特长和面试情况择优录取，每学期初招收一次，实行小班化的教学管理，由工作室指导教师制定单独的人才培养方案，因材施教，促进成长。

该研发中心由学校正式发文成立后，中心负责人通过精心设计与建设，使该场所充分展示出服饰立体造型及研发的特色，使其成为达利女装学院对外展示、服务与交流的窗口，服饰立体造型研发中心（图2-17）、服饰立体造型研发中心工作项目如表2-10所示。

图 2-17　改造后的服饰立体造型研发中心外观

表2-10　服饰立体造型研发中心工作项目

工作项目	主要内容	针对对象	成果形式
产品研发	1. 服装企业的服装款式开发	服装企业	产品
	2. 印花、绣花图案的视觉立体效果研究和产品开发	服装、服饰企业	产品
	3. 面料外观的二次再造立体效果研究和产品开发	纺织品企业	产品
科研项目	1. 服装、服饰品行业新技术、新材料、新工艺的研究项目	研发中心团队成员	研究报告产品
	2. 高职教学、课程改革项目	研发中心团队成员	研究报告
人才培训	1. 服装设计师培训	1. 杭州服装企业 2. 中、高职院校师生	相关证书
	2. 服装立体裁剪技能培训		
教学项目	1. "服装立体裁剪"课程建设	本院及省内外相关院校	论文、教材、研究报告
	2. 服装、服饰品的立体造型学习视频		视频
学术交流	1. 举办服装立体裁剪课程建设交流研讨会	中、高职服装院校	交流会
	2. 举办服装立体造型技术交流会	服装高校、服装企业	
学生指导	1. 毕业设计与实践	中、高职服装院校	毕业设计作品
	2. 大学生创业		创业指导
	3. 参加服装设计大赛		获奖
	4. 参加服装技能大赛		

2. 工作室成效

（1）丰富和拓宽了服装设计专业实践教学内涵

服装设计专业的学生在三年的课程进度安排中，实践学习课程主要有大一的认识实习、大二的生产实习和大三的毕业顶岗实习。实习教学以班级为单位，认识实习为期一周，以到工厂企业参观为主，这种实习基本属于"走马观花"的形式，提供给学生表面的感官认识；生产实习的时间稍稍延长，共三周时间，以单项技能训练为主，制作新生军训服，虽然熟练了服装缝制工艺，但服装品种单一，学生的技能得不到全面的培养；毕业顶岗实习以学生个体为主，学生零散地分布在各个地方的相关企业，教师无法及时跟踪和指导，对实习的效果难以把控，仅靠学生自己自觉完成顶岗实习任务，而很多院校该阶段的教学处于"放羊"阶段，流于形式，实习的完成度大打折扣，实践效果不明显。

研发中心的成立，成立研发团队，深化研究适合高职院校学生的实践学习的教学模式，丰富了专业建设内涵，加大了专业研究底蕴，促进了教学成果的最大化。为高职院校学生解决创新型综合实践课题的研究提供了可行性教学研究模式。

（2）知识与技能的融合、团队协作互助效果明显

来自社会的项目都是比较综合的解决生产实际问题、开发新产品或服务、培训项目，研发中心的成员之间需要各扬所长、通力协作才能完成项目任务，而在完成项目的过程中，成员之间相互学习、相互帮助、相互谦让，团结协作能力得到了极大的锻炼，而且同学之间优势得到互补。学生之间的沟通合作增多，专业知识和技能融合的实效性在本研发中心项目的完成过程中得到充分体现。

在工作室里，师生关系由传统课堂教学的"一对多"转变为研发中心教学的"多对多"，指导教师的角色也由传统课堂教学的学校专职教师转变为研发中心团队的专业教师、具有某方面特长的学生、企业设计师、企业管理人员等。对学生的指导更具有针对性，学生在研发中心接触到和体验到团队成员各自不同的工作风格和人格魅力，成员间的沟通快速、及时，效率大大得到提高。

3. 学生综合职业能力快速提升

研发中心成员的组成和选拔，都是建立在对该研发中心研究方向有兴趣、志同道合的教师和学生的基础上，因此，本身对研发中心的工作，成员们普遍兴趣高，在开展工作和完成项目的过程中积极主动、态度认真，知识和技能的接受和掌握达到效果最佳化。

课堂中的实训或生产实习等一些环节，更多的是让学生熟悉工作过程中的某一个环节，而要对这个环节的任务完全理解，只有在参与和完成整个工作过程中

才能获得。而研发中心的主要工作，正是通过"真实项目"这一载体，让学生通过参与整个工作过程，在具体项目的完成过程中，真正理解了每个工作任务在的实际工作意义，有利于对每个任务的理解，在解决项目的实际问题过程中，培养了真实的职业能力。

4. 成为双师能力的"加油站"

以研发中心为平台，教师积极进行产品开发、技术服务、项目策划、成果转化等"立地式"研发服务。教师加强了与企业的联系与沟通，并以项目为载体，以校企合作为纽带，使教师在研发中心的"立地式"的研发工作中不断提高自身的应用和创新能力，并且，通过研发中心负责人的带头作用和研发团队的互助合作，快速建设了双师教师队伍。

2013年10月，配合达利公司筹备参加2013中国国际丝绸博览会暨中国国际女装展览会，该研发中心负责人带领研发中心的学生设计并制作了达利企业展厅展示的十套礼服，在2013中国国际丝博会展览期间，研发中心设计展示的礼服作品得到业内人士的高度好评。

服饰立体造型研发中心的教学模式在服装设计专业学生的创新学习环节中，取得了令人满意的成果。两年以来，研发中心四名学生在全国高职学生技能竞赛中获得一等奖，两名学生毕业后直接进入了达利公司工作，其余学生在校期间都被企业抢先预定。这些对于工作室教学模式的拓延发展具有重要的实践和理论架构作用，进一步验证了高职院校工作室教学模式的可操作性。丰富了新形势下服装设计专业中创新型实践教育形式的内涵。

（三）工作室三：达利女装学院制版服务中心

达利女装学院女装制版服务中心设在杭州四季青"中纺中心"的"116中国时尚创意园"，面向杭州中小女装企业及四季青周边服装市场提供女装制版技术服务（图2-18）。

通过"达利女装学院制版服务中心"这个技术服务平台，服装设计专业师生走出校门为企业提供女装制版技术服务，完成了一个个真实的女装制版工作任务，在实践中锻炼提升女装制版师岗位相关的职业素质与职业技能水平。同时通过为企业提供女装制版技术服务，不断提升学院、专业的社会认可度，逐步实践服装专业"服务行业、带动行业、引领行业"的任务目标。

"达利女装学院制版服务中心"在技术服务工作开始阶段就有一种工作思路就是"由点及面"。由于身处"116中国时尚创意园"，紧邻的就有一家设计师创

业公司（杭州杭流服饰
有限公司）和一家设计
师品牌工作室（江干区
周波服装设计工作室），
恰巧他们产品的开发过
程都需要女装制版技术
服务，于是就从这两家
开始逐步开展技术服务
工作。

图2-18　达利女装学院女装制版服务中心

对于中心来说制版
技术服务工作的关键在
于认真、细致、踏实地做好每一步的工作。通过几年的努力和坚持，"达利女装
学院制版服务中心"在杭州四季青周边已经有了一定的知名度和认可度，一些经
人介绍而来的客户络绎不绝，由于时间和人力、精力的关系不可能将所有的业务
都承接下来，在这方面还有不断发展的空间。到目前为止，"制版中心"与5家
以上的客户单位保持着稳定的女装制版技术服务业务关系，它们有的是商场品牌
女装，有的是市场批发女装，有的是电商平台女装；有中高档品质女装，也有中
低档快时尚女装；有大众成衣，也有表演礼服。通过这些制版技术服务工作，想
尽可能全面了解行业对于各种不同品类、风格女装的制版技术要求。在教师和学
生的共同努力下，"制版中心"每年为企业完成的女装制版技术服务数量达100多
款套。

● 实例1：杭州杭流服饰有限公司影视表演服制作项目

杭州杭流服饰有限公司是一家由"杭州十佳女装设计师"郭宝宝先生领衔的
设计师品牌女装企业，公司有很大部分业务是针对电影、电视剧的表演服装。

一天早晨，设计师郭宝宝先生比较匆忙地找到制版服务中心的负责教师帮忙
赶制一套礼服，是一部正在拍摄古装戏中的服装，别的服装之前都已经完成到位
了，现在又临时加出来一套女王穿的礼服；戏已经在横店中国影视城开拍了，女
王穿的戏服3天后拍戏要用，所以时间十分紧张。郭宝宝先生很快准备好了设计
稿和材料，由于着急赶时间，他本人也参与团队一起赶制，希望能尽快完成任务
后及时送到拍摄现场。研发团队开始用坯布立体裁剪做礼服造型，可是当立体裁
剪造型出来以后设计师就发现了款式造型存在问题，经过思考郭宝宝先生对款式
造型作出了调整，师生根据调整的款式造型再做坯布立体裁剪造型，做完后设计

师又发现了问题，郭宝宝先生又进行了调整，第二天中午，当做到第三遍立体裁剪造型的时候，设计师终于认可了。剩下的一天半时间必须完成整套礼服的裁减、制作和配饰，第二天晚上又加班，第三天马不停蹄地继续赶时间，终于到傍晚时分完成了整套女王服的制作及配饰。

赶制的过程是紧张而辛苦的，可事后郭宝宝先生说服装穿起来的效果是非常好的，回来后特意对为此付出辛劳的师生团队表示了感谢。最关键是他们公司后面紧接着有一批"梦至超"系列女装产品开发的制版任务也交给了制版服务中心的团队来做；自此以后，他们公司每一季产品开发都交给制版服务中心，于是建立了良好的联系和合作关系。

● 实例2：周波服装设计工作室摩托车赛车服版型开发项目

周波先生给出了图稿、参考资料，又找来了面料辅料，随着沟通逐渐深入，指导教师才发现原来摩托车赛车服作为一种专门用途服装品类还是有很多特殊性。首先，面料就很特别，色彩搭配很跳跃具有运动感，衣身、袖子很多活动部位的材质既有弹力又厚实耐磨；其次，衣服版型整体修身以尽量减少空气阻力，衣身前短后长、袖子明显向前弯曲，整件衣服的版型要符合车手比赛时身体的造型。除此之外，还有很多细节，如衣身和袖子连接部位的活页设计、拉链及口袋的设计等。很多设计都很特别，需要细心琢磨其设计、用途方面的用意，只有在充分理解的基础上才能将整件衣服的版型处理好。在整个版型开发的过程中，每一个款式试样调整多达4~5次，部件做了很多次，样衣都做了4~5件，直到设计师满意为止，最终设计师交出的样衣被客户方一次性认可，他也随后顺利地拿到了订单。

2011年中纺中心组织优秀服装设计师成立"中纺ODM中心"，计划组织优秀服装设计师开发杭州女装产品，通过组织设计师作品走秀的形式向四季青服装市场商户推广杭州女装产品，周波先生作为留英回国设计师也在入选之列。指导教师带领学生花了两个多月的时间为周波先生完成了其50多套展示女装的制版出样工作，最终帮助他打开了女装产品在杭州的市场。之后他进军上海女装市场，邀请团队加入他的产品开发队伍；后来又进军北京市场，与团队始终保持着良好的合作关系。

● 实例3：浙江启灿纺织有限公司罗马布女装版型开发项目

浙江启灿纺织有限公司是一家专门生产纺织面料的企业，2010—2011年公司主要生产的面料是各种型号的罗马布，这是一种四面弹针织面料（经纬各个方向均有弹性），质感柔软又有一定的厚度和挺括度，非常适合用来表现修身型的小女人装，既穿着舒适又美观挺括。公司在杭州四季青的中纺中心服装城、意法服饰城、中兴服饰城等都设有门店。

教师和学生们在差不多半个多月的时间里帮他打了7~8个样，所有样打完以后，王老板说之前找了很多地方去打过样，打出来的样衣有十五六件，都没能符合他的要求。2011年春节过后的一天，王老板笑眯眯地说，上次教师及学生团队共同打的那几个样，在2010年的整个秋冬季里面，带动售销达十多万件。

● 实例4：中纺设计中心"人间仙境"系列礼服制作项目

中纺设计中心有一支设计师队伍，聚集了许多国内外知名设计师，经理李石勇先生就是曾经的"中华兄弟杯服装设计大赛"金奖得主，他们的主要业务是女装品牌推广和产品开发。

2011年暑假的一天，李石勇先生带着一些手稿找到指导教师，中国纺织工业联合会作为"2011广州白云国际服装节"的主办单位之一，在服装节上要参加一场主题时装走秀表演，主题时装表演的服装就从中纺设计中心这里出，他们已经做好了"人间仙境"系列礼服设计相关的工作，希望能帮助完成制版及成品制作。

于是教师和学生组成两个小组，分别开始进入了立体造型、纸样设计、成品制作的工作程序。立体造型设计是每套服装工作程序的重点和难点先用坯布立体裁剪做造型，边做边与设计师交流，设计师要根据做出来的立体造型效果及时作出调整或给出修改意见，有时候某个局部的立体造型确定不下来，就会"拆了做、做了拆"来回好多遍。记得有一套《蝴蝶》大礼服裹胸部分的立体造型，用立体裁剪打好底布以后开始在人台上规规矩矩地做表布的褶皱造型，教师与学生一起反复做了很多遍，用了很多布料。

"人间仙境"系列共八套礼服按期如约完成，在2011广州白云国际服装节的秀场上压轴演出取得了圆满成功，事后中国纺织工业联合会相关领导也对研发团队表示了感谢，并希望以后能继续合作。从那以后，研发团队帮他们完成了2012北京春季时装周、2013北京春季时装周的参展服装，以及参与完成了春夏、秋冬每一季的女装产品开发，直到现在，中纺设计中心每一次的产品开发计划都会将制版服务中心列入其中（图2-19）。

● 实例5：艺术家陈家泠"俱往矣"系列服装制作项目

2013年3月，经杭州市文创办相关领导牵头，学院师生有机会与知名设计师安然、海派艺术家代表人物陈家泠先生合作。陈家泠先生受邀参加"2013上海艺术博览会"，并在北京国家博物馆展出他的海派艺术，一部分是书画作品，另一部分是服装与绘画艺术的结合，于是陈家泠先生找到了设计师安然和达利女装学

图2-19　学生作品参加时装走秀表演

院师生为其制作艺术袍服。

这些服装的灵感都来自中国历史各个朝代，从秦、汉、唐、宋朝到晚清的典型袍服。教师和学生们在接到任务后心里都没有底，首先想到了通过收集资料来学习，同学们分工合作，分别找齐了相关朝代的服饰资料，然后大家一起来学习讨论。通过学习，大家基本搞清楚了各个朝代服装的材料、结构、工艺、装饰等方面的典型特征，然后开始逐步与设计师进行方案的磨合，同时开始服装的制版与制作。

制版工作开始的时候，设计师找来了一件老衣服作样衣，师生照着老衣服制版，出坯布样衣，设计师在坯样试样的基础上直接给出修改意见。这批衣服的难点和重点主要就在于工艺制作，细节部位的手工工艺很多；所有的装饰部位都要用手工工艺完成；所有的复古式纽扣都要手工制作，并且手工订制。同学们对有些手工工艺没有把握，学院就请有经验的师傅来给学生做示范；领子、门襟、开衩等细节部位同学们做不好，就请专业的样衣工来做示范；师傅教过了同学们就开始自己做，一遍做不好再来，两遍做不好再来，渐渐地大家都有信心自己上手了；两人配对组合，自己制版，自己做坯样，自己裁剪和工艺制作；有把握的地方直接做真料，没把握的地方先做代替料，会做了再做真料。

陆陆续续花了半年左右的时间，完成了陈老先生"俱往矣"系列30多套服装的制作，有的服装由师生先做好后再由陈老先生进行绘画创作；有的是陈先生先在布料上进行绘画创作，再拿来做成服装。2013年6月，陈先生的"俱往矣"系列艺术服装在上海艺术博览会展出受到好评；2013年10月，陈先生的"俱往矣"系列艺术服装在北京国家博览会展出也深受欢迎。展出结束后陈先生专程对师生表示感谢，并且希望能进一步合作。

通过提供女装制版技术服务，与服务企业和市场商户建立了良好的沟通、合作与信任关系，许多服务企业的负责人经常帮制版中心的业务做介绍，设计师周波先生说："达利女装学院的老师打起版来有两把刷子"；中纺设计中心设计总监兼经理李石勇先生说："达利女装学院的老师和学生工作比较踏实，样板、工艺没有问题"。

中心的技术服务质量普遍获得公司企业和市场商户的好评，同时也得到中纺设计中心市场主办方的认可，2011年6月中纺设计中心与达利女装学院合作成立"中纺116·达利女装学院制版中心"，中纺设计中心免费提供大楼1411号约50余平方米铺面一间，4个电脑制版工位及服装CAD绘图仪、5台计算机缝纫机、吸风烫台、制版桌等价值十多万元人民币的设施设备，从此，制版中心的制版技术服务工作迈上新台阶。

（四）工作室四：达利女装学院服装展销中心

1. 不出校门，在学校就能淘到宝

达利女装学院服装展销中心（图2-20）主营达利公司的服装、领带、丝巾、围巾、床上用品等，同时也组织其他合作企业的服装特卖。时装零售与管理方向专业组的教师早在2009年暑假期间，就分别到达利公司和杭州蓝色倾情服装有限公司的专卖店，学习专卖店的管理和服装陈列技巧。教师暑期到企业中工作一直持续了多年，为更好地管理达利女装学院服装展销中心这个校内顶岗实习基地打好基础。

2. "一带四"的实训模式

2009年11月，首批12个学生店员通过层层选拔，从60多名自愿报名的一年级新生当中脱颖而出。经过专业教师的导购礼仪、销售技巧、陈列技巧、商品管理等方面的专业培训，学生店员于2009年11月18日开业当天正式亮相，在专业教师的带领下正式上岗。由于学生店员属于"流水的兵"，在店员的招收方面，每年都会举行专业内部的招聘会，上岗的店员需经过专业教师的选拔和培训之后才能上岗。

校内实训基地采取"一个专业老师带领4个学生店员"的实训模式，即专业教师轮流值班指导当天实训生进行店铺管理，让学生在真实的情境中学习如何进

图2-20 达利女装学院服装展销中心

行商品的管理、人员的管理、服装陈列以及服装卖场的运作。在制度上，学生店员在实训基地实习，可以抵扣专业实习的学分，并根据其销售业绩，由企业支付一定的补贴。

通过教师团队带领学生团队服务企业的做法，使学生在实践过程中了解合作企业的产品，了解企业卖场的运作模式，感受企业文化，从而提高自身的职业素养，拉近与未来职业的距离。

3. 专业社团当好顾客的"参谋"和"助手"

2013年3月，在前期店员团队的基础上，时装零售与管理专业方向向学校申报了"WISH YOU"服装社团，由社团的同学负责外围的宣传和产品的推广。把合作企业的服装、服饰品牌在杭州市下沙经济开发区内进行宣传和推广，推广的重点放在下沙的各个高校和周边的小区。经过给合作企业的服装特卖会几次进行推广，实训基地在下沙高教园区有了一定的知名度。2013年11月，在达利女装展销中心开展的"校园奥特莱斯"专场服装特卖会，就有三彩、蓝色倾情、浪漫一生、桑卡、伊布都5个杭州知名品牌加入，三天的销售业绩就达到了23万多元。

通过为合作企业组织服装特卖会的形式，学生店员和"WISH YOU"服装社团的同学，都成了企业想优先招聘的"香饽饽"。

达利女装学院服装展销中心每年还承接达利公司等合作企业的服装特卖会数场，由于服装的品质好、价格实惠，组织的特卖会在下沙大学城都有了一定的知名度，吸引了本校师生、周边院校的师生以及周边居民前来购买服装。

服装展销中心对外营业至今，已经接待参观、购物的校内外顾客达8000余人。累计销售达利及其他合作企业的服装、服饰类商品金额达200多万元。为合作企业消化库存、盘活资金贡献了一份力量，也为广大师生带来了便利和实惠，做到不出校门就能淘到自己心仪的"宝"。

（五）工作室五：横机工作室

达利女装学院的横机工作室里，每天都有教师和学生们忙碌的身影——他们在为达利公司设计和制作围巾样品。自校企合作以来，每一名专业教师坚持带领学生助教参与企业的项目研发，让学生在真实的项目中边学边做。在大家的共同努力下顺利地完成了多个项目，专业技能和动手能力得到了极大的提高。

针织专业与达利公司针织中心开展合作，设计并制作August Silk品牌2011/2012年秋冬毛针织围巾的样品，研发新的花型与组织纹样。迄今为止，针织工作室已经完成样品围巾200余条。工作室为企业客户定制了个性化围巾样品——根据不同的年龄和性格，选择适合的颜色，设计独特的花型，并配上姓名缩写，作为礼品赠送给这些客户，得到了一致的好评。

现在，企业有越来越多的研发项目放在针织工作室，大家忙碌着，源源不断地设计并制作出新的样品。在项目进程中，学生切实感受到把自己的设想变成实物、变成商品的成就感，学习兴趣与热情高涨。

工作室是教师带领学生进行社会服务、开展立地式研发的窗口，通过在工作室建立教师研发团队，进行行业企业新产品、新工艺的应用研究和技术服务，提高教师自身的"高度"，培养学生的技术创新能力，体现有别于中职院校的"高教性"。

专业教师通过承接社会横向课题，在工作室带领、指导学生进行真刀真枪的实战训练，专业教师和学生通过完成来自企业的真实项目，进行"双师"教师队伍的建设和学生综合职业能力的培养，工作室的教学体现了高职有别于本科院校的"职业性"。

在工作室的建设过程中，总结和提炼工作室教学经验，探索性地构建基于高职教育特性的工作室制教学模式的结构模型，具体分析其要素构成和相互作用机制，并提出工作室建设和发展的保障机制，为高职院校工作室的建设提供了理论依据。

通过对以上各个工作室的陈述可以看出，各具特色的专业工作室、研发中心已经成为达利女装学院开展社会服务的"金名片"，以"达利人"特有的执着和努力，在科研、社会服务等方面取得了突出成绩，呈现了良好的发展态势。

第四节　以"融岗课、通赛证"为导向重构专业群课程体系

一、重构专业群课程体系

（一）课程体系开发思路

以女装产业链的女装面料开发、女装产品研发、产品销售等岗位能力需求为导向，按照"宽基础、精技能、重复合"原则，以"1+X"证书制度改革为引领，系统构建"基础共享、专技阶进、研学交融"的专业群课程体系。根据时尚女装产业岗位群之间既各自独立又相互依附的特性，搭建专业群共享课程平台，培养学生时尚女装产业基础知识与基础技能；对接时尚女装产业面料设计、女装针

织、梭织产品研发、女装营销四个方向建设四大模块化课程，培养学生不同专业方向的岗位技能；开设专业互融模块课程，培养学生可持续发展、多岗迁移的职业能力。

（二）课程体系构建

强化类型教育思维，将思政教育、劳动教育、美育教育、工匠精神融入课程体系，通过"党课团课""团日活动"等融入思政教育，强化立德树人，坚持社会主义办学方向；通过"志愿服务""公益活动"等融入劳动教育，传承中华民族传统美德，弘扬劳模精神；通过"艺术论坛""师生优秀作品展"等融入美育教育，提升学生美学修养和鉴赏能力；通过"技能比武""创意设计大赛"等融入工匠精神，塑造学生精益求精的职业素养。通过四年建设，以专业群共享课夯实"宽基础"，以专业群模块课锻造"精技能"，以专业群互融模块课实现"重复合"，重构时尚特征凸显的专业群课程体系（图2-21）。

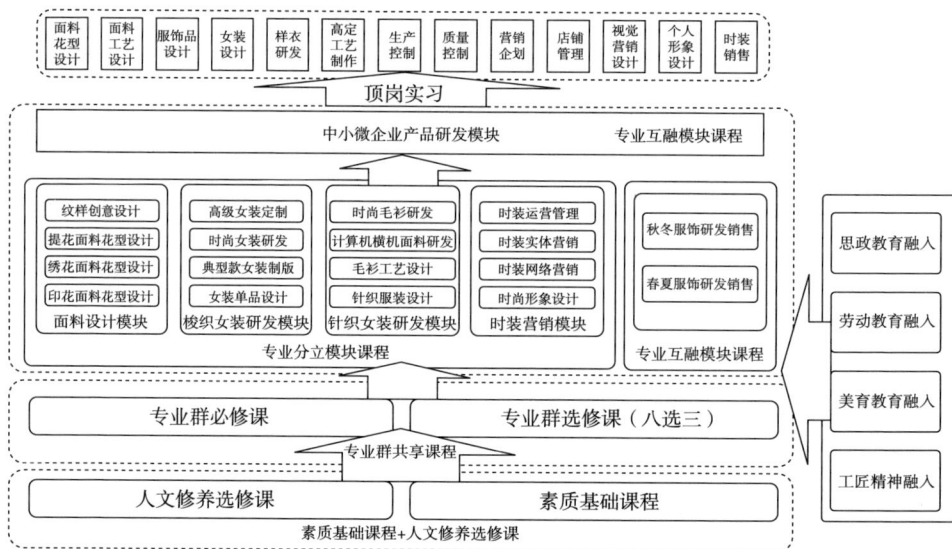

图2-21　服装设计与工艺专业群课程体系架构图

二、打破传统课堂模式重构高职课堂架构

重构高职课堂就是要打破传统的课堂架构模式，对课堂的时空环境完全取决于环境、课程的框架体系、课程的主要内容等进行重新构建，构建一种能够适应

职业教育课堂发展规律，联通职业教育岗位需求，使学生能够实现"首岗适应、多岗迁移、可持续发展"的课堂新秩序。

德国"双元制"职业教育的精髓是"两突出"：即学校和企业合作，突出企业培训；理论和实践结合，突出技能培训。"双元制"十分强调培训主体、培训场所、受训者身份、培训教师、教学内容、培训教材、考试方式、资格证书、实施方式等因素的"双重性"，淡化理论教学，突出实践教学，打破了传统课堂教学的时空观念。借鉴德国"双元制"先进的职业教育理念，达利女装学院重构高职课堂的基本框架。

（一）重构高职课堂的基本框架

1. 重构高职课堂时空环境

德国"双元制"职业教育的课堂环境科学灵活、宽松适度，其培训主体、培训场所、受训者身份和培训教师都具有"双重性"或"双向性"，课堂教学的时空环境完全取决于市场需求、岗位需求和企业需求。其中，企业内的实习场地是为培训设置的实习车间和生产车间。在企业接受培训的时间约占整个培训时间的70%，企业培训主要是使受训者更好地掌握"怎么做"的问题；职业学校以理论教学为主，主要解决受训者在实训技能操作时"为什么这么做"的问题，教学时间约占整个培训时间的30%。

我国对高职课堂教学的理论与实践课时比例也有规定。教育部《关于制定高职高专教育专业教学计划的原则意见》明确要求，三年制高职院校的专业实践课教学课时数一般不低于教学活动总学时的40%。《高等职业院校人才培养工作评估指标体系》中规定：实践教学作为专业教学的重要核心环节，纳入课程体系的整体设置中，理论教学应与实训、实习密切联系，实践类课时占总教学时间的50%以上。

由于受到资金、设备、实训场地、师资等因素的制约，我国多数高职院校实践课课时都低于总课时的50%，最高也只占到30%。有相当一部分高职院校的实践课时数虽在教学计划中写明占50%，但实际上根本无法实现。从课堂的时间环境看，学生被束缚在45分钟的课堂内；从课堂的空间环境看，学生被束缚在单一的理论课堂空间内，课堂气氛沉闷。与此对比，达利女装学院所有专业课程的实践课学时数占总学时数的比例都达到60%以上，并完全在具有真实情景的生产车间实施教学，学生不再受固定的时间限制，完成生产任务的时间可长可短，灵活机动。课堂时空环境完全由生产性教学实践的空间和时间来决定。

2. 重建高职课堂秩序

重构高职课堂秩序主要是指重新审视高职理论课与实践课的关系，重新构建符合高职教育规律的实践课与理论课的体系与框架。从时间的总体分配看，现行高职一般第一学年学习普通文化课，第二学年学习专业课，第三学年上实习实训课。达利女装学院对现行课堂框架体系进行改革，其中，服装设计、针织技术与针织服装、艺术设计等专业已经完全实现生产性课堂教学，教师、实训师傅在生产车间一边指导学生进行服装设计和针织技术的实际操作，一边讲述"必需、够用"的理论知识，回答学生提出的问题，教师、学生、师傅之间互动交流、平等协作。课堂主线是：实践中学习理论，理论为实践服务；实践教学为主，理论教学为辅；学生动手为主，教师讲授为辅。

3. 重构高职课程内容

职业教育项目课程是指"以工作任务为课程设置与内容选择的参照点，以项目为单位组织内容并以项目活动为主要学习方式的课程模式"。重构高职课程内容就是以工作任务为主线重组课程内容结构与建构项目课程内容体系。德国"双元制"职业教育强调专业理论课程知识具有广泛性、融合性和实用性，以企业岗位目标要求为基础来进行课程内容编制，以学生适应企业将来的实际要求为着眼点，学以致用，并有较强的针对性；专业实训课程内容有严格的培训大纲、相应的实施计划和完整的教材，有宽敞的实训场所，有严格的操作规范、劳动章程和专业教师，目的是让学生获得扎实牢固的职业技能和实践经验。

借鉴德国"双元制"职业教育课程开发经验，达利女装学院对高职传统的"三段式"课程模式进行改革与创新。在课程内容结构的设置上，专业全部依据达利企业的人才规格要求制订培养计划，根据达利公司的岗位需求重构课程内容，根据达利公司的岗位群要求确定每个专业对应的首要岗位及迁移岗位职业要素，根据达利公司对人才素质的基本要求把职业技能、职业素质、职业道德与职业理想培育贯穿到课堂教学与生产实践中，不断提高学生职业岗位的适应能力、职业技术能力和社会适应能力。在项目课程内容体系的建构上，学校聘请全国职教专家学者以及达利公司各部领导和能工巧匠参与，分析专业面向的岗位，设计项目课程内容体系，编制专业教学与专业课程的标准，确定专业课程的内容与要求，设计项目课程教学方案，开发项目课程教学资源，提升项目课程的开发质量。

（二）重构高职课堂的经验与启示

1. 透析“双元制”的真实内涵，反思高职课堂症结与弊端

达利女装学院对高职课堂的重构，不是对德国“双元制”简单地移植、克隆与模仿，而是在充分分析“双元制”对课堂、课程要求的核心内涵与真谛的基础上，对“双元制”的改造性借鉴，并结合现实，反思我国高职课堂与课程教学在时空观念、体系结构、内容设置及实施等方面存在的顽症与弊端后形成的。

2. 透视高职课堂的实质内核，联通达利企业的工作岗位

对现有高职课堂进行重构与改革，关键是要把握高职课堂的内涵与实质。高职课程的框架、结构与体系要对接企业的生产需求和人才培养需求；课堂的教学环境要对接企业生产的真实情境；课程教学内容设置要对接企业的岗位需求。达利女装学院通过与达利公司建立“校企共同体”，教师到达利公司经历实际生产环境，了解最新的生产工艺与技术信息，承担达利公司的生产任务。达利公司技术人员经上岗教师培训后，成为学院兼职教师。如此，教师联通师傅岗位，师傅联通教师岗位，学校教师与企业师傅、企业师傅与学校教师实现双向的岗位互换与互补，换位思考，换岗工作，共同完成人才培养任务。教师与师傅的岗位互换与联通，使学生明确了生产岗位或将来工作岗位的方向、内涵、要素及要求，并熟练地掌握生产技术的要领、工艺流程的方法和工作岗位的要求。

3. 透过项目课程的内涵

“学做合一”的质量项目课程内容的载体是工作任务，工作任务是项目课程的核心要素，如何在项目课程中处理“学”与“做”的关系是项目课程开发的核心问题。由实践情境构成的以工作任务为中心的项目课程，注重“校企共同体”的建设与发展，重视学校与行业、企业密切合作，强调学校、行业与企业共建课程标准，突出以工作任务为核心的“学做合一”的内涵，提高“学做合一”的效率和质量。达利女装学院重构“学做合一”以“做”为主的课程模式，设置以工作任务为主线的课程能力目标，“先问学生学会了没有，再问学生学懂了没有”，突出“先会”这一实践技能培养目标，然后才是“后懂”理论知识的跟进。学校构建以每一项工作任务为主线的校内外课堂教学空间，校内的教室既是教学课堂，又是实训车间、生产车间；校外的生产车间既是教学课堂，又是实训车间、生产车间，教室、实验室、实训室与生产车间“四位一体”，校内外都有良好的职业氛围和教学环境，真正实现“学”与“做”的高度融合与统一。

三、深化数字化时代背景下的"三教"改革

"三教"改革的成效就决定了人才培养质量，也就决定了"双高计划"建设的成功与否，抓住"三教"改革就抓住了"双高计划"建设的"牛鼻子"。数字化时代背景下对教学改革提出新挑战。

（一）新技术推动知识更新迭代，对传统人才培养规格提出新挑战

党的十九大报告提出要建设"知识型、技能型、创新型劳动者大军"，职业教育的基本理论遵循从"知行合一"转变为"知行创合一"具有时代的必然性。随着新技术的不断普及，技术操作转型为"技术—智能"的结合体，传统的人才培养规格将不能满足时代发展需求。专业设置与建设要从重视"理论知识教育和技能训练"转向"人文教育和技术教育并重"，彰显工匠精神的时代内涵。基于新技术产业的知识体系快速更新，呼唤职业院校培养的人才应该具备适应新经济发展和个人终身发展的关键能力与必备品格。

（二）新技术塑造新型师生关系，对传统教师角色转换提出新挑战

随着新技术在教学环境中的不断渗透，教师与学生之间逐渐实现静态与动态、线上与线下、虚拟与现实多元结合的互动模式一种新型的师生关系将由此确立，信息传递由单向转变为双向沟通，教师角色从原来知识的灌输者演变为教学的组织者和创新的引导者。未来智能技术的推广与普及，将进一步推动"传统教师"升级为与智能设备协同工作的"超级教师"。要摆脱教育理念落后和信息素养不足的掣肘，以更加民主、开放的形式塑造与学生之间的关系。

（三）新技术重组资源构建模式，对传统教学资源建设提出新挑战

从资源内容与形式来看，传统教学资源从知识传达转向知识体验、从非智能转向智能化、从二维转向三维、从单一媒体平台转向多种媒体平台、从现实转向虚拟。从资源开发与管理来看，新技术环境下的教学资源将从集中式向分布式管理模式转变，以最小知识点为管理单元，形成跨技术平台、跨学科的资源管理方式。新技术变革创新时代对职业教育教学资源的供给侧结构性改革提出更高要求。如何遵循优质数字化教学资源建设与应用的基本规律？如何构建基于新课程新教材、满足教师与学生个性化需求的资源体系？如何发挥数字化教学资源服务职业教育的最大功效？是新时代职业教育教学资源建设需要考虑的问题。

（四）新技术打破教学时空束缚，对传统教育教学方法提出新挑战

职业教育的教学理念、教学目标、教学资源与教学过程受到冲击，课堂与生活、学习、实训、工作现场的边界将被打破，课堂教学革命势在必行。借助新技术优势，职业教育教学将不再受到时间与空间的束缚，可以为学生创设自主、自恰、探究、体验、交流与合作的新型学习环境，摆脱个性化学习支撑薄弱、正式与非正式学习整合失调等困境。未来职业教育教学将走进多样态、广受众、自定义、全时空的智能化新时代，以"教师、教材、课堂"为中心的传统教学方法将逐渐淘汰，而以"学生成长、职业素养、学习效果"为中心的新型教学方法将不断受到重视。

四、以"课堂革命"为突破，推进教学模式与方法创新

（一）全面推进课程思政教学改革，形成服装职业教育课程思政全国样板

1. 深入挖掘课程思政教学资源

对接时尚女装岗位"技艺精湛、设计创新、技术革新"的职业素养，瞄准杭州女装产业地域特色，从国家战略、浙江精神、丝绸文化等层面深入挖掘思政资源，对专业群课程思政进行顶层设计与统筹。

2. 精心设计课程思政内容体系

根据培养目标，从设计、技艺、创新三维度提炼思政要素，系统融入每门课程项目内容，并分解为可评可测具体指标，构建评价体系。

3. 多措并举课程思政实施路径

提出"一个工作室就是一个红色学堂"的理念，学生通过技能大赛的技艺磨炼，以职业技能和职业素养互融，培养精湛技艺；依托现代学徒制，通过校企交替跟岗学习中的服装新技术、新工艺，培育革新意识（图2-22）。

（二）实施"导师制""团队式"教学模式，打造工匠摇篮

1. 创建以"技能大师工作室"为载体的工匠教育

充分发挥技能大师在社会服务及人才（学徒）培养方面的最大优势，形成"以研发带动实训、实训推进研发"工作室活动形式，实现教学内容与企业岗位职责对接，教学成果与企业产品融合。

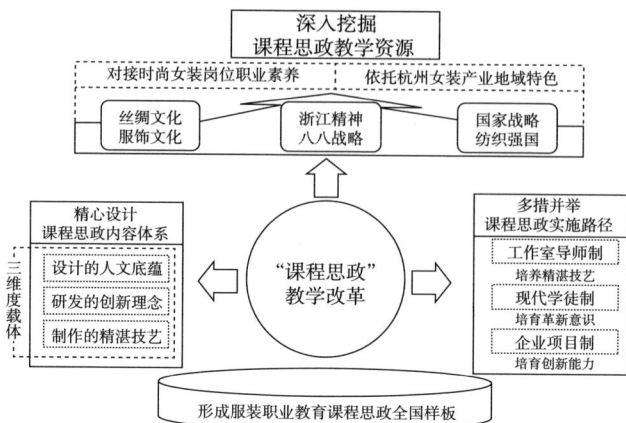

图 2-22 课程思政教学改革框架图

2. 创建以"教学创新团队"为载体的团队授课模式

基于女装产品开发"多部门协同、多循环反复"的特性，重构模块课程教学组织，教师与企业专家组成教学团队，负责模块教学各环节的任务实施（图2-23）。

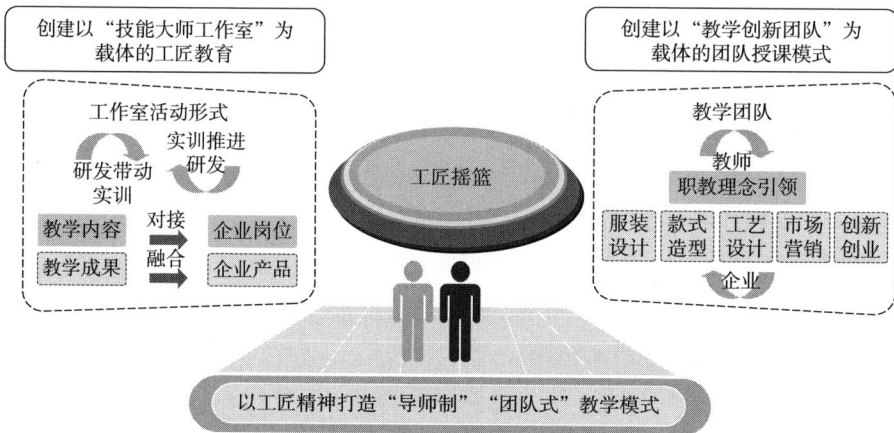

图 2-23 导师制团队式教学改革示意图

（三）强化教学时空变革，推进智慧课堂和虚拟工厂建设

1. 打造新型教学生态系统

依托智慧教室远程互动和教学场景的数字化手段，基于国家职业教育服装设计专业教学资源库和精品在线课程，推广课前云平台备课，课中多种交互模式，课后学情分析、个性推送、复习巩固，最大提升教与学的效果。系统构建硬件环

境，建设20个集统一身份认证、多屏互动、精品录播、互动教学、远程教学等于一体的智慧教室，以"互联网+"的思维方式和大数据、云计算等新一代信息技术打造智慧课堂教学。

2. 创新数字化实训教学模式

改造教师传统授课方式和方法，融入师生互动与教学评价，结合远程互动和教学场景的数字化手段，打造新型教学生态系统，实现课前云平台备课、发布预习、作业、任务以及分层教学的辅导习题，课中即时提问、随堂测试、学生演示等多种交互模式，课后学情分析、个性推送、复习巩固，最大提升教与学的效果。与达利国际等企业合作，采用虚拟仿真、虚拟现实（VR）、增强现实（AR）等技术手段，在校内建立服装虚拟仿真实训室和虚拟工厂，模仿服装企业生产环境，虚拟增设一些企业岗位，让学生在实训过程中担任一定的角色，开展"服装生产管理""服装三维试衣"和"服装外贸跟单"等虚拟仿真实训项目，使教学内容和方式与企业的实际工作情境相吻合。全面破解信息化手段和课堂教学创新相融合过程中的难题，实现全天候教学时空环境，促进教与学、教与教、学与学的全面互动，使课堂教学工作的开展更加高效，进一步提高人才培养质量。

3. 打造增值理念评价体系

基于大数据和云计算数据管理平台，自主开发项目化课程评价体系。构建线上资源学习，线下项目任务，课外劳动实践的评价体系，以学生、教师、企业、客户的多元评价主体纳入评价，思政素养考察贯穿全程（图2-24）。

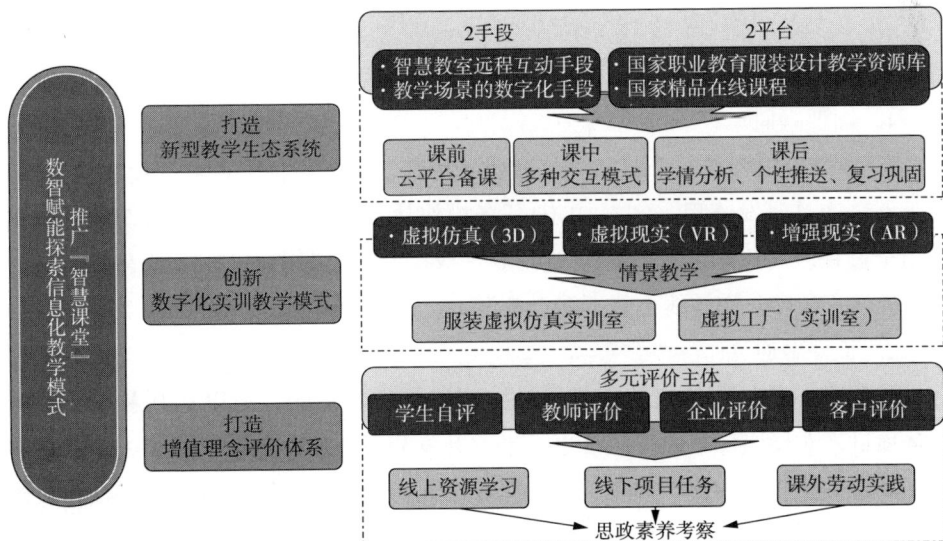

图2-24　数智赋能信息化教学示意图

（四）深化线上线下融合，推进多形态教学方法改革

适应女装产品开发"多部门协同、多循环反复"的特性，重构模块课程教学组织，从单一教师授课向团队教师授课转变，不同专业研究方向的教师与企业专家组成混编教学团队，负责款式设计、结构设计和工艺设计等各个环节的任务实施，课程教学团队制定教学实施方案，明确各自分工，相互间既相对独立又相互衔接，每位教师深入研究自己所负责的单元，通过真实项目实施和与企业专家的切磋，大幅度提升专业教师的实践技能，促进双师素养整体提升。针对专业互融模块课程，跨专业组建学生团队和教师团队，承接企业产品研发任务，完成全品类的女装产品设计，不同专业的学生可以接受品牌研发相关岗位更多的知识，拓宽学生的知识面，增强团队合作能力，为学生的可持续发展和迁移能力打下扎实基础。

根据企业转型升级对员工技能和素质的新要求新标准，全面推进教学改革。对接女装产品研发流程，实施CDIO任务模块教学，学生完成从构思、设计到实现、运作全过程，营造真实生产环境，开展真实任务实训，实现职业素养和职业技能"双提升"。以学生的真实获得感和职业生涯发展为导向，推进导生制、真实项目教学、模块化教学等多形态教学方法改革，更加高效地提高课堂效率和活力。依托国家职业教育服装设计专业教学资源库，全面推广线上线下混合教学法，以学生为中心，促进自主、泛在、个性化学习，进一步提高学生的学习质量和效率。

（五）探索岗课赛证综合育人模式

1. 岗课融通

采用"CDIO模块化"教学法，建设了依托产业链典型岗位群的模块化课程。基于女装产品研发流程，实施CDIO任务模块教学，学生完成从产品设计到制作营销全过程，实现职业素养和职业技能"双提升"。依托国家职业教育服装设计专业教学资源库，实施线上线下混合教学。

2. 证课融通

采用"工作过程项目化"教学法，提升学生实战能力。以达利新品研发为教学项目，对接岗位技能等级证书标准，开发初级产品、创意产品和中小微企业产品研发等项目。构建"文化引领、革新为先、匠心铸魂"的专业群课程思政体系，将工匠文化融入项目教学，磨炼学生专业技艺，涵养职业品行。

3. 赛课融通

采用"分层式"教学法，实施了"金顶针"拔尖人才培养计划。依托双带头人"名师工作室"与全国技术能手"大师工作室"的"导师制"培养模式，组织学生参加创新创业和职业技能大赛；把世赛国赛标准融入教学，通过以赛促教，实现职业技能和职业素养互融互促。

第五节 以"强共建、促共享"为重点强化教学资源建设

一、校企共同开发课程

根据工作任务和职业能力标准，学校与企业合作成立课程组，共同开发了女下装制版与工艺、女上装制版与工艺、秋冬女装制版与工艺、春夏女装制版与工艺、服装生产管理、服装CAD等核心课程，将工作实际经验与产学研成果设计成教学案例，以"案例""项目""岗位过程性知识"为主线，形成课程教学内容，校企共编项目化课程教材，完成与课程配套的教材、课程标准、项目实施方案、评价体系、配套课件、网络课程等建设。

核心课程女下装制版与工艺成功申报成为省级精品课程，秋冬女装制版与工艺课程成功申报成为市级精品课程。服装生产管理、服装CAD等课程成为院级精品课程。

在此基础上，需编写突显新技术，与核心课程相配套的中高职一体化的项目化教材、活页教材和实训指导书，并用于企业员工和中职毕业生培训。

二、整合各方资源，完善专业群国家级教学资源库建设

（一）专业群教学资源库建设

现阶段高职教育的教学亟需解决以下问题：

①教学内容滞后于企业生产实际。因为校企合作不够深入或区域产业背景等原因，学校无法得到企业最新的技术资料或生产资料，教学内容陈旧，脱离市场，但是服装行业作为时尚前沿产业，从业人员一定要及时了解最前沿的技术信

息和流行信息，培养的学生才能适应产业发展。

②教学手段单一。职业教育的教学目标是要学生形成工作过程的知识和工作经验，这些知识和经验的积累需要靠不断实践来获得，在这个过程中需要专业教师和企业专家的指导，提高专业技能，培养学生的综合职业能力。现在大部分教师的上课方法还是以讲解为主，缺乏高科技的辅助手段，缺少学生自主学习的平台，没有开展线上教学或线上线下混合教学等手段，学生只能靠课内的时间学习，浪费了大量的课前和课后时间，学习效率不高。

③学生的学习方法有待改进。由于固有学习习惯和思维习惯的影响，教师说一步，学生做一步，导致学生被动学习，缺乏主动意识。归根到底，是学生对专业缺乏认识，没有职业认同感，学习动力不足，以及教师教学方法单一，没有调动学生学习积极性。

服装专业资源库的建设能较好地解决上述问题，与全国服装行业的大企业、名企业合作，开发优质教学资源，体现资源的先进性和实用性。通过资源库开展教与学改革，教师个性化搭建课程，示范性课程共享，课前、课中、课后的教学实施和管理，提高人才培养质量。

1. 教学资源库功能设计

根据教师、学生、企业员工和社会学习者多方需求，整合校企资源，设计服装专业领域教学可用、实践可用、技术可用的优质资源库。

首先，分析教师（包括课程开发、项目设计与教学方法改革、优质教学资源共享、教师专业能力提升等方面）、学生（包括学习方案指导与选择、资源查询、企业真实项目模拟等方面）、社会学习者（包括高职毕业生在岗继续教育、中职学生继续教育、一般社会学习者自主学习等方面）等用户的需求；其次，由高职院校、行业协会、企业、教育专家、行业专家组成的建设团队设计整个资源库的结构和功能，在总的设计框架内由各院校和企业分别完成各自的教学资源建设，并制订推广应用计划；最后，分步骤在全国高职院校和企业推广应用。

服装专业教学资源库建设内容分为资源管理平台和学习管理平台两大部分。资源管理平台主要具备资源创建、资源审核与发布、资源统计与检索、资源评论等功能。资源的创建分为专业级资源、岗位级资源、课程级资源和素材级资源四部分；学习管理平台主要提供课程设计、教与学过程、成绩管理分析、资源分享与更新等服务。为了使用户能方便快捷地使用资源库，除了计算机门户网站之外，还开通了手机APP应用（图2-25）。

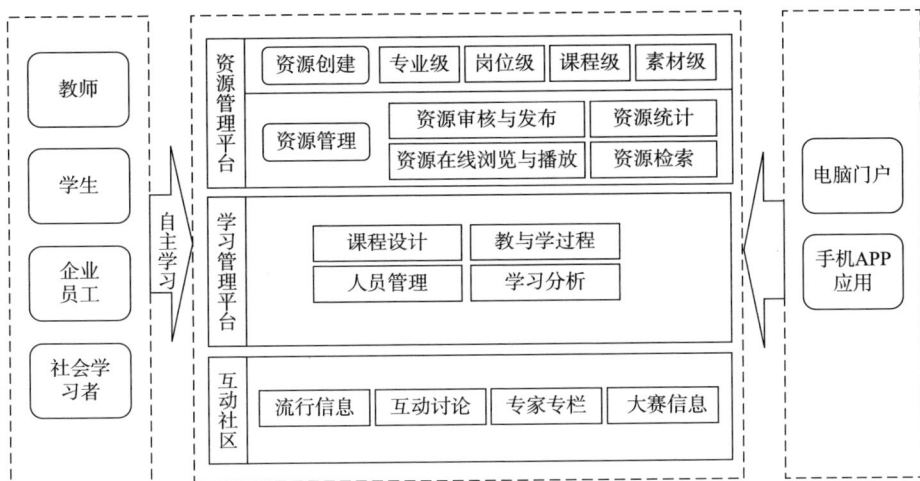

图2-25 服装专业教学资源库整体架构

2. 资源分类

为满足不同使用者需求，同时也为了方便教师在搭建课程中资源搜索和提取，故将资源内容划分为专业级教学资源、企业岗位级资源、课程级资源和素材级资源。

（1）专业级教学资源建设

专业级教学资源建设的内容包括：专业调研报告、人才培养方案、岗位技能标准、课程体系、特色专业、评价标准、实践教学标准、顶岗实习标准等。以下介绍其包括的主要内容：

①专业调研报告：调研目的、方法、内容，专业人才需求状况、企业需求的专业人才规格、专业定位、岗位分析、职业资格要求、职业活动调研、岗位工作任务、调研分析与总结。

②人才培养方案：专业名称、招生对象、学制、培养目标、职业岗位、人才培养规格、职业资格要求、课程体系、实施与保障。

③岗位技能标准：工作所覆盖岗位的职业技能标准。

④课程体系：课程体系的系统设计、主要课程介绍。

⑤特色专业建设：介绍特色专业建设案例。

（2）企业岗位级教学资源

通过校企合作的方式，汇集领先企业的技术标准、企业案例等，为服装行业在岗员工或其他学习者的专业知识更新、专业技能提高提供全面的企业学习资源。企业岗位级资源包括行业企业标准、企业案例、企业典型产品以及新技术新工艺等。

①行业企业标准：收集国内外知名服装品牌公司、服装生产企业、服装外贸公司等服装企业的技术标准、质量标准、各岗位职责、管理流程等企业标准或技术文件，为在校生和行业内相关企业的从业人员的学习提供资源。

②企业案例：企业在生产过程中的真实案例，如品牌企业产品企划案例、客户订货手册、生产流水安排、样衣存在问题案例、橱窗陈列案例、营销企划案等。

③企业典型产品：每个服装品牌企业的每季产品中都有典型产品，如博柏利（Burberry）的风衣、希尔瑞（Theory）的西装、达利公司的连衣裙等，这些典型产品的样衣、样板和工艺单是非常好的学习资料。

④新技术新工艺：随着服装企业的品牌化发展，企业对技术的要求越来越高，传统的技术已经不能满足现代企业的生产要求，为了满足企业技术升级需求，将最新的研究成果、创新的想法、新工艺的设计等技术论文作为资源，与行业、企业从业人员进行共享，从而使资源库起到服务行业、带动行业、引领行业发展的作用。

（3）课程级教学资源

课程资源是实施人才培养的载体。主要提供课程开发模式及实际开发案例，制定课程标准，开发学习项目或单元，根据教学设计的要求进行教学资源的开发，为教师教学和学生学习提供系统的指导和帮助。主要内容包括：

①课程标准：课程性质、课程目标、内容设置、内容组织、教学设计框架、实施建议。提供普适性课程标准建设框架、个性化课程标准设计、方向模块课程的组合及课程标准。

②课程负责人说课：课程负责人说课视频、讲稿、PPT。

③教学设计：提供教学单元的设计，依据教学目标进行教学活动组织与实施的方案（教学目标、学习内容、使用的仪器与工具、学习性工作任务设计、教学媒体及知识与技能的准备、教学资源组织）。

④教学课件：针对各类学习用户开发各学习单元的教学课件。

⑤核心技能训练指导与考核：开发实训项目，编制实训指导书，制定考核标准。

⑥习题、试题：为各类学习用户进行训练和测试提供练习题与测试题。

（4）素材级教学资源

素材资源是教学与学习的重要资源，素材库主要提供以音视频、动画、图片和文本等可重构的教学资源素材。素材库的主要建设内容包括服装专业各工作领域的知识点和技能点，如工作原理、工作过程、实训资源、标准、教学音视频、动画、课件等资源素材，为教与学平台提供开发素材。素材级教学资源随着产业技术和标准的升级而不断更新。

3. 构建学习管理平台

学习管理平台的建设是服装专业教学资源库建设的重点内容，通过本平台既可以实现教师的"辅助教学"，把教学的空间从教室延伸到其他任何地方，把教学时间从课内延伸为课前、课中和课后，把以教师为中心的教学方法变成以学生为中心的自主学习，把以课程成果为考核重要指标改为以学习过程为考核重要指标，更好地体现职业教育培养学生综合素质的教学目标。还可以实现学生的辅学，把被动地接受知识改变为有目标地主动学习，把课内学习扩展为课前预习和课后复习，并通过平台进行答疑互动和在线测试。

学习管理平台主要由课程搭建、教与学过程、成绩管理分析、课程管理等板块组成。以先进的技术为支撑，把资源库使用融入专业教学全过程，实现教与学方式的变革，提高教与学的效率和效果。

强化资源库的"辅教""辅学"功能设计，对教师而言，可以改变教学方式，采用多样化的教学手段，使课堂教学更加生动，激发学生的学习积极性，提高课堂效率；对学生而言，教学资源库可以随时查看海量信息，随时可以得到教师指导；不断完善线上与线下学习过程的管理与服务，学生自主学习更加便捷，为不同的学习者提供个性化服务，通过对学习者学习基础的评价和考量，推送建议性的学习方式和方案；应用激励策略，把资源库使用融入专业教学全过程，促进教师和学生全面使用；开展基于资源库学习的校际学分互认。

（1）平台辅教功能

①通过"课程公告"发布课程任务（图2-26）。

图2-26 发布课程公告

在平台的"课程公告"里发布下次课程的学习（工作）内容，课前要完成的准备工作、要准备的工具和材料，以及要完成该学习项目必须掌握的知识点和技能点等，经过预习，课内可以把更多的时间用于研讨、交流、答疑，从而提高课堂效率。

②课中讲解、分析、演示：学生在实际操作中碰到的问题教师很难通过备课一一涉及，教学资源库可以很好地解决这个问题，教师可以随时"查找"调用相应资源，用于课程知识点讲解，使教师讲解更有针对性，更有效。

③课后答疑、在线测试：学生加入课程学习后，每个单元的学习中，教师都会把教学课件、项目任务书、实践指导书等学习资料发布给学习者，学习者在学习过程中遇到问题可以使用"提问"功能，教师也可以通过"学习进度"功能来掌握学生学习的当前进度。

平台还开通了"在线测试"功能。每个单元学习结束后，可以进行一次测试，既可以用理论题的形式，也可以用总结报告的形式。测试题发布后，学生在规定时间里要完成测试，系统会进行"成绩管理"。课程学习结束后，可以进行一次模拟测试，教师在系统里发布理论题库和实践题库，学生在线上进行测试，也促进了学生使用平台进行学习。

（2）平台辅学功能

①了解专业：在平台上呈现的课程体系就是服装专业人才培养方案的具体体现，各门课程不仅有课程简介，更重要的是有具体的课程内容和评价标准，学生通过平台可以直观了解专业课程的教学内容、教学目标，为职业生涯规划的制订以及专业方向和选修课程的选择提供参考。

②课前预习和在线答疑：学生根据课表加入课程的学习，教师会根据教学进度发布任务，学生可以提前对课程学习进行准备，包括学习本门课程必须掌握的知识点和技能点，准备所需的材料、参考书等，如有疑问可以提问或留言，还可以对某一问题进行讨论，对该门课程的学习进行充分准备，提高学习效果（图2-27）。

③实训指导：因为资源库的资源覆盖了专业所有的知识点和技能点，且根据产业技术升级不断更新，因此，学生在实训操作、产品研发等环节遇到的问题都可以在资源库中找到答案、得到帮助，且资源库的APP功能也为学生随时随地查找资源提供技术保障。

④在线测试：根据教师在系统里发布理论题库和实践题库，学生在线上进行测试。

（3）成绩管理分析

通过资源库平台课程学习，教师可以组织多次测试。知识点的学习可以通过

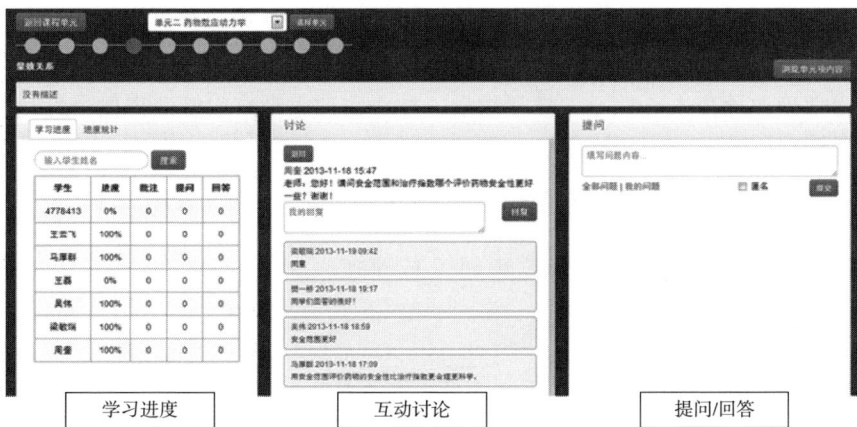

| 学习进度 | 互动讨论 | 提问/回答 |

图2-27　教与学系统的学生课前学习功能

测试理论试题进行，技能点的学习可以以"工作页＋实物作品"的形式进行测试，根据设定的分值系统自动进行成绩统计与分析。

教师对与自己相关的部分数据实体进行操作，并分析学习者知识与技能掌握状况及得分率；学习者作为查询者，可对数据实体进行查询操作和自我学习状况分析。

（4）使用者激励措施

应用激励措施，把资源库使用融入专业教学全过程。通过制定不同的激励机制，促进教师和学生全面使用，激发访问者对资源的黏着度。

制定课程学习管理和考核办法，要求参与课程学习的学生必须通过资源库网络课程开展预习和复习，学习的时间与课程要求的学时至少占比相同，系统自动统计平台学习时间，达标者才能获取课程成绩。在教学管理上，教师要在课堂上检验预习的效果，可利用对预习内容开展测验、交流学习心得、教师随机提问等方式促使学生开展课前预习。

开通课程的学习顺序控制功能。专业核心课程是对于专业核心技能的学习，这类课程对专业知识的积累有严格要求，前面的知识没学完，下阶段的学习很难完成，对这类课程，平台可实行学习内容顺序控制的方法，也就是过关制，只有通过前一阶段的考核才能进入下个环节的学习，最终进入毕业设计。

（5）服务交流功能

①流行动态：了解国内外行业、企业当季流行信息发布，如色彩趋势、图案趋势、流行趋势、面料趋势等基本情况，为学习者提供科学可靠的岗位需求、业绩展示、最新技术、专业网站公司等信息和帮助。

②大赛信息：各类比赛、活动等信息发布。

③互动社区：发布公告、开展讨论、提问、发起投票、发布相关活动等。教学者和学习者均可以在线发起问题讨论，回复各类讨论结果，实时交流、实时答疑，为学生和社会人员学习、教师教学、社会培训主动获取资源提供个性化、全方位的教与学空间。

④专家答疑：聘请行业知名度较高的专家，开设"全国十佳制版师"专栏等。

（二）建立专业群教学资源库的运行管理机制

1. 推动专业群教学资源库建设

邀请教学名师、企业专家组成教学资源建设小组，对接岗位要求开发课程标准，科学设计典型教学项目，融入新技术、新工艺等最新建设元素，通过项目操作实现教学目标，形成典型教学项目库；对接"X证书"技能考核要求，合作开发实践操作试题库；精细化推进课程实施，以行动导向的任务引领教学为主线，进行课程整体设计和单元设计，实现课程建设"三对接"（课程目标对接岗位要求、教学内容对接工作任务、评价标准对接岗位能力），服装专业教学资源库架构图（图2-28）。

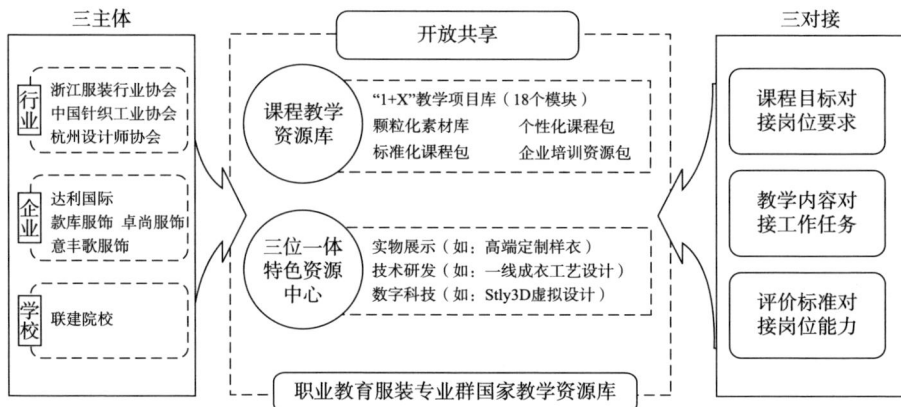

图2-28 服装专业教学资源库架构图

推动国家级服装专业教学资源库的高质量优化升级，建成服装专业群教学资源库。以"全覆盖、精制作"为要求建设素材库，制定素材开发技术标准，联合企业共建生产案例库，协同时尚传播公司共建流行信息库，聘请企业技术能手共建操作视频库，引入服装行业发展的前沿技术和最新成果，以视频资源建设为核心，开发微课、大师操作视频、新技术应用视频等，颗粒化资源。以"结构化、强应用"为要求开发标准化课程包和个性化课程包，发挥辐射引领作用。以视频、动画、课程学习、任务实训等组建模块化课程教学资源包，开发企业培训资源包。依托达利国际集团的全球资源优势，联合英国曼彻斯特时尚学院、意大利欧洲设计学院等国际知名服装院校，共建多语种"服装专业国际教学资源库"，引进国际先进的时尚女装产业技术标准、人才标准、教学和管理理念，开发一批教育教学标准和教学资源，包括专业标准、课程标准、行业标准等，秉承合作、开放的理念，更好地服务"一带一路"沿线国家职业教育发展。

2. 强化结果导向，构建课程教学资源共建共享机制

充分发挥国家级服装专业教学资源库的平台优势，联合全国资源库共建学校，成立资源库建设领导小组，完善资源库共建共享制度。制定资源建设激励机制，鼓励院校、行业企业积极建设新的优质资源充实资源库，及时将企业资源、学校技术开发及科研成果转化成教学资源。充分运用需求导向，面向企业开放，支持企业利用教学资源库对员工开展技术技能提升培训，开展岗位技能等级认证考前培训，拓宽企业员工学习提升路径，提升行业人员整体素质。充分发挥专业群资源库对行业、企业、高校发展的引领作用，建立教学资源库动态管理机制，确保服装专业群教学资源库资源年更新比例不低于10%。

三、对接产业新技术、新工艺，开发新形态教材

（一）现阶段服装制版与工艺类教材存在的问题

教材是教学之本，是学校进行教学的重要载体，各专业领域的知识与技术成果最终都要反映在教材建设中，当前，职业院校的教材建设存在与企业生产实际脱节、内容陈旧且更新不及时等问题，缺乏适合线上线下结合运用的"立体式"教材。

目前使用的服装制版与工艺教材存在以下问题：一是行业、企业的参与度不高，教材很难反映服装产业制版岗位对人才培养的要求，无法准确呈现制版岗位工作任务和能力要求，缺少企业高水平素材资源，更无法全面展示服装产品研发技术更新迭代成果，教材的企业化特征不明显；二是教材缺少对时装产业发达国家先进技术、先进经验和国际标准的介绍，难以拓宽学生的国际化视野，也不利于开展国际交流与合作；三是教材结构体系设计老化，基本沿用本科教育的结构体系，与高职教育教学改革不相适应，教材在课堂上的使用率和使用效果欠佳。

（二）职业教育教材建设的要求

当前，职业院校的教材建设普遍存在内容过时、更新缓慢、与企业生产实际脱节、教材选用不规范等问题，特别是缺乏与"互联网＋"相适应的线上线下一

体化教材。针对这些问题，专业群对于教材建设明确提出了解决方案和措施。

1. **教材内容建设**

通过与企业深度合作，共同编制反映企业生产实际，且融入新技术、新工艺、新流程、新规范的兼顾理论与实践的课程教学内容，落实定期修订教材制度，健全专业教学资源库等，解决教材内容陈旧、更新速度慢、不能满足高职教育紧密联系生产实践等问题，适应服务地方产业发展的特征要求。

2. **教材实操性**

职业教育作为类型教育，对于实践教学的要求远高于普通教育，积极开发新型活页式、工作手册式教材并配套开发信息化资源，增强教材的实操性，突出职业特色，强调个性化、差异化，强化理论与实践的结合。

3. **教材信息化**

互联网时代，教材的信息化不仅是教学改革的要求，更是信息技术发展的时代要求。建立动态化、立体化的教材和教学资源体系等措施，助推信息化教学改革，适应新时代职业教育的发展需要。

（三）明确专业群教材建设任务

第一，系统构建服装专业群教材体系，以高标准的微课和视频资源为载体，及时融入全成型技术、3D建模等新技术和创新成果，开发数字化新形态教材。实现"三化"（系统化设计：构建专业群教材体系，系统开发共享教材、模块教材、活页教材；标准化建设：结合"X证书"标准，初级、中级、高级能力标准构建教材框架体系；数字化体现：融入高水平数字化教学资源）。

第二，联合相关主流企业，编写与女装产业升级紧密结合的实训手册，推进职业技能等级证书与学历证书相互融通。

第三，发挥前期开发服装制版师技能等级标准优势，推进职业技能培训教材建设（图2-29）。

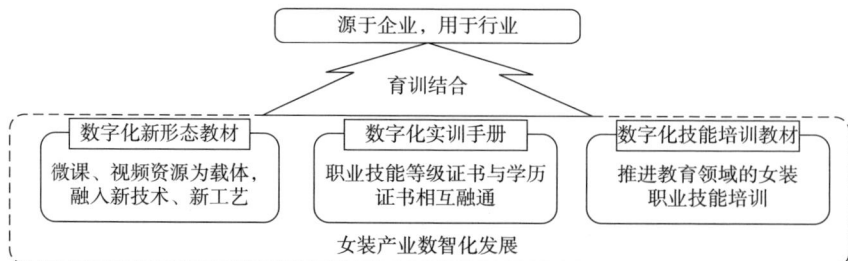

图2-29 动态开发育训结合新形态教材

（四）强化新形态教材的设计开发

1. 新形态教材建设的意义

（1）现代职业教育教学改革创新的需要

教育部《国家中长期教育改革和发展规划纲要（2010—2020年）》中明确提出，"提高教师应用信息技术水平，更新教学观念，改进教学方法，提高教学效果。鼓励学生利用信息手段主动学习、自主学习，增强运用信息技术分析解决问题能力。"教材是落实信息化教学的主要手段，是教师与学生的重要纽带，是授课和学习的关键依据。教育部《关于"十二五"职业教育教材建设的若干意见（教职成〔2012〕9号）》指出，"加强教材建设是提高职业教育人才培养质量的关键环节""加强教材建设是加快推进职业教育教学改革创新的重要抓手""创新教材呈现形式，推进教材建设立体化。注重运用现代信息技术创新教材呈现形式，推进立体化教材建设，使教材更加生活化、情景化、动态化、形象化。"新形态一体化教材作为展现教学主要内容的载体以及学生学习的主要工具，要因势而谋，进行适应性改革和创新。

（2）新时期高职学生教学特点的需要

随着现代信息技术尤其是互联网技术和教育技术的蓬勃发展，为培养数字化背景下的技术技能人才，职业院校的教学模式正从传统课堂向智慧课堂转变，教师正从教学的主导者向教学的组织指导者、学生能力构建的帮助促进者、学生职业精神和工匠精神的培育者转变，学生正从被动学习向自主、共享和精细化的职业体验学习转变，教学媒体正由突破重点、难点的辅助教学工具向打动学生、响应需求、精准输出、促进深度互动和良好学习体验的典型学习认知工具转变。学生的学习方式也从耳听手记、被动接受为主向以互联网、手机、平板电脑等为媒介的自主学习、泛在学习和协作探究转变。课堂教与学渴望资源配套丰富，内容呈现方式新颖，强调知识和能力并行培养，注重师生和学生之间参与、互动、体验和分享的教材予以支持。因此，职业教育教材建设必须将以互联网为核心的先进技术运用于教材的开发和使用全过程，实现纸质教材向新形态一体化教材的转型，以满足当下的课堂教学需求。

（3）教学内容紧跟产业发展实时更新的需要

服装行业作为传统优势产业，面向新时代人们对美好生活的需求，面临着产业结构调整、消费需求升级等方面的挑战。面向未来，服装产业要落实"科技、时尚、绿色"的产业定位，服装制造业向时尚化、个性化、精品化方向发展，不断提升创新设计、智能制造水平，加强自主品牌建设，加快服装企业由大规模标准化生产向柔性化、个性化定制等服务型制造转变。服装产业变化日新月异，目前的教材已经无法跟上服装行业的发展变化，没有将最新的技术革新、行业动态以及国际发展趋势融入教材，由于教材编写、出版的滞后性，学生通过现有教材学到的知识和技能必将和现在企业的需求脱节，毕业进入企业后可能面临无法完成企业工作任务的困境，这对服装专业的发展和学生的就业都是不利的。

2. 开发新形态一体化教材和项目化活页教材

应对新时代职业教育改革发展要求，研究开发高水平新形态一体化教材。依托国家级专业教学资源库，以高标准的微课和视频资源等数字资源为载体，及时融入企业技术研发和创新成果，开发新形态一体化教材，遵循以学习者为中心和"互联网+"的理念，将数字化教学资源与纸质教材整体设计制作，精准服务职业教育教学，实现线上与线下学习有效衔接，拓展教学时空（图2-30）。

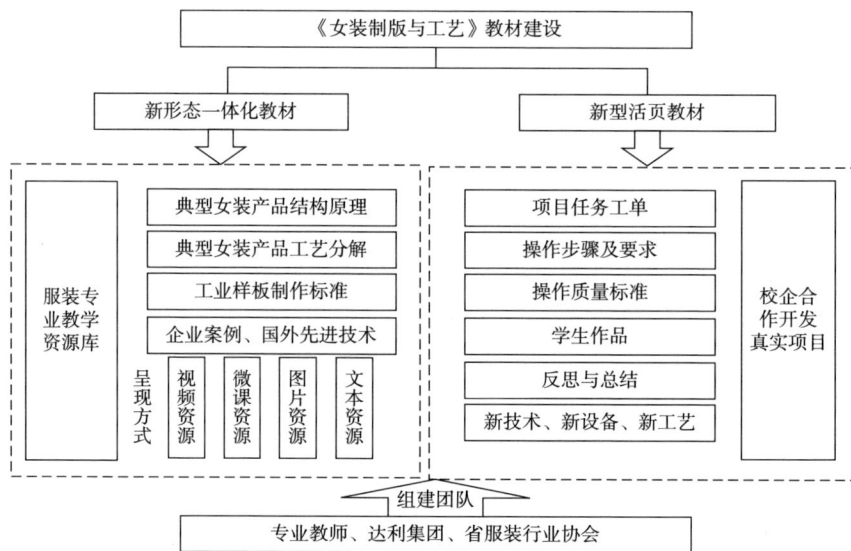

图2-30 《女装制版与工艺》教材建设架构图

3. 以教材建设推动教学改革，构建学习新生态

把教材建设与教学改革结合起来。依托国家职业教育服装专业教学资源库，全面推广线上线下混合教学法，以学生为中心，促进自主化、泛在化、个性化学习，进一步提高学生的学习质量和效率。《女装制版与工艺》新形态教材的建设适应并助推课程教学模式的改革，改变原有以讲解为主要形式的教学旧范式，应用混合式教学模式，重构教师、教材、学生的关系，让教材成为学生随身的"指导教师"，通过教材开展课前、课中和课后的学习，构建学生学习主体、教师教学主导，学生课后反思、拓展、提升的学习新生态（图2-31）。

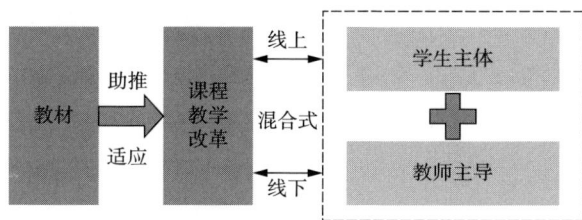

图 2-31　教材助推教学改革示意图

　　新模式下，教师可以通过教学设计组织教学资源，搭建适合本班学生需求的小规模限制性在线课程（SPOC），开展混合式教学，如课前有针对性地发布学习任务，搜集学生学习问题，并借此调整教学活动内容和方式。课前：学生通过扫描教材二维码的形式学习重点、难点及拓展资源；课中：以任务引领组织教学活动，按照教学项目开发活页教材，引导完成项目操作；课后：可以登录在线课程平台，与教师和学习者进行互动交流，灵活利用互联网学习空间进行自主学习讨论，完成作业和测试任务，更好地实现个性化、自主化学习，激发学习兴趣，提升学习效率，进而实现职业化、全面化发展。在教材中融入企业最新动态和最新技术要求，培养学生创新精神和自主学习能力，使学生能够把所学知识灵活地应用于实际，创造性地解决问题。教材适应并助推课程教学改革思路，形成自主学习、自我探究、自我反思的学习新生态（图2-32）。

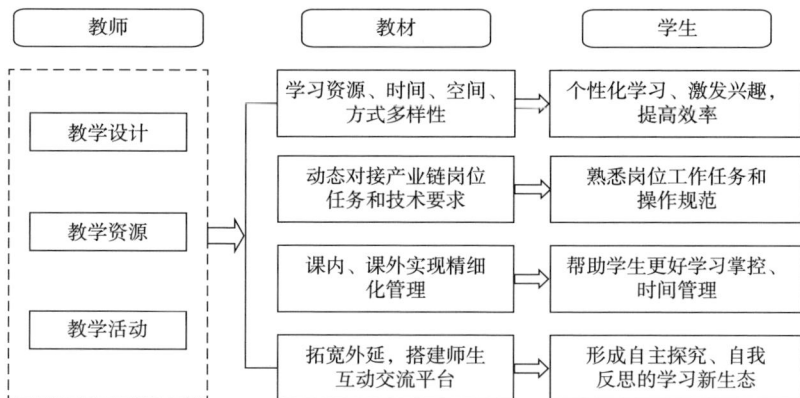

图 2-32　以教材构建学习新生态示意图

4. 以活页教材推进项目化教学改革

根据项目化教学的教学过程，从"工作任务布置→分析任务→组织实施→按步骤操作目标→对照要求检视作品→反思总结"的设计路径，开发配套的活页教材，包括"任务工单→技术要求和技术标准→知识点和技能点→任务反思"，按照任务实施的每个环节同步使用活页教材，使教材与教学内容更加贴合，提高项目教学的质量（图2-33）。

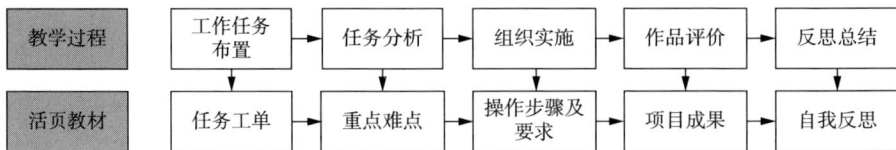

图2-33　活页教材助推项目化教学示意图

5. 建立教材资源动态更新机制

建立一体化教材动态更新机制，紧跟服装产业发展趋势调整教学内容，更新教学资源，确保每年不少于10%的资源更新，使专业教材能够跟随信息技术发展和产业升级情况，及时融入新技术、新工艺、新元素等，使教材内容保持较高的"技术跟随度"。

四、引领产业发展　建设"三位一体"特色资源中心

联合资源库共建院校，以优化服装专业教学资源库应用提升为导向，建设多个"实物展示、新技术体验和技术研讨"三位一体的标准化国家级教学资源库及特色资源中心，满足教学、研发的需求，服务中、小、微企业，拓展青少年职业体验服务。特色资源中心可包括以下几点：

①建设时尚服装馆，展示国际前沿新型面料、高端定制样衣、各品牌服装代表作品、大师手工艺饰品等。

②建设新技术体验区，应用高科技展示手段和交互式体验，建设三维试衣区、服饰品3D打印区、智能制造数字化展示区和服装款式数字化拼接区等，体验者可以亲身体验这些制作和设计过程。

③建设交流互动区，联合设计师协会、服装制版师协会、针织工业协会等定期开展服装设计沙龙、制版技术交流培训会、工艺设计交流培训会等一系列学术交流活动。

第六节　以"双师型、结构化"为导向打造高水平教学创新团队

高等职业院校的专业设置已经摆脱了传统的学科体系，这对高等职业教育的师资从数量到质量都提出了新的要求，要求高职教师不能仅是普通高校学术型的进行理论研究的教师，也不能仅是如中等职业技术教育技能型的教师，要扮演好"高校教师"和"企业师傅"双重角色，并能自如转换的双师素质教师。

一、"双核""四驱"的教学团队格局

"打铁还需自身硬"，校企共建专业，提高教学质量，提升教书育人水平，解决教师队伍质量这个瓶颈是关键。近年来，达利女装学院以"双师型"素质教学团队建设作为基本的建设目标，依托学校企业共同合作的有利条件，采用"双核""四驱"的教学团队模式，组建了专兼结合、新老结对、校企合一的专业教师团队。

先来谈谈"双核"。从专业教师团队纵向看，有专业负责人、骨干教师、年轻教师3个层次。其中，专业负责人对专业的建设和发展起到主导作用，在该团队中具有核心的地位。因而，达利女装学院各专业设置有2个专业负责人，一个是学校方专业负责人，另一个为企业方专业负责人。这2个专业负责人为一组合的专业负责人团队，实现"双核"引领。

再来说说"四驱"。一般来说，专业负责人、骨干教师、年轻教师这"三驾马车"，是一个专业教学团队最常见的配置，这直接关系到一个专业的方向、实力和发展。但达利女装学院的专业教师团队中，来自企业的兼职教师，却是一股不可或缺的中坚力量。学院目前各专业的教师团队，教学最小单位不是个人，而是按不同的教学和研究方向，通过专兼结合、新老结对等方式组成的教学小团队，而兼职教师是这些小团队的重要组成。因此，由专业负责人、骨干教师、兼职教师、年轻教师组成的"四驱"模式成为达利女装学院专业建设和发展的主要动力来源。

二、双师型教学模示

如果你走进达利女装学院的教学楼中，会发现一个有趣的现象。你总能听到教师们在教室内侃侃而谈，与普通的大学授课没什么区别，但当你走进教室时，有时你会发现所有人都在专心操作，这时可能在一群学生中，出现一个正在示范操作的"企业师傅"。达利女装学院优秀的专业教师，都是这样的双师型人才，一开口，是滔滔不绝的大学老师，一动手，是技术熟练的企业师傅。

在高等职业院校的专业设置摆脱了传统学科体系的今天，达利女装学院根据市场的需求，以职业、岗位、工种来设置专业，以企业典型产品来设置项目化课程体系。在这样的大背景下，学院的每个专业教师都练就了"教师"和"师傅"的转换"特技"。

三、构建双师型素质教学团队

（一）组建稳定的高水平的兼职教师队伍

学院一般有50%左右的兼职教师，早期的兼职教师队伍里还有一半来自周边的本科院校的教师。随着职业教育改革的不断推进，兼职教师中来自企业一线的师傅逐渐增多，目前已经占兼职教师人数的90%以上。这些来自企业一线的师傅，带来技术的同时，也带给学生们企业文化，让学生能接触到行业的前沿。这些兼职教师的教学参与，对提高学生的社会适应力和就业竞争力具有很大的作用。但兼职教师队伍建设中面临的以下问题也值得重视。

1. 兼职教师上课时间问题

请企业的师傅作为兼职教师，都会去请一些有丰富经验的。而优秀的兼职师傅一般都是企业中的骨干，在企业中是中流砥柱，企业不同于学校，他们的生产过程规律性和计划性和学校不同，上班节奏紧跟市场、紧跟工单。按照学校的排课表，很少有兼职教师可以腾出这么有规律的时间来学校上课，所以上课时间安排是个亟须解决的问题。

2. 兼职教师的薪金问题

企业的师傅到学校上课，肯定会影响其在企业的工作量，这使得在学校兼职的企业师傅在经济上受到一定影响。学校聘请的企业师傅，有许多是在企业中担任技术主管等级别，他们在企业中的收入很高，故而以学校现有的外聘课金来吸引这些能工巧匠做兼职很难。但如果大幅增加外聘兼职教师的课金，特别是对于独立核算的二级学院来说，财政预算方面显得尤为不现实。所以，在现有的条件下，兼职教师的薪金成为不可回避的问题。

3. 兼职教师教学能力的问题

来自企业一线的兼职教师虽然在技术和生产实践上具有很多的优势。可是，会做不一定会教，他们在教育方法、手段等方面有一定的欠缺，对于学校的教学管理模式还存在许多不适应。许多专职教师眼中的教学常规工作，他们操作起来却显得很吃力，其他方面诸如课程改革、课程设计等环节对他们来说更是困难重重。一些企业的老师傅，虽然技艺超群，但由于担心自身文化程度不高，不善表达和言辞，常常婉拒来学校上课。

校企共同体成立以后，达利女装学院的兼职教师队伍构成主要就是以达利公司的骨干员工为主，依托校企共同体机制的特点，兼职教师在企业工作和到学院兼课协调有序，在这样的模式下，兼职教师的来源、时间、经济以及稳定性在达利女装学院得到了很好的解决。

（二）实施专业教师企业经历工程

高等职业教育领域的专家学者都普遍认为高职教育之源应来自企业，而不是书本。教师到企业实践，是建设高水平的双师型教师队伍的一项重要举措，对优化教师的能力素质结构，促进职业教育教学改革和人才培养模式的转变都具有十分积极的意义。于是许多教师都走进了企业，到企业一线去学习新技术、新工艺、新方法。

达利女装学院作为校企共同体，校企共同实施教师能力提升工程。要求每位教师制订三年个人职业生涯规划，每年对规划进行评估和修订，旨在打造一支具有敬业精神、专业水平较高、队伍比较稳定、数量与质量上都能满足办学定位、教学要求的双师型教师队伍，切实提高教师专业素质以及实践教学、课程开发和学生管理能力，促进产学研一体化进程，更好地实现高职人才培养目标。

1. 实施意义

此举是学院加强师资队伍建设，实现"联通岗位"，强化"双师共育"，落实工学结合的重要举措。它有利于培养高素质技能型人才，有利于教学改革、创新和教学质量的提高，有利于毕业生就业能力及质量的提高。

2. 实施范围

学院在编、在岗的专任专业教师（男教师在55周岁以下，女教师在50周岁以下）。

3. 实施进程

根据专业建设与教学任务情况，按照专业对口原则，有计划分期、分批安排专任专业教师到企业实践，并明确下企业锻炼的具体任务和要求。为确保教师企业经历工程目标的实现，计划分三年实施。

以往教师企业经历效果不理想，往往是由于没有很好的校企合作机制保障，许多学校的教师下企业实践，都停留在个人关系的层面上。企业由于无利可图，自然没有积极性，学校也无法要求企业进行必要的配合。一般企业考虑到技术保密、经济效益等因素，大都不会传授新技能、新工艺，更不可能做技术上的指导。所以教师下企业实践，效果大打折扣，很多时候都严重浪费了教师的时间和学校的资源。

校企共同体背景下形成的教师企业实践机制，为教师的企业经历提供有力的保障。依托达利公司等行业、企业的人力资源优势，以科技科研合作作为切入口，坚持互利双赢原则，在良好的合作过程中校企共建"双师型"教师队伍。一方面吸纳公司的技师来担任学校的兼职教师，指导学生的实践训练，作为学校"技能型"教师的一部分；另一方面把学校现有的专业教师送到企业中顶岗实践，在生产、管理、服务一线工作中提高教师实践能力。

达利女装学院教师企业经历工程实施几年来，各专业教师收获颇丰。例如，针织技术与针织服装专业教师掌握了如何发挥各种纤维的特点、如何进行混纺配伍、如何使面料的手感风格发挥得淋漓尽致而把成本降低到最低；服装设计专业教师和企业设计开发人员结合生产实际，一起探讨方案，进行设计和工艺试验，现场进行工艺调整，总结编写了一套利于教学的工艺简便方法；艺术设计专业教师们已适应了企业的工作氛围，较快地实现了知识与技能的互补，实践工作能力得到了训练和提升。好多教师尝到了锻炼的甜头，并表现出对实践锻炼的浓厚兴趣，个别教师还希望能延长在企业锻炼的时间。同时，他们也为企业提出了许多建设性的意见，得到了企业同仁的普遍赞赏。

四、优化专兼结合的教学团队

（一）实施双专业负责人制度

双专业负责人是达利女装学院对各专业落实校企合作的基本要求，面向行业，面向市场进行针对性办学的基本途径。为此，学院实施"双专业负责人"制度，即在原有学校专业负责人的基础上，增聘和专业对口的部门经理作为企业方专业负责人，形成每个专业有双专业负责人的模式。这种模式是专兼结合教学团队的升级版，也就是专业建设和发展专兼结合的双专业负责人团队建设。每年，学院对双专业负责人进行综合考核，学校会给予优秀的企业方专业负责人一定的奖励，并授予"客座教授""荣誉教授"等称号。

在专业建设中，以学校现有的专业负责人为主导，借力公司各盈利中心的经理，共同为本专业的发展出谋划策。专兼结队的专业建设小团队，作为专业发展宏观指挥的基本单位。在专业发展宏观管理中达到专兼结合、双方融入的状态。每个专业负责人都有个精通市场和行业的职业负责人作为后盾，学校的专业负责人与企业方专业负责人紧密合作，在校企合作办学的过程中，为专业的发展把好方向。同时，通过双专业负责人制度，让企业参与专业建设，加强了校企共同体的融入步伐，提高了专业负责人对企业实际情况的了解，促进校企合作，工学结合。

（二）以老带新

为了提高新教师岗位适应能力、业务水平以及更快全面融入教学团队，学院特制订《达利女装学院新老教师结对帮扶管理办法》。这里的新教师指研究生毕业分配、新调入本院、转岗等，未从事过目前教学工作的教师；老教师是指受聘的高级专业技术职务教师或具有中级专业技术职务三年以上的教师。新教师试用期实行坐班制。期间由学院为每位新教师指派一名指导教师。由专业组提出指导教师名单，经学院审核后聘任。

1. 老教师职责

指导教师要通过言传身教对新教师进行师德教育；指导教师应按教学管理规范的要求负责指导和帮助新教师制订授课计划，指导编写教案（包括实践教学），并进行审查（每周检查一次），提出修改意见和建议；指导教师每学期对新教师听课原则上不少于8次，听课后应及时与新教师交换意见。不定期地检查作业批改情况并及时给予必要的指导（每月不少于4次）。帮助新教师设计考核环节，审查考核试题；帮扶期间指导教师应根据专业负责人提供的培养方向，制订详实的培养方案。并让新教师参与科研活动，指引课题、项目的申报和实施。结束后由指导教师对新教师的业务能力、实际表现提出书面意见。

2. 新教师职责

新教师应服从指导教师的帮助和指导，虚心吸取教研室其他教师的教学经验，努力学习职业教育教学理念；在试用期内，新教师实行坐班制，需积极认真备课、批改作业、阅读相关的参考资料，以及完成指导教师交给的其他任务；新教师在试用期内，每周至少要听课一次，做好听课记录，虚心向主讲教师学习，不断改进教学方法，努力提高教学质量；有实验实训课的新教师，可由学院安排一定量的实验实训室管理工作，熟悉实验实训设备和实践教学方法；未获高校教师资格证书的新教师，在获得帮带期间，应取得高校教师资格证书。

3. 验收条件

帮带一般以一年为限。新教师在一年实习期间，认真学习，掌握教学基本方法，认真完成各项教学任务，无教学事故，完成总结报告；新教师学生评教成绩为合格及以上；新教师取得教师资格证书；新教师必须通过公开课教学能力测评，成绩合格。

（三）专兼结对，提高整体教学水平

根据专业教师和兼职教师在教学活动中的互补性，达利女装学院在外聘兼职教师的过程中，要求各专业在聘用过程中，建立以专职教师为主导，专兼结队的教学小团队，作为最小的教学教育活动基本单位，学院对专职教师的考核就是该教学单位整体考核。

专兼结对，是达利女装学院对专职教师落实校企合作的基本要求，兼职教师的教学业绩与专职教师实施捆绑式管理。每年，学院对兼职教师进行考核评优，优秀兼职教师除有一定的奖励外，考核评优结果还可作为兼职教师、客座讲师、客座教授等职位提升的依据，是优先引进人才的重要指标；兼职教师的培训、教研活动等与专职教师一并进行，兼职教师与专职教师的交通、工作餐、办公、活动等其他待遇中一视同仁。

目前，学院所有专业中，每个专职教师都已与对应的外聘教师结对，每个专业教师都有一个在企业工作的老师傅作为后盾，静下心来真学，沉下身去实做，在教学过程中极大增强了自己的专业技能和专业信心；同时，通过专兼教师的一体化，增强了对兼职教师的管理，许多教学要求可以通过专职教师无障碍地传达到兼职教师那里。加强和校企共同体的专兼融入步伐，提高了教师对企业实际工作的了解，为校企合作、工学结合搭建了坚实的平台。在结对的过程中，与兼职教师结下了深厚的感情。

对学校来说，通过结对可以建立一支稳定的专兼结合的教学团队，而且是互补性很强、可持续发展的团队。

（四）校企共同实施教师提升计划

在学院《"十二五"师资队伍建设规划》的框架下，始终坚持"教师强、学生才能强"的师资队伍建设理念，重点培养骨干教师和青年教师，通过企业锻炼、学历学位进修、校本培训、出国出境学习、校际交流等途径提升校内教师的职业能力。近年来，在学校安排与达利公司的资助下，通过各种途径，至今已有17位教师走出国门，赴德国、法国、英国、新加坡、韩国、日本等地的知名院校进行学习、交流，提升了师资队伍的整体水平。

第七节 以"融产教、通育训"为路径 打造高水平实践教学基地

建设高水平、多功能的实训、实习基地，是高职院校推进内涵建设，凸显办学特色、提升办学水平、提高人才培养质量的重要环节。达利女装学院与达利公司共同规划、共同改善实训、实习基地条件，以学校"重构课堂、联通岗位、双师共育、校企联动"的教改思路规划实训基地，以培养学生职业能力为主线建设实训基地，勇于开展实训、实习基地建设的体制改革与机制创新。

一、"校中厂"——女装工业工程实训基地的建设

高职院校为了实现高等职业教育的培养目标，在专业设置方面普遍是以岗位群或某一技术领域为导向，要求学生具有较强的岗位适应能力和实践操作能力。目前很多高职院校与企业实现"零距离对接"，推行"双证书"教育。高职院校从学校定位和培养模式的要求出发，十分注重实习、实训等实践性环节的教学，为了适应培养实践能力的需要，高职院校也普遍认识到实训在培养职业能力和职业素质方面的重要作用，认为必须把实训基地的建设提高到重要地位。

达利女装学院女装工业工程实训基地的建设按照达利公司和杭州知名品牌女装企业的标准进行设计，新建了服装吊挂流水生产车间、学生创业实训中心，改建了服装生产教学车间、服装CAD实训室等。建设后实训基地面积2787m^2，设备总价值958.8万元，服务于服装设计、针织技术与针织服装等专业的教学实施、培训与技术服务，为师生创造了良好的实训环境，成为集"教、学、做、研"于

一体的校内实训基地。学校和达利公司在基地的建设上给予了大力支持，每年投入大量资金不断完善校内、校外实训室建设，使人员、资金和场地等方面均得到了切实保障。

（一）新建服装智能智造一体化实训室

开发服装一体化设计智造仿真教学系统，联合3D人体测量系统、CAD样板设计系统、服装工艺模板仿真教学系统、三维试衣系统、服装陈列仿真教学系统等，建设服装智能制造实训基地，实现服装创意设计、智能制造、仿真应用，为教育教学、师资培养、科技研发、社会服务、学生技能提升和大学生创新创业提供强有力的条件保障（图2-34）。

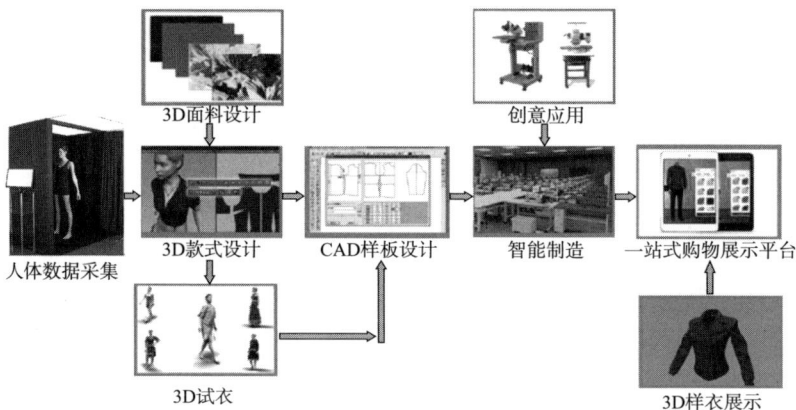

图2-34　服装智能一体化实训基地功能

（二）新建品牌研发中心

吸引国际、国内知名设计师、行业顶尖技能大师在学校开设工作室，组建"知名设计师（或技能大师）+专业教师+学生"的产品研发团队，进行实体化运作，明确各方的职责，在人才培养、技术研发、专利申请、学徒制培养上开展合作。各工作室之间形成有机的整体，满足产品研发内在的逻辑关系，形成完整的产业链，建成代表行业高水平的技术技能创新平台，研究各自领域的前沿技术，形成一批技术创新成果。实行目标责任制考核，建立退出机制。

（三）服装个性化定制服务中心

个性化定制是未来服装产业发展的重要方向，由达利公司的高级技师、服装专业教师和学生组成的研发团队开展定制服务，进行高端礼服定制、个性化服装定制等服务，研究基于互联网的个性化定制，开展量体研究、高端工艺研究，培养一批具有工匠精神的优秀工艺师。

（四）新建共享板房

未来服装产业的发展大数据，形成数据中心，建立基本样板数据库，开发涵盖所有品类、各种造型、各种体型的服装基准样板，形成版型库，为中、小、微企业提供制版服务。

（五）全成型针织产品研发中心

依托中国针织工业协会，学院与无锡鲸绫文化创意有限公司合作，成立针织毛衫创新研发中心，打造集专业性与时尚性深度融合的研发平台，致力于针织面料研发、毛衫设计、针织编织工艺设计，力争建设成为引领时尚的国内第一家针织毛衫面料及款式设计资源库。

（六）纺织文化创意产品研发中心

纺织文化创意产品研发中心致力于纺织面料纹样文化研究以及纹样智能化设计体系的建设和推广，向国内外服装、家纺等企业提供纺织面料纹样系列产品。该中心由设计区、打样区和成品制作区三部分组成，集纺织产品教学、设计、研发、培训等功能于一体。

纺织文化创意产品研发中心从"美""文化""智能化"3个维度对面料纹样进行深入研究，从适用、款式设计和功能性3个层面建立一套面料纹样设计规范体系；根据原创品牌服装、家纺等不同企业的历史文化和风格特点进行专属面料纹样设计，也可进行来样仿样设计，进行市场转化，提高产品的市场销售率；作为教学和创新创业实践基地，帮助学生提高专业动手能力、开阔市场眼界的同时，不断吸收具有创业意向的大学生加入研发中心，积极促进师生作品向产品转化；开展产品3D数字化模型为主要特征的产品结构分析、工艺设计，开展纺织文化创意产品开发的关键技术、模拟仿真设计的研究与应用。

（七）建设非遗大师工作站

以非遗大师工作站为载体，整合时尚服装专业群师资团队及生产性实训设备，引培一批杰出非遗传承技能大师，充分发挥技能大师在社会服务及培育和传承工匠精神方面的最大优势，按照"围绕大师搭平台、传统文化再传承"的建设思路，以"师徒制"理论为指导，以丰富多彩的工作室技术学术交流活动为载体，从技术和素养两方面创新服装行业高技能人才培养模式，把非遗大师工作站建设成为大国工匠的摇篮、技艺研究的平台、社会服务的中心。

（八）探索创新实训基地运营模式

基地管理和运营采用企业管理模式，设立实训基地管理办公室，学院领导和企业管理层组成领导小组，制定实训基地管理办法，专业负责人和校企合作专家组成各实训中心的管理小组。

二、共筑"厂中校"——达利公司产学研中心

2013年达利女装学院在达利公司厂区内设立"厂中校"，地点选择达利厂区的2号楼的其中一层，面积3000余平方米，由达利公司负责场地装修，学院负责生产设备及办公设施，第一期投资约200万元。最终目的是把"厂中校"建设成为全国一流的产学研中心。

达利产学研中心的主要任务是与达利集团主要产品链紧密结合；以达利各盈利中心新产品研发、生产、销售为工作重点；为集团培养优秀人才，提供优质人才储备；为各盈利中心提供在职从业人员的技术培训；与集团技术人员一起攻克技术难题；实施达利企业化的运作及管理模式，发挥双专业负责人的积极作用；兼顾教学任务、学生实习、教师企业经历工程、国培项目等环节；解决兼职教师、课程内容完善、教材建设等专业建设难题。

中心下设梭织产品研发部、针织产品研发部、面料花稿研发部和产品销售部。梭织产品研发部由服装设计专业组建，针织研发部由针织专业组建，面料花稿研发部由艺术设计专业组建，产品销售部由零售与管理专业组建（图2-35）。

（一）各部门工作任务

达利公司计划开展"新媒体"业务——电视购物和网络购物。把原来的August Silk品牌转型成为电子商务品牌，其产品类型包括梭织服装、针织服装、围巾、领带等。公司总部决定把该品牌的产品开发任务全部交由达利女装学院产学研中心完成，由达利公司派遣香港总部的设计师作为产品总监，达利女装学院服装设计专业、针织专业和纺织设计专业的教师和学生组成产品开发团队，完成开发任务，并由公司进行业绩考核，对业绩好的团队进行奖励。

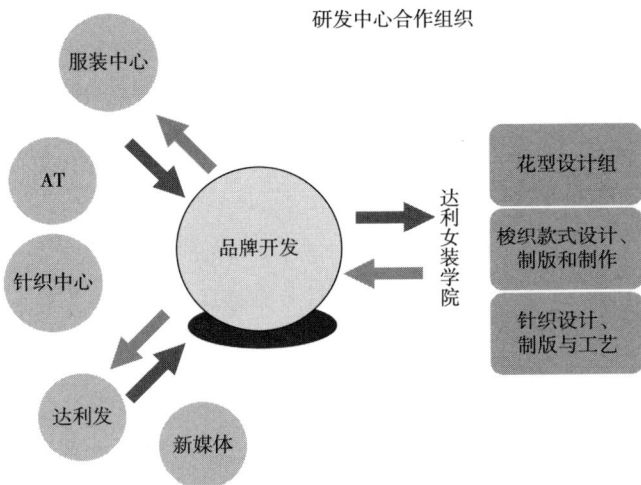

图2-35　研发中心合作组织

（二）产学研中心组织架构

达利公司的业务专家担任技术总监或设计总监，负责指导产品开发，达利女装学院各专业负责人担任各研发部门经理，负责管理，在大二和大三学生中根据自愿报名和教师选拔的办法挑选学生组成团队，完成各部门下达的产品研发任务。通过双师共同授课和实践指导，企业真实项目操作，提高学生职业素养和专业技能（图2-36）。

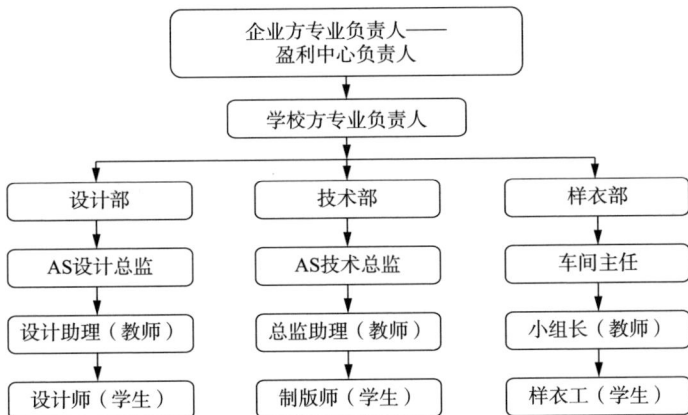

图2-36　产学研中心组织架构

由企业方专业负责人布置工作任务，确定完成时间及质量要求。学校方专业负责人负责具体工作任务的落实。各项工作在推进过程中，由企业方相关技术人员牵头，学校专业教师作为助理，组织落实。双方共同对工作任务的开展进行阶段性的工作检查，保证各项任务按时保质完成。

设立教学中心管理机构，对教学区尤其是公共区域进行统一管理，如公共教学区、会议室等，同时负责管理教学中心的卫生、水电等其他事项，保证教学中心各项工作的顺利开展。

研发中心建立了激励保障机制，制定了产学研中心师生绩效管理评价制度、日常运营管理制度、人员管理制度，同时考虑将达利公司每年拨出的100万元专项经费作为项目考核激励。

（三）各功能区块设计

1. AS新产品设计、制版、样衣制作

建立设计部、技术部、样衣部、尾部等功能区，在满足AS产品研发需求的同时，完成每届150名学生的实习，以及教师企业经历工程、国培项目等任务。

2. 针织产品研发

建立电脑横机软件区、电脑横机区，利用国产或进口电脑横机及先进的电脑横机软件，进行产品研发，满足针织中心对不同产品的研发需求。每届约90名学生参与新产品的研发、实习等任务。

3. 产品网络销售、特卖

设置摄影区、特卖场、展示区。摄影区主要功能为拍摄产品照片，利用网络电子商务平台进行产品的网络销售，以丰富产品的销售手段，提高社会知名度，提升销售业绩；特卖区主要功能为开展特卖销售，进行规范化运作；展示区主要展示典型产品、学生优秀作品、流行面料、流行趋势资讯等，丰富学生眼界，展示教学、研发成果。每届约90名学生参与产品销售、实习等任务。

4. 印花及提花花型设计、旅游产品、软装及床品等研发

建立计算机辅助设计工作区，主要功能是设计研发新的提花、印花面料花型，以及旅游产品、软装及床品的设计研发。对接的专业主要是纺织装饰艺术设计专业，每届90名学生参与新产品研发、实习等任务。

5. 教学区

该区域为公共区域，针对各中心学生集中教学、国培项目教学、学生完成作业等功能需求，主要建设内容为制版、缝纫、特种设备，满足服装、针织等专业教学任务，以及国培项目的教学需要。

6. 学生物品存放区

学生在产学研中心的角色转变为员工，为了与达利公司员工管理要求相一致，学生在进入正式工作、生产区域前，须将随身携带的包等物品统一存放在该区域，培养良好的职业素养和操作规范。

7. 文印区

作为各分部集中复印、打印的区域，将进行集中管理，以节约成本为出发点，提高师生的成本管理意识，促进职业素养的形成。

8. 会议室

公共会议室既可作为会议需要使用，也可作为小范围的集体讨论场地使用，更可结合网真系统，召开校企间的远程会议及网络远程视频教学。

三、实训基地数字化升级

随着科技不断进步，服装产业逐渐向"时尚创意+科技"转型发展，伴随新技术的研发形成新业态，专业群对应的时尚服装产业链岗位群的工作任务和职业能力都发生变化。职业教育要适应产业发展，尤其是作为高水平专业群，要引领改革、支撑发展，因此在人才培养模式、课程体系、实训基地建设等方面和产业发展同步，确保人才链与服装产业链精准对接，人才培养和产业需求全方位融合。

立足专业群时尚服装创意设计的人才培养定位，瞄准产业数字化转型发展趋势，围绕女装产业的4个岗位群，打造服装设计与数智工程实训中心，平台下设4个中心（图2-37）。

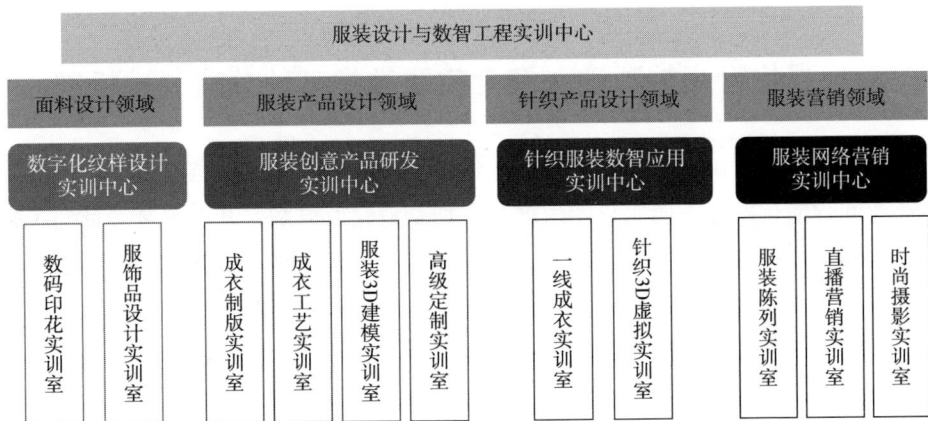

图2-37 服装设计与数智工程实训中心结构

（一）围绕面料设计领域，新建数字化纹样设计实训中心

面料设计在服装产品研发各环节中占有非常重要的地位。通过该实训室建设实现从印花设计稿到样品数码打印一体化研发流程，更好地提升学生研发、实践能力，同时为产品研发提供面料设计和服饰品设计，完善产品研发链的流程。中心由2个实训室组成，分别为数码印花实训室、服饰品设计实训室。

（二）围绕服装产品设计领域，建设服装创意产品研发实训中心

对现有制版工艺实训室进行整体提升改造，增强功能性，凸显先进性，结合课程体系改革最大限度发挥实训室的使用效率。同时结合产业技术前沿，融入服装3D建模技术，满足承办教学能力大赛、全国技能大赛对场地和设备的要求。

（三）围绕针织服装产品设计领域，建设针织服装数智应用实训中心

针织行业数智化方向主要体现在2个方面，一是3D数字服装设计已经成为针织产品研发的重要手段，3D服装建模师是产业急需的人才；二是"一线成衣"技术成为针织产品生产的突破口，以一线成衣技术为载体的人才培养和技术研发是专业建设的重要方向。该中心由2个实训室组成：针织3D虚拟实训室、一线成衣实训室。

（四）围绕服装销售领域，建设服装网络营销实训中心

随着网络营销和直播电商的迅猛发展，网络营销人才需求也急剧增加，时装零售专业的人才培养要进行动态调整，增设与网络销售相关的课程，配套建设实训室。

四、强化行企校联动　健全实践教学基地共建共享机制

联合紧密合作的企业、行业协会，健全专业群实训室共建共享机制。根据女装产业的智能化发展方向制订产教融合实训基地建设方案，开发服装设计与工艺专业群岗位技能实训室"实训条件建设标准"，规范实训室建设的标准要求，吸引企业在培训师资、设备等方面的投入，完善服装专业群"校中厂"和"厂中校"实训管理制度。根据产业转型升级对从业人员整体素质的新要求，共同开发企业员工培训项目，开展企业学徒的专业化培养；对接"1+X"证书能力考核要求，面向社会开展岗位技能培训，健全"开放、共享"的校内外实训基地运行和管理机制，建立校外实训基地的准入和退出机制。

构建校企互通渠道，校企双方共享资源。学校和企业定期进行人员互换，学校教师到企业挂职锻炼，获取生产一线的宝贵实践经验和教学资源，并为企业提供技术咨询和技术研发服务；企业选派技术专家到学校参与教学，接受培训，提升理论水平，实现学校教师与企业师傅相互学习、共同进步。

在服务地方经济和高技能人才培训方面，达利女装学院女装工业工程实训中心作为杭州市唯一的服装高技能人才培训点，充分利用和发挥基地的资源，全面对社会开放，不断提高技术人员的培训数量和质量。

开展国家级、省级的高职院校专业骨干教师培训项目，以及对中职毕业生和教师的培训。充分发挥实训基地的作用，实施国家级、省级的高职院校专业骨干教师培训计划，开展对国内同类院校对口专业骨干教师的培训，不断提升专业师资水平。探索实践中高职一体化的课程体系，并力争在浙江省内率先试点实施服装设计专业的五年一贯制教学。

第八节 以"建载体、创机制"为举措 打造技术技能创新平台

聚焦时尚服装产业"时尚、科技、绿色"转型升级需求，以提升自主创新能力为核心，以加强时尚服装产业技术研发和成果转化为抓手，构建多层次、宽领域、高水平的科技创新、产教融合平台体系，发挥带动时尚服装产业结构调整和经济增长方式转变的引擎作用，推进企业科技进步，带动时尚服装产业整体升级。

一、牵头成立产教融合联盟，带动区域产业发展

在浙江服装行业协会的指导下，联合高职院校、服装企业和科研机构成立技术创新产教联盟。以服务区域产业发展为宗旨，联合联盟单位成员积极开展相关活动。

联合中国服装行业协会、女装制版技术专家成立"全国女装制版技术教育创新中心"，组建行业、企业的顶尖专家、全国技术能手组成的研究团队，开展不同女装、不同造型、不同合体度的服装基准样板研究，服装各构成部位的最佳结构、各种特殊体型的版型结构、国际一线品牌的版型结构等方面的理论研究和应用研究，服务服装中、小、微企业开展企业技术改进项目，着力提高服装自主原

创品牌的发展。

整合服装产业科研机构、知名企业和权威专家，共建时尚服装产业大数据平台。瞄准当前及产业发展趋势的核心领域，开展样板数据库、针织纹样数据库、面料纹样数据库等大数据的研究与运用。为产品开发、理论研究、人才培训、产业发展等提供数据支撑。

二、优化资源整合，共建"校企研究院"推进产业技术研发

依托校企共同体的合作优势，在之前校企合作育人的基础上，拓展校企合作内涵，探索校企合作发展的道路，推动形成产教良性互动、校企优势互补的发展格局，实现校企双方共赢。

2021年，三届四次理事会召开，成立"校企研究院"（图2-38），推进产学研深度融合，与企业开展协同攻关，提升师生科技成果转移转化能力。研究院以达利公司为主体，研究院根据达利集团未来发展规划设立3个中心：创意产品设计中心、创新面料研发中心、新媒体营销中心，创意产品设计中心负责成衣产品设计和丝巾产品设计，创新面料研发中心负责新面料开发、面料性能改进等，新媒体营销中心负责营销策划。根据企业每个阶段的发展需求结合学院实际情况提出需求，对接项目，并安排项目负责人及时跟进和指导。学院根据项目情况组建跨专业师生产品研发团队。加强研究院运行过程中的管理，对研究进程定期汇报交流，完善以成果转化效果为导向的评价激励机制（图2-39）。

图2-38 "校企研究院"成立仪式

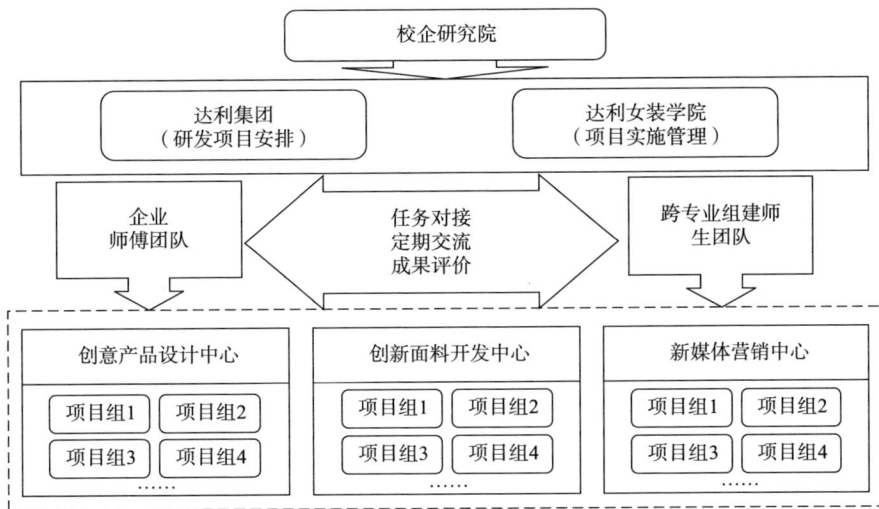

图2-39　达利校企研究院运作模式

三、建设"四类中心"，提升师生技术技能创新能力

达利女装学院建立4个工程教学中心，12个学生创新中心，3个大师技术服务中心，1个女装销售服务中心，提升师生技术技能创新能力（图2-40）。

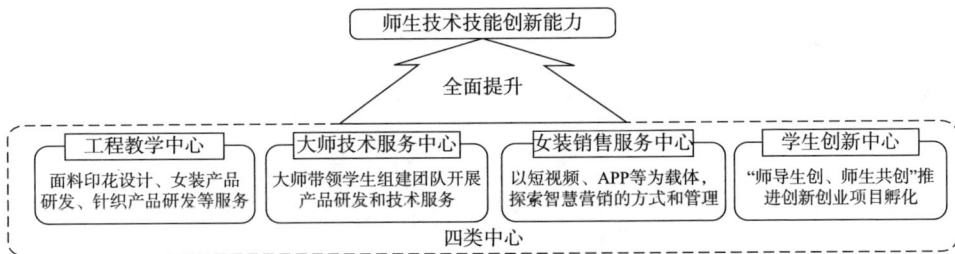

图2-40　创新平台四类中心架构图

学院联合杭州艺尚小镇、桐乡濮院毛衫小镇、海宁许村纺织小镇等产业园区共建女装制版、女装设计、针织技术、面料设计4大工程教学中心，由企业技术专家领衔，跨专业选拔一批创新创业意识强的学生，组建高水平创新团队，开展面料印花设计、女装产品研发、针织产品研发等服务，拓宽创新型人才的培养途径和方法，提高师生的产品研发能力。强化工程教学中心的运行管理，建立健全创新激励机制，提升教师参与企业技术创新的积极性和创造性。

引进一批具有绝技绝艺的技术技能大师和全国著名服装设计师，建立"技能大师技术服务中心"，重点建设"曹桢大师工作室""郑爱煌大师工作室""陈闻设计师工作室"，带领学生组建团队开展产品研发和技术服务，培育一批具有国际水平的服装领域拔尖创新人才。建设"女装销售服务中心"，面对大数据、视觉营销等发展方向，研究以短视频、电商平台等为载体的营销渠道，探索智慧营销的方式和管理，促进中、小、微型企业发展。

建立"非遗技艺传承与创新中心""丝绸文化创意产品研发中心""创意服饰品研发中心"等12个学生创新中心，充分发挥教师在各自领域的专长，为师生的创新设计、劳动教育、技能大赛、挑战杯竞赛等提供支持，为服装中、小、微型企业提供小批量、创意性、多品种的服装创意设计和产品，"师导生创、师生共创"推进创新创业项目孵化，申报立项了针织"学竞研"创新中心、"雏雁"公益服务中心、"创意学院"学生创新中心、时装匠艺工坊、丝绸非遗传承等学生创新中心，申报5个创业项目。通过真实项目的实战锻炼，学生的专业技能和创新能力得到不断提升，2021年在宁波大学举办的浙江省服装服饰创意设计大赛中，学生和本科生、硕士研究生同台竞技，获得3金6银的历史最好成绩，在全省高校排名前列，评委对学生的作品赞不绝口，给予高度评价（图2-41）。

图2-41　达利女装学院师生参加2021浙江省服装服饰创意设计大赛

四、健全创新服务机制，促进技术技能成果积累转化

在各大创新平台中心的基础上，联合达利集团、浙江省服装行业协会、杭州女装产业园区共同组建技术开发与服务联盟，面向全国服装企业收集技术改革课题，发挥杭州女装产业的区域和技术优势，联合企业技术研究院和高校研究所，协同攻关技术难题；构建项目研发合作组，让教师、学生跟企业技术专家无缝对

接，共同参加企业生产实践与技术攻关，丰富教师与学生工程实践经验，提升整体实践能力。建立健全创新激励机制，制定《女装创意产品与技术创新奖励办法》等激励性文件，鼓励教师协同开展与行业、企业需求紧密相关的课题研究、技术开发、产品研发和成果转化。

2021年10月，在浙江科技成果竞价（拍卖）会杭州职业技术学院专场中，达利女装学院的党员师生科研成果"系列服装新产品研发和新材料制备技术""纺织品为载体的杭州文化礼品及周边产品设计样稿及实样""2022年秋冬波段羊绒系列毛衫产品"拍出了217万元的总价，达利公司对其中的"系列服装新产品研发和新材料制备技术"成果以120万元中拍（图2-42）。

图2-42　达利女装学院科研成果参加浙江科技成果竞价

第九节　企业全程掌控人才培养质量

高职教育的"高教性"决定了学校不能只强调技能的培养，人才培养目标要转向可持续能力和终身学习能力的培养。学校不是培养生产、服务的"工具"，而是培养全面发展，可持续发展、有血有肉的"职业人"。因此，不能只关注学生"硬技能"，更要注意培养从事任何工作所需要的"通用技能"，即"软技能"，如认真负责、爱岗敬业、人际沟通、团队合作、信息素养、时间管理、质量意识等，如果"硬技能"过硬，而"软技能"不行，"硬技能"早晚会过时；如果"软技能"过硬，"硬技能"暂时不行，硬技能一定会赶上去，因此可以说"软技能"决定"硬技能"。

达利女装学院以达利企业岗位能力考核标准作为学生职业能力考核的主要参考标准，教学内容逐步渗透企业文化，重视学生文化素质、职业素质的培养。

一、职业素养教育融入人才培养全过程

（一）做人的根本"诚信第一"

达利公司的企业文化"达己达人、利人利己"，要求别人做到的，自己首先要做到，大学教育学生不仅仅是技术，更要教会的是做人。

（二）给上课"违章"的同学"开罚单"

每门课程的第一次课，教师都会说明课程评价方法，其中经常强调的一点是"大家平时的职业行为也计入课程成绩，占总成绩的30%"，也就是说，平时作业和考试成绩总分为70分，平时所表现出来的职业素质30分，而且每个"违章"的动作都有相应的分数，例如，离开机器不关电源发现一次扣2分；上课玩手机扣3分；未按规定操作熨斗扣2分，造成后果的扣5~10分；没有按时完成工作项目或任务全组每人扣5分。

但是分也可以再赚回来，比如，上课积极主动回答问题每次能加2分；小组所有成员全勤所有成员人均加3分；最佳小组所有成员人均加10分；作品有创新的也能酌情加分。这样，学生的学习热情就调动起来了，职业素质也得到了很自觉地培养。

二、自己做的衣服要自己穿

为了使学生的作品更具市场感、时尚感和品质感，服装设计专业在相关课程中要求学生制作完成的衣服必须要自己穿，一来可以提升学生的审美观念；二来通过自己穿着会发现结构中存在的问题，如哪里穿着不舒适，哪些地方在活动时卡牢、运动机能不好等。

所以，教师在课前会要求同学，本次课程的作品全部要根据自己的尺寸来制作，最后在T台进行展示。

三、以"订货会"形式做毕业设计

毕业设计是检验大学学习成果的重要环节，达利女装学院成立以后，改革了毕业设计内容和要求。

以往的毕业设计没有主题，学生可以天马行空，想做什么就做什么，想怎么

做就怎么做，但有些学生完全偏离服装的基本属性——可穿性，一味追求舞台效果，花了三个月时间只为表演的三小时，表演完后衣服就扔弃了，因为没有任何实用价值，而且有些学生对待毕业设计的态度也不够认真。

2009年开始，达利公司提出，能否把毕业设计做成产品订货会？公司可以为毕业设计提供面料。这个建议一下子点燃了服装设计专业所有教师的激情，这既是一个创新，也是新的挑战。

一般来说，做完毕业设计学生就面临找单位实习，能否被企业录用完全看个人在企业的表现。但是如果把毕业设计做成产品研发，把毕业表演做成订货会，那就完全不一样了，这就是一次毕业前的实战，根据企业的产品开发企划的sku表，每个学生根据自己的定位确定研发内容，要做春夏装还是做秋冬装，产品结构有哪些，这些单品如何搭配，如何在专卖店展示，都要进行整体考虑。

不过，这种操作方式不仅对学生提出很高的要求，对教师的指导水平要求也很高，以前的毕业设计学生想怎么做都可以，教师凭自己的要求给分数。而将毕业设计改为订货会的形式，要着重考虑的是企业的要求。

学生在这种模式的激励下，学习的态度、专业的技能都得到很大提高。因为学生有兴趣，再加上不服输的精神，学生很努力，调研、设计、制版、试身、调整、定稿、完整工艺设计、工艺单编制，每一款服装都要经过这样的流程，这个流程就是企业产品开发的流程，不知不觉中，学生的工作和企业合拍了，职业素养提高了，有些同学经历了这个过程萌发了创业的想法。

订货会式的毕业作品展示也少了表演的成分，少了舞台效果，更多的是服装本身的展示，这样的毕业设计更接地气、更接近企业了。

订货会的主要客户是达利公司，由达利公司的设计总监、设计师、技术部经理、制版师等组成评价小组，对学生最终的毕业设计作品进行评价打分，评判标准是作品是否具有市场前景，是否符合企业品牌风格定位要求以及作品的完整性和可搭配性等一系列企业指标。

通过展示，最终由达利专家选出优秀作品，计划投入生产，并对这些同学给予一定的奖金进行奖励。

四、关心学生顶岗实习

顶岗实习是学生在校期间的最后一个实习环节。学院根据学生的就业意向和专业特长安排实习岗位，这个岗位必须是和学生所学专业对口的。

达利女装学院在以往的顶岗实习管理经验上，提出要加强顶岗实习过程管理。加强过程管理不仅要建立顶岗实习管理制度，还要加强学校与企业的沟通与联系。

在第六学期开学初，顶岗实习指导教师要求学生在两周之内落实顶岗实习单位和实习岗位，同时还要告知企业顶岗实习指导教师的姓名和联系方式，要把这些信息全部输入毕业实践管理平台。

然后校内顶岗实习指导教师一一和这些企业顶岗实习指导教师联系，核对信息。对学生的要求，如考勤、产量、质量要求等，都要以企业员工的标准进行管理，最后请企业对顶岗实习的学生进行评价，作为该名学生的顶岗实习成绩，在评语中要注明该生在顶岗实习的表现，能熟练掌握什么技能，在工作中有什么突出表现等，作为发放学力证书的参考（图2-43）。

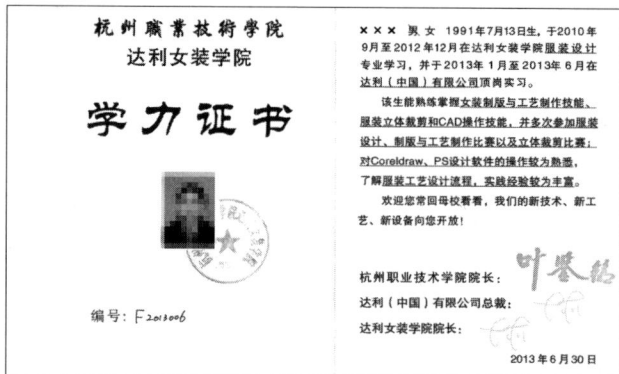

图 2-43　学力证书

除了加强和企业的沟通和联系之外，校内顶岗实习指导教师还要定时和学生沟通，每周至少一次的电话联系，了解学生的近况，查阅学生提交的该周实习小结。

除了上述的顶岗实习管理办法外，还需要组织教师到各个顶岗实习单位实地检查。

一般来说，每届参与顶岗实习的学生有120名左右，顶岗实习的企业遍布全省各地，有的还在外省。而且企业的分布是呈点状的，没有相对集中的区域，教师实地检查工作量大。

虽然工程量大，但是达利女装学院认为，这项工作还是一定要做，这不仅关系到一个学期的顶岗实习质量，还有120多名学生的个人和学习情况，电话联系永远代替不了现场检查。

检查的方法是以点带面。不一定每个学生都要走到，时间允许的情况下尽可能多跑几家，学生之间自然会传递消息，能起到一定的约束作用。学院把顶岗实习指导教师、班主任、辅导员以及学院领导等能参加顶岗实习实地检查的教师进行分组，到单位和企业与指导教师交谈，了解实习情况。

五、"三张证书"凸显人才培养质素

按照"首岗适应、多岗迁移、可持续发展"的人才培养规格要求，校企共同成立教学督导小组，构建由专业标准、企业岗位能力要求和职业资格标准所构成的学历证书、学力证书、岗位技能证书的全方位教学质量评价体系，体现学生专业能力。

从达利女装学院毕业的学生可以拿到三张证书，除了学历证书外，还有服装制版师岗位证书，和"学力证书"。服装制版师岗位证书由达利公司发起，联合杭州卓尚服饰有限公司等杭州8家品牌女装企业共同推出服装制版师职业技能证书，由企业技术专家参照行业企业最新技术标准，制定岗位技术标准、考核题库，学生自愿报名参加考核，合格后颁发由达利公司盖章，其他企业认可的"制版师岗位技能证书"，以区别于服装制作工技能标准，弥补国家职业技能标准的不足。获得证书的学生在求职过程中优先得到工作，并取得比同岗位更高一级的劳动报酬。实现专业教学内容与岗位要求有效对接，突出女装制版技能与职业素质培养。

达利女装学院执行院长介绍说："学力证书中的'力'是力量的力，可以理解为是能力证书。"这张证书由杭州职业技术学院院长、达利公司董事长、达利女装学院院长共同签发，证书上写着学生能熟练掌握什么、了解什么等，以认可学生具有本专业首岗适应能力、多岗迁移能力、可持续发展能力。"每个学生能力不一样，特长不一样，比如手工制版特别好，就在证书上加以注明，这对学生就业非常有利。"

随着学校自身形象的不断提升，服装设计专业的社会影响力和知名度明显提高，"整体化教学、生产性实训"的人才培养模式及基于达利典型产品的课程体系得到了来自行业、企业、学生及学生家长的普遍认可。近三年新生报到率均在95%以上，毕业生就业率均在98%以上。

在教学改革中，学生的学习目的性更明确，学习积极性不断提高，学生的综合素质明显提升。近三年来，服装设计专业学生获得市级以上各类服装设计、制作大赛奖项共16项，毕业生双证率为100%。

企业对毕业生满意度反馈逐年提高，2009～2013届已回访毕业生主要在制版、设计、跟单、销售等岗位工作，50%以上的毕业生起薪在3000元，工资水平普遍比其他院校同类专业的学生高出10%以上，有的学生在达利企业顶岗实习期间的月工资就到达4000多元，其中有30%左右的学生有着较好的职业发展，毕业一年后已提拔为品质管理员、技术骨干、厂长助理等。

第三章

创建高校党建工作品牌　培育专业群特色文化

第一节　党建引领专业建设，实现互融互促

高职院校作为培养高技能、高素质的人才场所，不仅肩负着引导学生树立科学"三观"的职责，同时还肩负着培养学生掌握一定专业技能，以适合社会发展需求与变化的职责。实际教学中，教师有没有很好地融"教书"和"育人"为一体，对学生的成长、成才有深远的影响，其中教师党员在学生成长、成才过程中是否发挥好先锋模范作用显得尤为重要。

达利女装学院党总支坚持以习近平新时代中国特色社会主义思想为指引，增强"四个意识"，坚定"四个自信"，做到"两个维护"。党总支严格按照全面从严治党的要求，聚焦政治引领，实施固本工程；聚焦"双高"建设，实施头雁工程；聚焦立德树人，实施铸魂工程。

达利女装学院党总支以"融善技能、发展典范"为目标，始终把政治建设摆在首位，用习近平新时代中国特色社会主义思想武装党员头脑、党建引领事业发展能力明显增强；引导党员、干部师生同以习近平同志为核心的党中央保持高度一致，认真开展"不忘初心、牢记使命"主题教育，深入推进党史学习教育常态化制度化，充分发挥高校基层党组织战斗堡垒和党员先锋作用，在政治引领、教书育人、社会服务等方面卓有成效，有效发挥了高校基层党组织在服务中心、推动发展、凝聚人心、促进和谐等方面的作用。教工一支部成为新时代浙江省高校党建"双创"工作培育创建单位，获评杭州职业技术学院五星党支部、学校党建结合点项目示范培育对象等荣誉。

一、适应形势发展，创新党建"一二三四"工作思路

党的基层组织是党的战斗力的基本构成单位，具有承上启下、把关定向、凝心聚力、育人用人的重要地位和作用。随着高职教育改革的进一步深化，特别是

教育思想和观念的转变，职业教育特点的日渐显著，以及校企合作、工学结合的人才培养模式的建立，高职院校党的工作面临新的挑战。

2022年，达利女装学院共有58名教职工，40个教学班，1657名在校学生。学院党总支下设3个党支部，共有党员34名，占教职工总数的65%。

近年来，达利女装学院通过党建工作融入中心工作，党建工作的内容更"接地气"、形式更丰富多样，党建工作更有针对性和实效性。分院党总支不断改进工作方法，创新工作手段，通过多年积累，建立了"一二三四"工作思路，即一个"方向盘"，两个"着力点"，三条"标准链"，四张"创新牌"。

（一）把稳一个"方向盘"，坚持党的思想政治引领——铸魂

一是坚持政治建设为引领，不断加强理论武装。贯彻落实好"三会一课"制度，支部书记带头抓好政治理论领学领讲，坚持为师生定期上党课，推动党的理论入脑、入心、入课堂。提升支部高素质干部队伍，加大教育培训力度，提升素养水平，强化责任担当；二是紧抓政治纪律不放松，不断优化支部政治生态。以党风促院风、带教风、正学风，培育践行社会主义核心价值观，推动清廉校园建设；三是打造理论宣传多元平台，不断提升学习教育实效。充分利用学院"一网一站一微"等载体打造线上线下相结合、全方位覆盖的红色宣传阵地，创新宣传理论方式与手段，激发师生学习内生动力。

（二）抓牢两个"着力点"，夯实支部党建底部基础——立本

1. 抓牢组织建设，发挥战斗堡垒作用

健全组织建设，建立动态调整机制和换届提醒机制，对涉及支部人事调整的情况，及时按照程序进行调整，确保基层党组织有效运转。加强队伍建设，以培养教师党员"双带头人"为抓手，坚持选拔、培育两手抓，政治、业务双过硬。

2. 抓牢党员教育管理，发挥党员先锋作用

严格按照党员发展手册发展党员，分析党员和入党积极分子队伍情况，细化工作要求，不断规范发展党员工作，优化党员队伍结构。组织开展专题党课，实现党员干部及优秀青年师生政治理论教育学习全覆盖。以全国党员管理信息系统和西湖先锋智慧党建系统为依托，及时完成进出党员组织关系转接和档案移交，建立支部党员流动管理台账。

（三）健全三条"标准链"理顺组织建设工作机制——落实

1. 健全党建工作标准链，落实主体责任抓头雁

健全主体责任落实制度，形成主体责任制清单，明确责任内容，落实责任到人，完善监督追责机制，为落实全面从严治党主体责任提供制度保障。健全党建工作运行机制，对支部工作进行明确和细化，进一步确保支部工作的有序开展。

2. 健全支部建设工作标准链，压实党建责任抓主线

对标"七个有利"要求，分类细化、量化指标，分层对应指标要求，确保基层党建工作有章可循、有据可依。健全党支部考核机制，完善考核评价和激励监督机制，强化结果运用，压实党建责任。

3. 健全党员管理标准链，做实党建工作抓一线

建立党员管理标准，明确党员考核机制，严格落实党员先锋指数评定和评优评先工作，结合学院师生党员实际，细化负面清单和激励清单，设定分值标准，落实党员个人考核评价和激励监督，将党建责任制落实真正沉到一线，落到人头。

（四）聚力"党建+"行动，树立党建事业发展标杆——出绩

1. 开展"党建+专业建设"攻坚行动

坚持党建工作与专业发展两手抓，以"引领改革、支撑发展、中国特色、世界水平"的高水平专业群建设为目标，深入推进教学改革。

2. "党建+头雁领航"领航行动

设立党员头雁工作室，即"金顶针"教学党员头雁工作室，发挥"双带头人"的排头兵作用，打造党建工作基础扎实，教学改革创新示范、匠苗培育扎实有效的党支部标杆。

3. "党建+课程思政"配强行动

围绕立德树人组建教学创新团队、科研创新团队、人生导师团队，开展教育教学改革实践，致力探索课程育人新载体，努力培养高质量工匠型人才。建立常态化学习机制，坚持贴近学生、融入学生开展思想政治教育，以专业课程为依托打造"嵌入式"思想政治教育载体。

4. "党建+社会服务"活力行动

树牢全心全意为人民服务理念，立足专业特色，开展技术研发、技能培训、党员师生志愿服务等，助力城市建设，服务国家"精准扶贫"与"乡村振兴"战略。

二、实施党建"固本、头雁、铸魂"三大工程

（一）聚焦政治引领，实施固本工程

1. 坚持理论学习，实现教育党员有力

（1）一是实施"第一议题"制度

支部坚持把政治建设摆在首位，坚决贯彻上级决策部署，把学习贯彻习近平新时代中国特色社会主义思想、习近平总书记最新重要讲话和指示批示精神，列为支部会议的"第一议题"，坚决把讲政治的要求落实到支部、专业党建"最后一公里"。

（2）创新"双领双线"学习形式

支部在学习形式上坚持"双领双线"并举，在主题党日活动中党员围绕主题学习内容进行领学领读；同时坚持线上线下相结合模式，疫情期间，支部做到理论学习不放松，利用钉钉视频、西湖先锋等平台开展线上学习。

（3）严肃党内政治生活

支部以习近平新时代中国特色社会主义思想为指导，遵循《中国共产党党员教育管理工作条例》，依托固定的党员活动室、专门的会议记录本，认真落实"三会一课"、组织生活会、民主评议党员等制度，按时组织党员参加党内各项活动，扎实开展党史学习教育（图3-1）。

2. 重视队伍建设，实现管理党员有力

（1）强化组织建设

按期开展换届工作，选优配强新一届支委会，专业负责任人担任支部书记，支委做到科学分工、责任压实，定期召开支委会、支部大会，执行支部议事规则，拉高标杆做到提质增效。

（2）提升党务干部能力素质

强化党务干部能力，经常性开展培训学习工作，组织支部党员到嘉兴学院的样板支部交流，学习交流先进经验，做到取长补短。

（3）提升党员教育管理水平

健全把骨干教师培养成优秀党员，将优秀党员培养成骨干教师的"双培养"机制。注重从高层次人

图3-1 固定活动日领学领读

才、青年教师、留学归国人员中发展党员，做到"计划单列、足额保障"，充分发挥支部在学生党员培养发展工作中的作用。

（二）聚焦"双高"建设，实施头雁工程

1. 立足中心工作，实现组织师生有力

（1）建设党员头雁工作室

支部设立2个党员头雁工作室，即"金顶针"教学党员头雁工作室与纺织服装数字营销党员头雁工作室。工作室以"党建+"模式为依托，打造党建工作基础扎实，教学改革创新示范、社会服务广泛的头雁工作室标杆，以党建引领人才培养。

（2）创建党员示范岗

"管理能手"党员先锋示范岗、"能工巧匠"党员先锋示范岗、"服务标兵"党员先锋示范岗，充分发挥党员在学院内部治理、数字化革新、辅学生成长等领域的先锋示范作用。

（3）建设党员志愿者服务队

"缝匠"志愿服务队按照"同一平台+专业团队+常态服务"的模式，面向校内校外，提供衣装搭配指导与建议、衣服的修改与缝补等志愿服务工作。

2. 重视纪律规矩，实现监督党员有力

（1）推进师德师风建设

支部锚定双高专业群高质量发展、跨越式发展的目标，在强化责任担当、淬炼优良作风的过程中，特别注重师德师风建设。支部坚持以学习为抓手，做到师德教育专题化，从明师德要求、强"四史"学习教育、学师德楷模、守师德底线四方面逐步落实。

（2）开展"廉政一刻钟"活动

支部严格用党章、党规、党纪规范党员行为，将纪律教育纳入支部"三会一课"，通过"廉政一刻钟"活动持续开展廉政教育，形成廉政党课"人人讲、月月讲、事事讲、常常用"的良好氛围。

（3）坚持"艺述清廉"建设

支部在每月固定活动日前，由纪检委员带领大家学习廉政，开展"艺述清廉—丝绸廉文化学堂"建设，丝绸廉文化学堂面向学生党员和入党积极分子举办"良好家风涵养初心使命"家风家训征集诵读活动，涵养新时代良好家风，对于传承中华优秀传统文化、弘扬社会主义核心价值观、营造风清气正的党风政风具有重要的思想价值和现实意义。

（三）聚焦立德树人，实施铸魂工程

1. 立足思政教育，实现凝聚师生有力

（1）打造思想交流平台

支部坚持贴近学生、融入学生开展思政教育，坚持每月走进学生，开展"书记面对面""院长会客厅""新生第一课""毕业生最后一课"等活动，与学生们面对面聊思想、聊体会、聊规划，为学生答疑解惑，将思想引领和价值观塑造有机融入学生学习生活中。

（2）成立青年学生"学习小组"

定期开展学习活动，每期安排2名学生做主题学习汇报，支部党员参加指导。同时，全面推进课程思政，深入挖掘专业教学中的思政元素，精心教学设计，将思政教育融入专业教学的全过程。

（3）把牢意识形态工作阵地

利用学院"一网一站一微"等新媒体平台，在借助法律管理网络舆论的同时，加强学院网络管理员对网络舆论的引导，不断发挥意识形态工作思想引领、舆论推动、精神激励的重要作用，唱响主旋律，弘扬正能量。

2. 强化典型示范，实现宣传师生有力

（1）党建育人思路更加明晰

支部围绕"立德树人"这一根本任务，探索发挥党建功能的有效途径以及构建党建育人的系统工程。在育人内容上，从思想育人、文化育人、知识育人和实践育人4个方面融入。在载体上，搭建思想交流平台、学业帮扶平台、实践育人平台3个活动平台，建好党务干部、党员教师和学生党员三支队伍，提升立德树人实效。

（2）网络思政实效得到增强

在学院微信公众号中设置了"党史小故事""清廉达利"等栏目，持续推送习近平总书记系列讲话精神、党课课件、党建相关文件，线上线下持续推进"不忘初心、牢记使命"主题教育以及党史学习教育，常态化推送主题教育党员学习心得、优秀党课视频等学习成果。

（3）典型示范有效树立

支部毕业生党员积极投身扶贫一线，成为结对帮扶志愿者。党建融入育人工作4个环节（图3-2）。

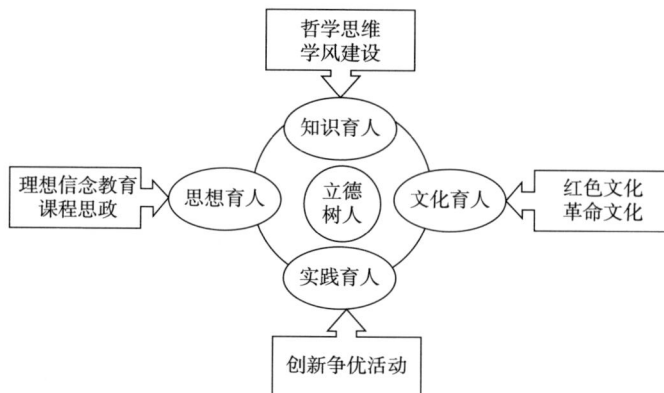

图3-2 党建融入育人工作4个环节

3. 重视办事解忧，实现服务师生有力

（1）志愿服务常态化

支部师生党员成立"缝匠志愿者服务队"，开展旧衣改造、缝补、熨烫、尺寸度量、三维试衣、服装理论知识科普、服装保养介绍等项目服务。两年来，累计开展志愿服务活动152场，参与志愿服务9885人次，志愿服务信用时长52064小时。同时，不断完善活动开展制度，师生党员组建队伍，每周三下午定点为师生开展服务。新冠肺炎疫情期间，组织师生党员志愿者开展疫情防控志愿服务，在开学复课期间组织队伍开展学生宿舍区、食堂区门口的测温服务，安排夜间值班，处理突发情况。学生党员红色小分队主动投身杭州大型活动、会议、展览，如中国国际动漫节、杭州文化创意产业博览会等，开展志愿服务工作。组织号召入党积极分子、入党申请人参加第19届杭州亚运会志愿活动，由党员教师带队，全程服务杭州亚运会、亚残运会。

（2）社会服务广获赞誉

支部党员教师郑小飞、曹桢开展技术研发和技能培训，为中小微企业解决技术难题，服务杭州女装产业智慧化、智能化转型升级。支部书记章瓯雁组织开展荆州市沙市区纺织服装产业集群2020年培训工程，制订荆州市沙市区纺织产业专业技术人员校企联合培养计划，得到了湖北省荆州市沙市区相关部门高度认可。支部党员积极发挥示范样板的典型效应，主动承接江西制造职业技术学院骨干教师培训、苏州经贸职业技术学院兰斐女装学院专业建设教师培训等一系列培训项目，积极投身社会服务，彰显使命担当，赢得了兄弟院校的广泛赞誉。

三、构建党建和中心工作"五融"机制

（一）构建从思想政治上融入机制

1. 进行形势任务教育

定期举办教育专题讲座，如"五管"育人讲座（管教、管学、管思想、管心理、管成长成才）。通过在教职工中开展经常性的师德教育活动，把教师的神圣职责、精神境界、工作态度和学术精神作为学院教职工思想政治工作和师资队伍建设的指南，教育、引导每一位教职工。

2. 加强舆论宣传和引导

在全体教职工会议上宣传党的路线方针政策，同时充分运用网络、校务公开栏、专题讲座等途径进行宣传，寒暑假组织中层以上领导干部进行研讨，平时利用周三学习日组织教职工学习讨论，使党建思想日益深入人心，成功地实现了党建思想与现实的对接，保证了党的教育方针路线在学院的落实。

（二）构建从体制制度上融入机制

1. 有效运行"二位一体"的领导体制

在体制机制上坚持双向进入、交叉任职，党总支及行政班子成员交叉担任党委或行政领导职务，在体制和制度上形成党总支和行政班子"你中有我，我中有你"，形成"二位一体"的领导体制，使党总支与行政班子易形成合力，促进学院快速发展。

2. 初步建成支部书记兼任专业负责人体制

大力实施"培养工程"，把专业负责人培养成党员，把党员培养成专业负责人，实现"双带头人"全覆盖。

3. 按校党委要求，行政领导兼任党内职务

积极推进学院"党总支"与行政班子"交叉兼职＋双向进入"。这实现了党建工作与行政工作的有机统一，促进学院各项工作和谐发展。

4. 落实党政联席会议制度

学院讨论研究行政重要事项的决策形式是党政联席会议。学院党政联席会议每月召开一次。遇有重要情况或特殊情况，则临时召开。学院院长、党总支书记、副院长、学院办公室主任列席会议。根据会议议题需要，邀请工会主席、专业负责人等列席相关会议。

5. 推进"部门工作月报"制度

为便于学院了解各部门每月工作安排，制定学院主要工作任务，推行"部门工作月报"制度。月初，在部门负责人工作例会上，上报本月的主要工作和重点工作；月中，反馈工作的完成进度；月末，则上报工作完成情况。这一制度的实施，对于学院统筹安排、把握专业建设和管理工作的节奏进度和工作质量，并及时总结提高、促进部门提升工作效能发挥了重要作用。

（三）构建从工作内容上融入机制

1. 建立党政联席会议"五同"工作机制

学院建立了党政联席会议"五同"机制，即会议议题由书记与院长共同研究确定，经党政联席会议研究讨论后，共同部署，共同推动工作进展，共同落实，最后共同检查的机制。

2. 落实"双培养"计划

"双培养"计划，即"党员培养成人才、人才培养成党员"的"双培养"计划。推行"双培养"后，初步实现人才强院，专业发展迅速，教职工的素质明显提高。

3. 设立党建联系点制度

包括总支委员"五联系"制度、党员"二联系"制度。总支委员"五联系"制度即每个总支委员联系1个专业、1个部门、1名党外群众、1名学生、1个学生寝室。党员"二联系"制度就是每位党员联系一个寝室、1个贫困学生。党建联系点制度进一步强化了党对学院各项工作的领导，更好地发挥党总支的政治保障作用。

（四）构建从评价考核上融入机制

1. 成立效能办，定期督导通报

成立效能办，由党总支书记直接领导。效能办自成立以来，坚持督政与督学相结合，积极开展各项督导工作，定期发布督导通报，进一步深化了各部门效能，提升工作效率和水平，促进学院各项工作顺利开展。

2. 推行"双考核"制度

学院成立考核办，全面推行目标考核责任制、绩效考核机制。通过对教职工在一段时间内的工作目标、工作业绩进行考核，并将考核结果运用到薪资发放、岗位调整交流、年终评优评先等工作中去。"双考核"制度的实施对于充分调动教职工的工作积极性、主动性，增强责任意识，切实转变工作作风、提高教学质量、全面推进效能建设起到了重要作用。

（五）构建从活动载体上融入机制

1. 推进六个党员专业工作室

教工党员带头成立了达利产品研发室、制版工作室、服装设计室、横机工作室、时装营销工作室等6个工作室。

2. 开展"六大素质"提升工程

"六大素质"工程实施以来，对于打造一支师德高尚、业务精湛、德才兼备、充满活力的高素质党员干部、教师队伍取得了明显的成效。

3. 打造高效和学习型团队

学院开展了教师说课、微课评比活动；开展了教学设计、教学小故事评比活动；另外通过座谈会、交流会，以谈代学；通过教师技能过关，以考代学等方式开展学习活动。通过开展教师的学习活动，扩大了教师的知识面，提升了教师教育能力，学习有思考、有成效。

四、创新"五管"示范模式

为了更好地发挥教师党员在高职院校教育教学中对学生成长成才的作用，很好地适应经济社会转型期对人才培养的要求，达利女装学院从"五管"着手。

（一）管"思想"，努力提高学生的认识水平

良好的思想及道德品质是社会对人才的首要需求，大学期间要教会学生用马克思主义的世界观和方法论看待问题和解决问题。达利女装学院全体教师党员在做好学生思想政治工作的同时，进一步规范思想教育内容，注意创新形式方法，从以下3个方面入手开展工作：

1. 对学生进行马克思主义基本原理的教育，帮助学生树立科学的世界观、人生观和价值观

达利女装学院党总支要求每位教师党员就是责任人，班级、课堂就是责任区。充分利用课堂、班级组织形式，对学生进行马克思主义基本原理的教育。

（1）充分发挥课堂教学的功能

要求每位党员教师在讲授专业知识的同时注重学生科学的世界观、人生观和价值观的塑造，并对相对应的班级定期开展指导活动。尤其是发挥思政课的优势，思政教师通过"读、听、讲、谈、看、走、写"的新型教学模式，开展"时

事开讲""专题讨论""经典阅读""国旗下演讲""以案说法""模拟法庭"和"社会调查"等多种活动，激励和帮助学生树立科学的世界观、人生观和价值观，不仅可以增强思政课教学的感染力和说服力，还可以增强授课内容的实效性。

（2）充分发挥主题班会的作用

学院要求各班级根据本班的实际情况，围绕大学生行为规范等主题精心设计班会，使全体学生在讨论和辩论中，更加明晰科学的世界观、人生观、价值观的深刻内涵和对个人人生的重要意义，坚定学生树立科学世界观、人生观和价值观的信心和决心。

（3）充分发挥实践活动的作用

通过组织大学生日常文明礼仪规范知识竞赛、大学生职业规划赛，参观历史博物馆、科技馆、成功知名企业等，使学生对科学的世界观、人生观和价值观有更直观的认识，激发学生产生共鸣，促进学生把树立科学的世界观、人生观和价值观活动转变为自觉的教育活动。

2. 用中国特色社会主义理论武装学生，同思想政治理论课形成齐抓共管的"新三进"工作格局

主要从以下几个方面着手：

（1）积极主动走进互联网，加强思想教育的交互性

完善达利女装学院的网页并开通了多个学生工作QQ群，方便学生和教师的无障碍沟通，掌握学生的思想动态，有针对性地开展思想教育活动。

（2）积极主动走进寝室，加强思想教育的生活性

达利女装学院通过开展多种多样的寝室文化活动、文明评比活动，在生活的点滴中融入思想政治教育的内容，采取和风细雨的方式，实现潜移默化的效果。

（3）积极主动走进社团，加强思想教育的互助性

学生社团组织是学校学生自愿参加的群众性组织，社团成员往往因为共同的兴趣爱好走到一起，具有很大的共性，容易产生相互影响的作用。学院积极抓好社团的思想政治教育活动，将思想政治教育的内容灵活地纳入社团活动当中，让社团成员间相互帮助，提高思想认识水平和道德修养。

3. 加强学生党员发展工作，推进学生政治思想的进步

学生党建工作在加强大学生思想政治教育中发挥着重要作用。

（1）发挥党组织的思想政治教育堡垒作用

达利女装学院通过采取纪念日集中宣传和平时宣传教育相结合的原则，对全体党员和学生进行宣传教育，充分发挥党组织的思想政治教育的战斗堡垒作用。

（2）做好学生党员的发展工作

坚持德才兼备的原则，让真正优秀的学生加入党组织，增强党组织的吸引力，促使要求上进的学生自觉加强自我修养，积极向党组织靠拢，进而提高学生的思想道德水平。

（3）加强对学生党员的教育管理工作

学生党员在学生中的思想政治表现对其他学生的思想政治教育工作影响很大。但学生党员由于年龄小、党龄短，马克思主义基本理论和党的基础知识还不够扎实，思想上有时不够成熟，还需要不断加强教育和巩固。教师党员个人和集体应加强学生党员的思想政治素质教育和管理工作，让学生党员时刻保持其先进性，充分发挥示范带头作用，带动周围同学思想道德水平进步和提高。

（二）管"教"，落实教书育人的根本任务

教学是学生在学校成长成才的重要环节，管"教"就是使师生进一步明确了大学教育和学习任务的基本维度：一是知识技能的传授和接受，即控制好度，把知识技能的传授与学生的接受能力匹配起来；控制好方法，把学生的感性认识与理性认识全面调动和有机结合起来；二是行为的修正与完善，即纠正学生思想性的不良行为，有效干预学生心理性的不良行为，阻断学生选择性的不良行为；三是情感的体验与升华，即教会学生识别情绪、控制情绪、调节情绪。相应地教师在教学过程中要想做到有效教学，就应该做到以下几点：第一，改变思想，克服重教学轻育人的倾向，将"育人"贯穿到整个教学的环节之中；第二，要明确教什么，即要树立正确的教学目标，将上述三个维度都列入教学目标之中；第三，怎样教，就要做好充分的准备、科学的组织和清晰的讲解、身心力行的实践、合理有效地利用时间等，将三维目标有机地统一起来；第四，教学过程中要保持融洽的师生关系，拥有饱满的热情，能够激励并促进学生的学习。此外，通过制定相应的规范，在学生中开展学习讨论活动，充分发挥达利女装学院学生会干部、各班委的模范带头作用，让学生自己管理自己，真正做到自立自律、自省自强、自尊自爱。如早晨设立学生文明礼仪示范监督岗，让学生轮流值勤，真正做到了点滴小事有人管，每个环节有人问。通过教师与学生干部的共同努力，纠正学生上课时的不良行为，最终让每个学生都能正确对待教师的教学和教育，特别是批评性的教育。

（三）管"学"，落实人才培养的有效方法

培养学生再学习的能力是高职教育的重要组成部分，学生只有掌握再学习的能力，今后走出校门时，才能更好地接受新事物、新知识，才能在有限的时间里使学习效率更高，进而更好地掌握新的技能，更好地适应社会的需求。达利女装学院教师党员加强与班主任之间的沟通和联系，逐个分析学生的学习能力，关注学生的学习方法，加强分类与方法的指导。管"学"过程中，教师党员要力争从根本上改变部分学生被动式的学习状态，要总体把握和协调好4个主要层次的逻辑和因果联动关系：学生的学习态度、学习习惯、学习方法、学习质量，通过树立端正的学习态度，形成良好的学习习惯，学会科学的学习方法，教会学生对学习质量进行自我评估，进而提高他们的学习质量和效果，为提高学生走进社会后可持续竞争力奠定基础。

（四）管"心理"，着力学生心理素质的提升

拥有良好的心理素质是一个大学生、一个社会人的基本条件，只有拥有良好的心理素质，才能更好地适应社会的变迁和环境的变化，才能更好地胜任新的工作任务，迎接新的挑战。达利女装学院全体教师党员个人和集体重点做好以下三方面工作：

①以班级为单位继续加大心理健康知识的普及与宣传力度，引导大部分学生学会基本的自我调适；通过发放心理健康手册、举办心理健康讲座、举行心理健康主题教育活动等形式对学生进行心理健康知识的普及教育工作，特别对大学生们如何调节自己的心态、如何协调自己与他人的关系、如何适应大学生活等方面进行着重引导。

②调查摸底，建立以班级为单位的学生心理健康档案，分院心理健康工作站要完善重点对象的档案归档和工作资料的整理；通过心理健康在线测试系统发现个别需要特别关注的学生，同时对这部分学生，建立心理档案，利用"班主任—心理委员—室友"的三级防护机制，对这部分学生进行重点关注。发现异常情况及时按照有关规定实施，确保责任到人，落实到位。

③完善机制，形成分院、班级两级联动的心理教育管理格局，重点做好三级预防工作中的一、二级预防工作。学生心理健康工作通过不断协调班级心理委员的日常工作，形成班级心理健康工作和分院心理健康工作共同协调、促进的效果，形成良好的具有自身特色的心理健康管理模式。

（五）管"成长成才"，致力学生创新创业能力的提高

学生的成长成才是学校教育的出发点和归宿点。达利女装学院全体教师党员结合专业建设要求，在工学结合过程中，努力提高学生的职业道德和职业素养，学会动手，学会尊重劳动、尊重知识、尊重人才、尊重创造；同时要结合班级特色项目、学生的职业生涯规划设计和全体学生的学期项目计划，注意质量，积极推进工作进程，逐步构建以学生职业生涯规划设计、班级特色项目、学期项目计划、SYB创业培训为项目载体和学生创业创新中心为工作平台的立体式提升创新创业能力体系，形成有利于学生成长成才的工作局面。

为保障在经济社会转型时期高职院校党员先锋模范作用的发挥，需要建立一套完善的机制，主要有以下几个方面：

1. 建立学习机制

建立学习机制，可以保障学习的系统性和时效性，教师党员通过学习的提升更好地促进教学。通过定期组织中心组学习、党员集中学习、党员个人自学，并以做好学习记录、交流学习心得等形式提升教师党员自身的理论修养和水平；通过组织外出参观、深入企业、开展服务社会等活动增强教师和学生党员的感性认识，借以增强学以致用的能力。

2. 建立良好的激励机制

良好的激励机制一旦形成，就会形成一种良性循环，通过评选先进党支部、优秀教育工作者、优秀党员、优秀党务工作者、优秀教师等多种形式对教师党员的付出和先锋模范作用给予肯定，对于工作及贡献突出者除了精神的鼓励之外，也可以给予适当的物质鼓励，如此，不仅可以使教师党员的劳动得到充分的肯定，也会更好地发挥他们的先锋模范作用。

3. 建立科学的评价机制

科学的评价机制不仅能很好地体现公平，也能很好地调动劳动者的积极性。学校进一步完善考核制度，对教师党员在整个教书育人过程所付出的劳动都能够进行合理的评价和计算，包括教书的质量、育人的效果、社会服务的深度和广度、科研创新能力以及工作的效能等方面进行科学的评价及鼓励，可以更好地调动广大党员教师工作的积极性，也有助于学生的成长成才。

4. 建立保障机制

为了进一步确保教师自身能很好地适应经济社会的转型，提升教师党员的自身素质，为教师党员的可持续发展提供有力的保障，保障机制的建立是"以人为

本"的具体体现，其中保障机制包括：时间的保障，如学校为教师党员创造进一步提升的机会，增加教师党员的培训时间，给予教师党员一定的能够自主安排时间的保障；空间的保障，如活动场地，良好的办公环境、良好的工作氛围等；人力保障，如接受培训的人员选择与安排等；财力保障，如提供一定的培训、项目经费等；物力保障，如提供较好的办公条件和必要的办公设施等。

高职院校党员先锋模范作用贯穿于教书育人的各个环节，印证在学生成长成才过程中的方方面面。教师党员在实际工作中，做到以人为本，坚持改革创新，促进学生的全面发展，使学生能够更好地适应经济社会的转型发展。

五、结合分院特色，擦亮党建工作品牌

（一）试点"一创双树"品牌，着重提升支部战斗力和凝聚力

党支部创新试点"一创双树"党建品牌活动，发挥党员志愿服务队的奉献意识、"党建＋"团队的引领作用、党员个人的先锋模范作用，不断创新，锐意进取，推动学院"党建赋能，榜样争先"。

1. "一创"即创建党员头雁工作室

以专业建设和人才培养为依托，创建党员头雁工作室，打造党建工作基础扎实、政治引领作用明显、教学改革创新示范、社会服务广泛的头雁工作室标杆，凝聚一支政治思想素质突出、教学社会服务业绩优秀、党建育人作用明显的模范先锋党员队伍。

2. "双树"即选树党员先锋示范岗、选树志愿者服务队

（1）选树党员先锋示范岗

即管理能手、能工巧匠、服务标兵示范岗。充分发挥党员先进典型的示范引领带动作用，积极营造干事创业良好氛围。

（2）选树志愿者服务队

立足专业，成立"缝匠"志愿服务队。按照"同一平台＋专业团队＋常态服务"的模式，为全校师生服务。

（二）创新"五维共筑"载体，精准助力拔尖人才培养

以党建结合点项目为载体，促进党建工作渗透到专业建设、教学过程和学生思想政治工作之中。创新"五维共筑"措施，助力拔尖人才培养，推动党建结合点项目建设（图3-3）。

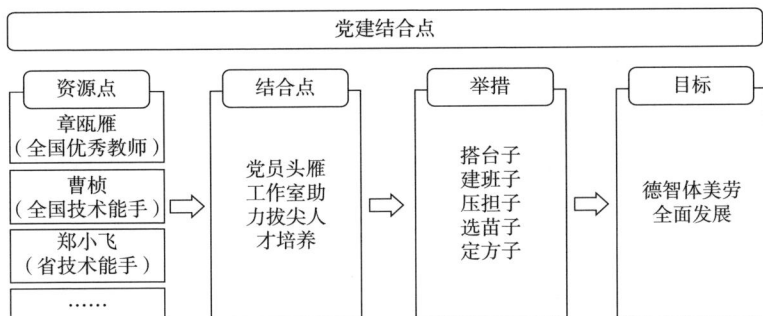

图3-3 党建结合点项目示意图

1. 搭台子

成立党员头雁工作室，工作室由一名党员名师领衔，担任工作室负责人，制定工作室制度，进行日常运行管理。发挥名师的个人特长，建成特色鲜明的头雁工作室。

2. 建班子

组建工作室指导团队，邀请企业名师、青年教师等组建导师团队，一方面通过导师之间交流研讨，提升教师团队的专业水平；另一方面导师兼具人生导师和技能导师的职责，全方位培养拔尖学生。

3. 压担子

结合"双高"建设要求，每年支委会讨论制订"头雁工作室"工作计划，明确工作目标，签订责任书，积极开展技能大赛指导、承担企业技术服务等工作。支部定期开展交流，了解实施情况，解决存在问题。

4. 选苗子

制定《达利女装学院党员"头雁工作室"建设与管理实施办法》，每年选拔有意向进入工作室学习的学生，根据学生不同的发展方向，进入相应的工作室学习。

5. 定方子

为工作室学生制订个性化培养计划，加强平时的管理和考核，切实提高人才培养质量。

（三）坚持"双融双促"发展，扎实推进高水平专业群建设

支部所在的专业群为国家高水平专业群建设单位，面对建设任务的高难度、高要求、高标准，支部开展了"党员领办双高任务"行动，充分发挥党员的先锋模范作用，带头克难攻坚，做到所有党员人人有责任，个个有指标，党建和专业建设相互融合、相互促进，同频共振，朝着"引领改革、支撑发展、中国特色、

世界水平"的高水平专业群建设目标共同努力。

1. 促进党建与双高建设"双轮驱动"

根据双高建设推进过程中存在的难点和痛点,党员"出点子、争任务、亮业绩",顺利推进双高建设年度任务,2019~2021年的双高建设任务100%完成。

2. 瞄准标志性成果党员"揭榜挂帅"

充分发挥党员在各自领域的优势特色,在人才培养模式改革、三教改革、基地建设、社会服务和国际化等方面积极作为,开拓创新。双高建设以来,在教学成果奖、教师教学能力大赛、学生技能大赛、国家规划教材等方面都取得重大突破,领先于全国同类院校。

3. 助力教师成长党员"结对帮扶"

充分发挥支部党员人才集聚的特点,着力培养年轻教师,带头组建教学创新团队、科研创新团队、人生导师团队等,带动队伍建设,提升师资队伍的教学能力和科研水平。

(四)探索"校区企"共建模式,持续丰富党建工作内涵

支部积极探索与开发区支部、企业支部开展联建,打造"校区企"党建共建模式,逐步实现党建共抓、人才共育、产学研共促、服务共推的工作合力。

1. 开展校企党建共建

联合校企合作单位开展党建活动,组建互动讲师团、企业导师团、青年成长营等,实现党建资源共建共享,党建实效双提升。

2. 开展区校党建共建

联合社区党支部,组织"哥哥姐姐服务队",通过党员服务、青年志愿者服务、暑期志愿服务、理论宣讲等,携手共建文明、和谐、平安社区。

六、达利女装学院党建工作品牌案例

(一)志愿服务品牌

1. 党员志愿者服务队

建设1支"缝匠"志愿服务队,按照"同一平台+专业团队+常态服务"的模式,面向校内校外,提供衣装搭配指导与建议、衣服的修改与缝补等志愿服务工作。

2. 党员头雁工作室

辐射带动服装专业群先后成立"金顶针"教学党员头雁工作室与纺织服

装数字营销党员头雁工作室，以"党建＋"模式为依托，打造党建工作基础扎实、教学改革创新示范、社会服务广泛的头雁工作室标杆，以党建引领人才培养（图3-4、图3-5）。

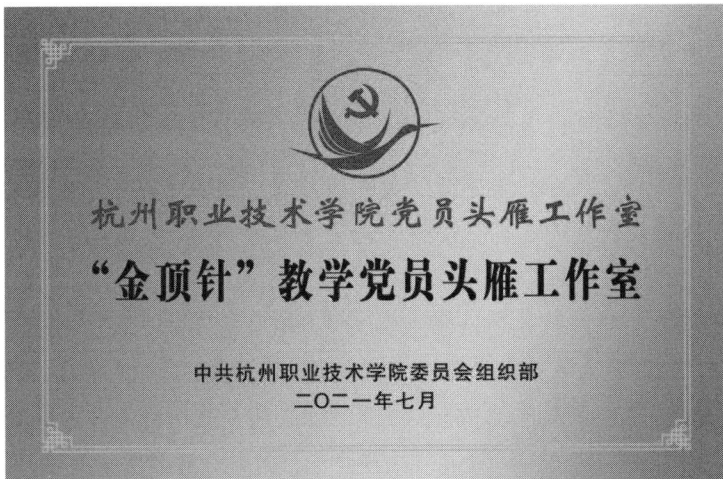

图3-4　"金顶针"教学党员头雁工作室

图3-5　"金顶针"教学党员头雁工作室

3. 党员先锋示范岗

先后申报创建3个党员先锋示范岗，即"管理能手"党员先锋示范岗、"能工巧匠"党员先锋示范岗、"服务标兵"党员先锋示范岗，充分发挥党员在学院内部治理、数字化革新、辅学生成长等领域的先锋示范作用。

（二）党建文化品牌

1."艺述清廉"清廉校园文化品牌

通过开展艺"述"廉洁项目，结合学院特色与学生专业优势，从学生的思想观念、文化涵养、行为实践等方面入手设计项目活动，以展、播、讲、看等表现形式串起活动主线，展示学院廉政文化建设成果，引领学院师生廉洁品质养成教育（该项目获得学校立项）。

2."匠心铸美"校园文化品牌项目

以"塑匠心、炼匠技"为目标，实施"匠心领航工程""匠技培育工程""匠品展秀工程"，打造达利女装学院"工匠摇篮"——匠苗育人平台，努力打造工匠的培育引领之地、成长向往之地、技能创新之地（该项目获得学校重点立项）。

（三）师生思政工作项目

1.专业群"课程思政"

支部以"课堂革命"为突破，深化教材与教法改革，不断明确"文化引领、革新为先、匠心铸魂"的专业群课程思政建设思路，系统构建了"三层面、三维度、六要素、六评价"的专业群课程思政教学和评价体系（图3-6），"服装立体裁剪"入选国家级课程思政示范课。

2.大师工作室

党员教师、全国技术能手成立"大师工作室"，带领学生到企业一线参加实践，为企业提供产品研发和技术服务，同时进行创新创业教育，在高水平专业群建设中发挥了示范作用，做出了突出贡献。

3.学生育人工作室

党员教师成立"筑匠心 培匠苗"学生育人工作室，以"融善文化"为核心，以"融惟职道、善举业德"校训精神为指引，以"三全育人"综合改革为依托，以"塑匠心、炼匠技"为培养目标，面向学生搭建"匠苗"学生育人平台。

4.班主任工作室

党员教师成立"融·育"班主任工作室，始终坚持"立德树人"的根本任务，坚持言传身教，以学生为本，注重思想引领，聚焦全面发展，真正成为学生成长道路上的知心朋友和人生导师。

5. 工匠精神研究

支部带领党员申报浙江文化研究工程重点课题"浙江纺织工匠与工匠精神研究"并获得立项。课题以浙江工匠精神为研究对象，充分发挥支部人才优势，着眼浙江地区纺织工匠，以工匠人物解读工匠精神，推动学院高质量工匠型人才培养。

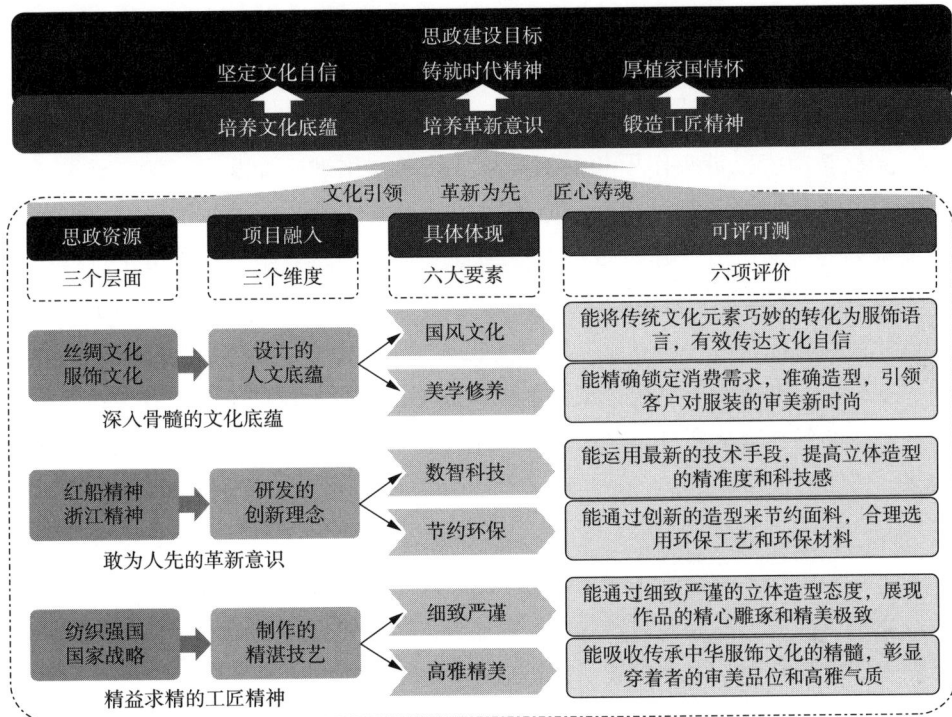

图3-6 专业群课程思政教学和评价体系

七、党建引领专业发展成效显著

（一）党员教师的引领作用进一步显现

通过中心工作与党建工作的有效融合，党员们进一步坚定了理想信念，增强了宗旨意识、大局意识和责任意识。党员骨干带头完成下企业任务。其中，大部分党员同志超额完成任务。更难能可贵的是，所有教师承担了更重要的企业产品研发任务。达利女装学院积极向上的工作氛围在进一步提升。教师的思想素质、专业水平得到了进一步的提升，多位教师先后获得"浙江省优秀党员""浙江省教坛新秀""浙江省技术能手""杭州市技术能手""杭州市最强领头雁"等荣誉称号。

（二）教工党员培养学生的积极性大大提高，成绩突出

党员教师提高对自身的要求，自觉以党员的标准衡量自己，履职能力不断提升，踏实工作的教师越来越多，工作效率明显提高。教师指导学生参加各级技能大赛成绩突出。专业群学生在2012~2018年全国职业院校技能大赛中连续7年获得一等奖11项，12名学生获全国技能标兵称号，15名学生获技师职业资格（全国领先）。

（三）专业建设得到有效推进

党员教师模范带头作用和支部的战斗堡垒作用进一步发挥，扎实推进了难点、重点工作，专业建设得到有效落实。经过这些年的建设，服装设计与工艺专业被列为国家级骨干建设重点专业、省级示范建设专业、杭州市重点扶植专业（学科）、全国骨干院校重点建设项目。针织技术与针织服装专业为全省首家开设，被列为杭州市特色专业。服装工业工程实训中心被列为浙江省重点实训基地、中央财政支持的职业教育实训基地建设项目。服装设计与工艺教学团队列为浙江省教学创新团队项目。多项科研成果获得中国纺织工业联合会职业教育教学成果一、二、三等奖。

（四）社会声誉日隆

服装设计与工艺专业群构建的"校企共同体"产教融合育人模式，被社会各界称为职业教育的"达利现象"，成为全国高职校企合作的典范；2014年荣获国家级教学成果一等奖，并连续五届荣获中国纺织工业联合会"纺织之光"教学成果一等奖6项，数量列全国同类院校第一；入选《国家高等职业教育服务产业发展成果案例汇编》，并获评"杭州十大美丽现象"。教育部来校考察时，对专业群校企合作育人的成效给予高度评价。

第二节　思想政治理论课融入专业教学改革

我国高等教育肩负着培养德智体美劳全面发展的社会主义事业建设者和接班人的重大任务。习近平总书记强调："要坚持把立德树人作为中心环节，把思想政治工作贯穿教育教学全过程，实现全程育人、全方位育人，努力开创我国高等

教育事业发展新局面。"达利女装学院非常重视"课程思政"的具体实施，成立研究小组，组织编写了《思想政治教育融入专业课堂要点"30条"》，并组织部分骨干教师成立若干小组先行实施。

一、思政教育融入专业课堂的必要性

（一）体现高校立德树人的根本要求

"立德树人"是高校立身之本，习近平总书记在党的十九大报告指出："青年兴则国家兴，青年强则国家强。青年一代有理想、有本领、有担当，国家就有前途，民族就有希望。"教育部门和教育工作者要担负起培养青年一代的重要责任。当前国际社会形势复杂，面临着各类思想观念交锋、多元思潮文化碰撞的挑战。2018年开始，"00后"的学生进入高校，他们成长在一个思想舆论相对多元化的时代，网络和社交媒体伴随他们的成长，和以往的大学生相比有其自身特点，他们的世界观、人生观、价值观尚不成熟，容易受到各类舆论和形形色色价值观的影响，需要通过高校的教育树立正确的"三观"，这就特别需要在高校的人才培养过程中，不仅要注重学生知识和能力的培养，更要做好学生的思想引领和价值观的塑造工作。

（二）有助于更好地实现人才培养目标

高校和教育工作者要始终围绕"培养什么样的人，怎么培养人，为谁培养人"这个根本问题。要实现培养学生德才兼备、全面发展的目标，对其的思想政治教育仅仅依托几门思政课程、依靠几名思政教师是远远不够的，一定要构建大思政格局，形成德育合力。习近平总书记在全国高校思想政治工作会议上强调"要用好课堂教学这个主渠道""其他各门课都要守好一段渠，种好责任田，使各类课程与思想政治理论课同向同行，形成协同效应"。在高校的人才培养过程中，专业课程占总学时的80%左右，因此专业课堂是育人的主战场。而且，以专业知识为载体，可以有效提升思想政治教育实效性和说服力，是最具效能的实现形式。从这些意义上说，"课程思政"成为必然。

（三）助推专业教学，提高课堂质量

思政教育与专业教学是相辅相成、互为补充的。一是思政教学可以超越具体专业问题，在更大范围分析思考问题，可以提高语言逻辑性，进而提高教学的说

服力。思政语言比较重视理性分析和逻辑力量，教师课堂语言的逻辑性、深刻性和说服力提高了，可以增进课堂互动的思想性，可以帮助同学换视角想问题，可以使课堂教学更加虚实结合。二是思政中的马克思主义哲学是建立在自然科学和社会科学基础之上的，完全可以被专业教师拿来作为思维的利器；而且马克思主义哲学是一种思维的科学、认识的工具，对分析专业教学中的一些难点问题有很大帮助。三是马克思主义哲学可以帮助专业教师换视角思考，换方法分析，换方式对话。如果说专业是菜肴，哲学就像调料，如果说专业是人体的躯干，哲学就像大脑，掌握了哲学，专业教师就会如虎添翼、锦上添花，可以收获单纯专业教学达不到的教学效果。

二、当前高职院校职业素养培养的现状

教育部在《关于深化职业教育教学改革　全面提高人才培养质量的若干意见》（教职成〔2015〕6号）中指出"把提高学生职业技能和培养职业精神高度融合"。职业素养是劳动者对社会职业了解与适应能力的综合体现，是在职业活动中起决定性作用的、内在的基本品质，是高职学生综合素质的重要组成部分，直接影响着学生专业技术水平的提高以及未来的发展后劲，因此，高职院校在重视学生的专业知识和技能培养的基础上，应更加重视学生的职业素养教育，这是提高学生的就业能力和可持续发展能力的决定性因素。

（一）学生职业素养教育缺乏整体系统设计

目前高职院校的职业素养培养途径较单一，常见的是开设相关课程，如人文素质课程或职业道德课程等，将职业素养内容当作纯粹的知识来传授，缺少在职业活动中的体验和感悟，难以获得很好的效果，还有院校通过开展学生活动进行职业素养培养，如第二、第三课堂，社会实践等。这些举措虽然也能取得一些效果，但是从职业素养培养的力度、覆盖面来说还是远远不够的。职业素质教育不同于一般的专业教育，是一项系统工程，具有养成的特点，应当涵盖人才培养的全方位、全过程。要实现学生职业技能和培养职业精神高度融合，学校要系统地进行设计，各部门要协同配合，构建起有效的全方位的职业素质教育阵地。

（二）对职业素养的理解片面——重显性素养，轻隐性素养

有观点认为，占7/8的隐性职业素养决定、支撑着外在的显性职业素养。很

多高职院校在课程设置和课程教学上还存在误区，将显性素养和隐性素养分开培养，在专业课的教学中只注重职业岗位所需要的技术、技能等显性职业素养的培养，忽视了对学生的职业意识、职业情感和职业道德等隐性职业素养的培养。大多数教师对职业素养培养的重要性认识不够，在教学中只注重专业知识与专业技能的培养，忽视了学生的创造力、沟通能力、合作精神等职业素养培养。事实上，脱离职业素养的专业教育，会使学生与企业的要求有差距，企业更重视的是学生的职业素养，这也是高职学生离职率过高的原因所在。

（三）教学方法上"说教"多于"融入教育"

由于职业素养教育内容空洞、抽象，针对性不强，难以引起学生的重视和共鸣，需要创新教学方法。目前常见的情况是教师在课堂上不断对学生提"素养要求"，进行理论说教，没有融入课堂教学过程中，教学内容脱离职业活动，很多所谓的项目只是将原来技能训练改头换面，没有和职业活动衔接，没有进行职业素养融入的教学设计，教学手段陈旧、方法单一，课堂上以教师为中心，没有发挥学生的主观能动性，这样的教学方式在素养培养实效上自然大打折扣。

三、融入课堂教学是职业素养培养的主要途径

（一）专业课堂是职业素养培养的主阵地

我们可以从两个层面来理解，一是职业技能和职业素养如同动物身上的"皮"与"毛"，彼此依存，谁也离不开谁，职业素养的培养一定要依附职业技能培养才有效。要消除过去职业素养教育游离于专业课程之外的现象，在专业课堂教学中渗透职业素养教育，使学生在技能教育的基础上，获得对社会、未来职业的价值体验、情感培养和人格熏陶；二是职业素养教育具有养成的特点。学生在大学期间，专业课学习时间超过80%，如果忽视了专业课堂这个阵地，职业素养培养很难有大的成效，职业素养培养只有和专业课堂融合，才能最大程度地实现职业素养教育的"虚功实作"，脱离专业技能培养的职业素养教育是无本之木。

（二）专业教师是职业素养培养的主力军

首先专业教师拥有专业优势，职业素养中的职业价值观和专业素养，只有结合行业发展和专业技能去谈，才能做到学做合一。由其他教师来讲效果则会大打

折扣，专业教师掌握着学生想学的专业技能，而职业素养是掌握技能的人在施展技能时运用、发挥、显现的固有思维和习惯动作，另外职业素养中的团结协作、吃苦耐劳、精益求精等素质，也只有在专业岗位的操作实践中，才能真正得到实际锻炼和扎实提高；其次，专业教师的数量在高职院校中具有绝对优势，如果占据"人数"和"课时数"优势的专业教师，没有在技能教育课堂上融入职业素养内容，而把职业素养教育任务甩给非专业课教师，会有职业素养教育"主体失职"的味道。

四、思政教育融入专业教学的实施路径

（一）转变课程思政的教学理念

专业教师转变教学观念是推进课程思政的前提条件。目前绝大多数的专业教师认为，教师更多的精力是要花在思考如何更好地传授专业知识、提升专业技能上，思想政治教育不是专业教师的事，也做不好这件事，这样的理解是片面的。首先，思政教育不单纯是政治，也是一种思维工具，是一种认识方法，对提高教学效果，引导学生成长有好处，技术技能是解决"物"的问题，但技术技能是由"人"来掌握的，这个掌握基础技能的人，动力怎样？状态如何？技术技能本身是解决不了，这就是技术技能教育有时会事倍功半的原因。把专业内容和认识工具结合起来，专业教师就如虎添翼了。其次，专业教学和思想教育两者是相互作用的，更好地开展专业教学一定要借助思想教育这个工具，缺少思想教育的专业教学，学习效果也不好，因为没有个人理想和责任担当，学生就缺少学习知识和专业技能的原动力，学习主动性、积极性就不强，学习效果也会打折扣。

（二）提炼课程思政的相关元素

梳理思想政治教育内容是推进课程思政的基础工作，让教师明白要融入哪些内容。高校思想政治教育内容主要包含马克思主义哲学、价值观和职业道德素养3类。教师要充分挖掘和专业教学有一些交叉关联的思政元素。

1. 马克思主义哲学

马克思主义哲学揭示了整个世界发展的一般规律，是人们认识世界、改造世界的重要工具。作为国家未来建设者和接班人的青年一代，非常有必要学习一些哲学知识和观点，真正搞懂面临的时代特征，深刻把握世界发展走向，认清中国和世界发展大势，深刻感悟马克思主义真理，为成长成才打下科学思想基础。

2. 社会主义核心价值观

即用社会主义核心价值观引领知识教育，加强中华优秀传统文化、革命文化、社会主义先进文化教育，加强党史、新中国史、改革开放史、社会主义发展史教育，引导青年师生做社会主义核心价值观的坚定信仰者、积极传播者、模范践行者。

3. 职业素养

高职院校培养的学生是面向生产和服务一线岗位的，职业素养直接影响着学生专业技术水平的提高以及未来的发展后劲。在教学中，要把提高学生职业技能和培养职业精神高度融合，使学生逐渐形成正确的职业价值观和职业态度。

（三）强化课程思政的教学设计

教学设计是把课程思政良好愿望变成课堂现实的"中间环节"，是课程思政推进的核心工作，需要下功夫研究。

首先，要强化专业课程的思政目标，这是开展课程思政的逻辑起点。要改变以往单纯的技能教育目标，将"知识传授和价值引领相结合"作为课程的重要目标，将人才培养的总体目标有效落实到课堂教学中，推进教书与育人的统一。

其次，深入思考单元教学设计，是课程思政实践的重点，教师要做到有意识地融入。"课程思政"不是改变原来的课程，也不是把思政教育割裂开来，而是要把哲学思维及价值引领要素巧妙地融合在原来的课堂教学中，找到契合点，发挥专业课的价值渗透作用及对大学生的价值引领作用。要认真思考、优化课程设计方案，将德育目标进行细化分解，将教学活动、教学方法与德育目标一一对应，把目标转化为行动，付诸实践。

最后，加强资源开发和应用。多部门协同开发教学资源，梳理党的政策文件，收集和挖掘典型案例，总结提炼概念和方法等资源。充分利用网络平台，拓宽教学的空间和时间，利用课程网站、移动终端等平台及时发布党和国家最新的方针政策和文件，以及社会热点新闻、时事报道等。

（四）加强课程思政的管理监督

加强监督管理是课程思政推进的质量保证。首先，要开展课程思政专题培训，消除专业教师认识的误区，加深对思政教育作用的理解，探索课程思政的教学方法，提高教师的育德能力，可以组建由思政教师参与的课程思政建设小组，邀请思政教师参与专业教研活动；其次，学校要设置课程思政的反馈和调整环节，建立课程建设的规范和评价体系，加强示范课程建设；同时，各院系的教学督导部门要加强课堂教学的监控，教师的课堂评价标准中应设置"德育效果"的观测点，如"教师明确了本次课的德育目标吗？教学内容融入了思政元素吗？教师采用了有效的方法吗，效果如何？"等。校领导要牵头成立研究小组，及时总结、推广经验成果。

五、职业素养培养融入课堂的实施方法

（一）明确课堂教学的职业素养培养目标

职业素养内涵很广，包含职业意识、职业态度、职业习惯等内容，要想在一次课中培养全部的职业素养是不切实际的，所以目标的设计要有针对性。课程性质不一样，课堂教学内容不一样，职业素养培养的目标也不一样。以分析讲解为主的课堂，要重在培养学生的阅读理解能力、表达能力和思辨能力；以技能操作为主的课堂，要重在培养学生的职业态度、质量意识、规范意识、效率意识和团队合作意识等；以总结展示为主的课堂，关键培养学生的表达能力和临场应变能力等。即使同样是操作课或展示课，由于具体课程在整体核心课程中的布局需要，职业素养培养的侧重点也会有所不同。

在进行教学设计时，目标要落实到具体的教学活动中，要有与目标相适应的教学环节、方法手段的安排。为了达到良好培养效果，在实施过程中要重点突出，不能蜻蜓点水，比如，要培养学生的表达能力，不是简单地提一两个问题让学生回答，而是要设计整体的发言提纲，学生通过思考、逻辑整理、语言组织，然后在全班同学面前阐述。按照这样的方式坚持下去，学生的职业素养才会不断提升。

（二）创设真实情境，在教学内容上实现职业素养融合

情境是教师设计用于学习的"情形"和"环境"，是对企业工作任务进行"教学化"处理的结果。为了达到既定的教学目标，从教学需要出发，引入、制订或创设与教学内容相适应的具体场景或范围，可以在教学中激发学生的情感，推动学生职业素养的养成。情境的设计方法和专业内容特征有很大关系：可以是企业的一个完整的典型工作任务，也可以是典型工作任务中的一个环节（如一次技术例会、一次产品汇报等）。情境越大，综合性和开放性越强，对学生能力发展和素养培养的促进作用也越大；情境越小，教学组织越容易实现，但是较难实现较高层次的教学目标。一般在低年级时，可设计数量多、规模小的学习情境；高年级可设计数量小、但综合化程度较高的学习情境，以培养学生解决复杂和综

合性问题的能力，提高学生的综合职业素养。

情境学习要特别注意两点，一是把企业工作任务中要用到的知识、技能、素养，在教学创设的尽量真实的情境中反映出来，让学生在情境中把自己当成专业人员，像专业人员那样去思考问题；二是通过团队互动与协作完成学习任务，实践中的绝大多数任务是协作完成的。比如，"秋冬服装产品开发"课程任务：达利 CB 品牌 2017 年秋冬第一波段新品开发，很显然，这样的任务需要团队共同完成，团队成员的组成要合理，既要有设计水平较高的同学担任团队的设计师，还要有制版和工艺水平较高的同学担任团队的技术指导，把握产品质量；还要有善于策划的同学负责产品的宣传和整理。

（三）强化学生中心，在教学过程中实现职业素养融入

精心设计教学环节是课堂实施的关键。要改变"以教师为中心"的教学方式，强调"以学生为中心，以能力培养为中心"，教师的主要作用不是"教"，而是要成为学生学习的组织者和引导者，引导学生主动"参与式"学习。因此，教学设计的关键是要思考通过什么办法让学生主动学起来，而不是被动地接受知识，如通过任务提出，让学生去思考发现问题，通过小组研讨分析问题，通过实践解决问题，而不是传统教学的教师自问自答，提供现成的方案让学生去操作。要相信学生的能量是巨大的，给他们空间，学生会给你惊喜。

以学生为中心的教学组织可以分为以下 6 个环节：课堂回顾、任务阐述、小组研讨、项目实施、结果展示和总结评价（表 3-1）。杭州职业技术学院在不断实践的基础上提炼了"职业素养教育融入专业课程方法指南 40 条"，在教学设计中可以将这些方法融入上述 6 个环节，在实施过程中，可以根据课程的内容、性质选择其中几个环节或者调整某个环节。

表 3-1　教学环节及活动内容设计

步骤	教学环节	融入职业素养的教学活动设计
1	课堂回顾	方法 1：作业点评，表扬激励。对上节课的学生作业进行点评，总结问题，展示优秀案例进行鼓励，也可以展示不合格的作品案例，在职业素养上加以引导 方法 2：班组长制，晨会管理。参考现代企业晨会的管理方式。教师制订晨会汇报的框架，如晨会的内容、流程、主持人、时间控制、主要内容等，学生可以提前谋划，通过汇报，学生的团队合作能力、表达能力等都会得到很好锻炼

步骤	教学环节	融入职业素养的教学活动设计
2	任务阐述	方法1：明确任务，目标清晰。在进行新的内容学习时，教师要先明确本节课的工作任务，分析任务的总体要求、方法及完成的时间和质量要求，以及通过任务实施的学习目的。用任务的角度引出专业知识，激发学生的认知兴趣和强烈的探索欲望 方法2：示范技法，介绍规矩。以操作为主的课程，教师要严格按照企业规范要求进行操作，培养学生质量意识和精益求精的工作态度
3	小组研讨	方法1：组织研讨，深化认知。对新知识点的学习，教师要组织学生以小组形式进行讨论，根据讨论提出的重点、难点问题进行分析讲解 方法2：鼓励提问，学贵有疑。教师要珍惜学生的提问动力，肯定学生质疑，鼓励学生提问，积极回应问题，激励学生思考，培养学生的思辨精神 方法3：集体研讨，分头落地。对于实践项目，通过讨论制订行动方案，充分发挥成员的优势，更好完成任务，培养团队精神和合作能力
4	项目实施	方法1：项目分工，管理有序。教师要合理安排实施环节，组织学生分工合作，并对项目分工合作中的场景安排、探讨方式、工具使用、工作流程等事先做出明确说明，帮助组长起到引导组织作用，做到全过程进展有序 方法2：适时巡走，个别解析。在教学实施过程中，教师要注意走动管理，适时巡查，注意发现教学中可能被忽视的角落，及时解释疑惑；根据学生接受能力的不同，进行个性化指导，在巡视过程中发现不规范的操作及时纠正
5	结果展示	方法：台上汇报，准确流利。让学生上台汇报项目实施的结果，可以是设计的方案，也可以是具体的成果。汇报结束后，其他同学和教师可以提问，锻炼学生的思辨能力、反应能力和团队合作能力
6	总结评价	方法：归纳点评，扬长避短。教师在教学过程中应及时对学生的知识和技能掌握情况、团队合作情况、个体参与情况、课堂学习状态情况等进行总结、归纳和点评，肯定学生的优点，委婉地指出缺点

（四）对接岗位要求，在教学考核中实现职业素养融入

要充分发挥课程考核的导向性和激励作用，把职业素养纳入学生考核的范畴，可以占课程总成绩30%左右。职业素养考核要注重两个方面。第一，不要单一由教师评价，要体现评价主体的多元化，从多个角度对学生的职业素养进行评价，采取自我评价、小组评价和教师评价互为补充的方式，在权重赋分上根据课程性质的不同进行分配。第二，要仔细斟酌考核指标的设计。指标的设计要具有以下要求：

①能客观反映学生职业素养的真实情况，将课堂要求与岗位要求对接。以

"服装结构设计"课程为例，将职业素养考核分为职业意识、职业规范2个一级指标，下设13个二级指标（表3-2）。

②建立的考核指标要简便易行，具有较强的操作性，尽量采用量化考核，做到对学生的评价全面、客观、公正。

③体现激励作用，可以设置加分和负分项。教师要充分发挥分数在职业素养培养方面的杠杆作用，要做到公正公平，有奖有罚，认真对待每一个分数，不能随心所欲，言而无信，一旦分数失去了它的价值，会在教学各方面带来很大困难。

表3-2　课堂教学职业素养评价表

一级指标		二级指标	评价内容与分值
职业意识40分	加分项	团队合作	积极参加课堂中组织的讨论，气氛热烈，成果突出，小组成员每人加2分
		沟通表达能力	积极发言一次加1分
		创新能力	作品被企业录用加10分
		学习能力	完成预习作业一次加2分，解决难题一次加3分
	扣分项	诚信意识	舞弊现象一次扣20分，严重舞弊职业素养计0分
		工作准备	没有按要求带齐上课工具和材料一次扣2分
		安全意识	违反操作规定一次扣3~5分，造成严重后果者扣10~15分
职业规范30分	加分项	基本素质	手机入袋一次加1分
		卫生习惯	课程结束恢复工作台面整洁加2分
	扣分项	仪表仪容	不符合要求一次扣2分
		工作纪律	旷课一次扣5分，迟到一次扣2分
		值日安排	没有按规定值日一次扣5分
		时间观念	迟交作业一次扣10分

六、思政教育融入专业教学的具体实施

（一）在教学内容中融入

1. 与爱国主义教育相融合

党的十八大以来，党中央高度重视弘扬爱国主义精神、加强爱国主义教育。

在教学中要结合新时代的宏伟蓝图，教育学生为实现中华民族伟大复兴的中国梦而努力，青年一代要有责任和担当；结合专业所对接的行业讲述中国精神、中国方案、中国故事，增强道路自信、理论自信、制度自信、文化自信；融入中国传统文化，如国学、诗词、艺术等，尤其是艺术设计专业，可以将传统文化元素融入设计和创作，坚定中国特色社会主义文化自信。

2. 与价值观教育相融合

将社会主义核心价值观有机融入各门专业课程之中，结合理工、经济、人文、艺术等各专业门类的特点，将社会主义核心价值观的基本内涵、主要内容等纳入整体教学布局和课程安排，做到专业教育和核心价值观教育相融共进。学生关注什么，教师必须回答什么；学生期盼什么，教师必须回应什么，这样才能最大限度地吸引学生的注意力，从而实现社会主义核心价值观从教学认同到价值认同的升华，引导学生形成正确的世界观、人生观和价值观。

3. 与哲学思想教育相融合

各课程都蕴含丰富的德育资源和哲学思想。比如，服装结构设计课程中分析服装弊病的产生，就含有哲学中的联系观，某部位产生的弊病，要从其他相关的地方找原因，要综合地看问题。在教学过程中，哲学观点、政治观点一次不能用太多，几个观点一起讲，每个都简单说一说，学生会觉得没有新意，没有得到启发，反而失去了用理论阐释专业教学某种现象和原理的效果。在进行哲学思维教育时不一定要用到太多的理论术语，可以用一些俗语、谚语等生动、活泼的语言来讲解理论性强、比较空洞的观点和概念。

4. 与职业素养教育相融合

职业教育不仅仅培养职业技能，更重要的是培养职业素养，两者是相互作用，缺一不可的，只有具备良好的职业素养，才有正确的职业态度、良好的职业精神，在工作岗位上才会更好地成长。在教学中可以通过小组合作形式培养学生的合作能力、沟通交流能力、组织能力；通过企业真实项目培养学生的创新意识、质量意识、效率意识；通过作品汇报培养学生的表达能力；通过网络学习平台培养学生的自学能力和思考能力等。

（二）在教学环节中融入

不能将思政教学割裂为单独的教学环节，那样痕迹太重，学生会有抵触，而是要将思政教育融入各个教学环节，从而达到润物无声的效果。

1. 课前准备时间

可以在课前学生等待时间或休息时间，播放思政教育相关视频，如通过播放国家大事、重大会议、重大活动等视频，了解国家方针政策。通过优秀典型案例，宣传爱岗敬业、报效国家的朴实情怀和感人事迹。在课程导入环节，可以播放行业发展现状、新技术、新装备介绍等视频，激发学生对行业的热爱，强化责任和担当。在课前点名环节，针对学生迟到现象，可以从规章制度、素养培养等方面切入，融入哲学中意识观、法制观、自由观等进行教育。

2. 固有教学环节

一堂课下来，涉及教师、学生、讲授、互动等环节很多，如签到点名、任务布置、规章讲解、小组讨论、发言点评、作品分析、单元总结等。不同的课程，环节也不一样，每个环节都是思政元素融入的机会，值得研究和实践。比如，可以融入作业完成过程的诚信观教育；通过组织小组合作，引导学生践行社会主义核心价值观，相互关爱，帮扶后进实现共同提高；小组讨论环节，引导学生掌握具体问题具体分析的思维方式，从小组成员不同观点、思路、方法的碰撞等方面切入，融入哲学的矛盾观等教育。

3. 潜在专业通道

所有专业都有内在的、潜在的和思政内容相关联的通道，问题是我们有没有去寻找，路有没有找到，有没有走通。比如，专业规范和规则以及法制思维是相同的，有些教师将企业的保密意识、版权意识融入教学，签订责任书；再如，项目制作过程和事物运动变化理论是相同的，引导学生用变化发展的眼光看待整个创作过程；还有，掌握专业要领和注意研究事物内在规律是相同的，学生畏难情绪和矛盾观、利益观是相同的等。

4. 创新教学环节

教师可以根据专业需求和学生素养提升需求，创造更多的新的教学环节，在这些新的教学平台上引入思政或职业素养观来引导学生。比如，展示学长的成长经历提高职业态度；设计互动平台提高沟通能力；重视联系企业规章引导学生；制定相关制度约束等。

（三）在考核评价环节融入

要充分发挥课程考核的导向性和激励作用，把德育表现纳入学生课程考核的范畴，可以占课程总成绩的一定比例。

"课程思政"是教学观念的一场深刻变革，是高校育人的一项系统工程，任重而道远。"任重"是因为高校专业构成复杂，各具特点，在思政融入的内容和教学方法上不能形成统一的要求和标准，需要专业教师积极参与、大胆探索；"道远"是尚未形成完整的课程建设方案，还有很多环节和内容尚未有好的举措，如教学文件规范、教学方法指南、评价体系建立等，还需不断努力，进一步完善。

职业素养教育融入专业课教学是职业教育的发展趋势，在实施过程中要根据专业特点和学生特点灵活运用课堂实施方法。同时教师职业素养的局限会制约职业素养教育质量的提升，教师职业素养的提升不应只停留在形式上，更应该成为教师日常行为的准则之一。另外还需要专业组、教学管理部门和学生管理部门的配合，只有各方面不断努力，职业素养教育才会取得成效。

第三节　校企合作渗透学生思想教育

随着我国高等职业教育的高速发展，出现了"校企共同体"这一全新的办学理念。"校企共同体"突破了以往单一的校企合作模式，实现了高职院校与企业双方由融入、融合最后达到融通的过程。以杭州职业技术学院为例，学校与企业基于人才培养目标的共识，共同构建领导管理机构，共同制订人才培养方案，建设课程体系、编写教材，共同实施实训项目，落实学生实习与就业，形成了"资源共享、人才共育、校企共管"三位一体的紧密型校企共同体。

在以市场和社会需求为导向的运行机制下，校企一体化的合作模式不仅对专业人才的技能培养提出了更高要求，也为学生的管理工作带来了新的挑战。为了适应新情况，广大学生管理工作者必须充分认识到"校企一体化"办学给高职学生教育工作带来的新挑战，及时升级与革新高职院校传统的学生教育模式、创新管理机制，以适应职业教育环境的变迁和未来职业教育发展的趋势。

一、"校企一体化"办学给高职学生管理工作带来的新挑战

（一）学生工作的管理机制要求创新

"校企一体化"办学机制体现了职业教育新的价值取向。它是利用企业和学校两种不同的环境和资源，采取课堂教学与学生参加实际工作有机结合的方式，培养适合不同用人单位需要的技能型人才。其基本内涵是产学合作、双向参与，

实施的途径和方法是产学结合、顶岗实践。"校企一体化"办学机制下学生思想政治教育环境已由封闭的学校教育环境走向开放的社会教育环境，而且在真实情境下，学生作为最重要的活跃因素，其管理工作尤为重要。高职生走出校门，活动的空间由课堂与宿舍过渡到企业和社会，空间与环境的变化、文化气氛的变化、人员的变化、考核制度的变化使学生教育管理工作更具开放性和多样性，也使学生工作中安全教育面加大，由校园扩展到企业。这给学生工作者提出了在脱离校园环境条件下如何更新教育理念的全新课题，这一全新理念的转换，首先就是实行学生工作管理机制的创新。

（二）校企融合使学风建设变得更加复杂

在校企合作中，学生大量的顶岗实习严峻地考验学校的学风建设工作。第一，学生大多没有经历过一定强度的劳动。在实习中，有些学生对安排的工作不能主动、认真地完成，工作中粗心大意、敷衍了事，常常坚持不了几周就找理由请假，有的甚至"不辞而别"；第二，企业严格的管理制度考验一些学生的学风；第三，学生的眼高手低也考验着学风。有些学生到企业不愿从基层做起，不愿从事一些"小事"或者说不愿从事一线的操作工作，认为这样学不到东西，浪费时间，久而久之，出现排斥实习的情绪，出现"旷工"现象。

（三）校企融合使心理健康教育工作更具难度

在"校企一体化"办学模式下的学生具有较明确的学习目的：要通过企业和学校各阶段的考核、测试。如果不达标可能就要被淘汰，尤其对于"订单式"培养的学生而言。各种测试能否达标、实习能否适应、期末能否评优秀等，加大了一些学生的焦虑感。而且学生在顶岗实习过程中出现许多的不适：难以适应企业文化，难以适应企业岗位，难以适应复杂的人际关系，难以适应企业刚性的规章制度等，从而会出现一系列的心理问题和心理困扰。另外，学生在顶岗实习期间还会因为环境的巨大变化、理想与现实的落差、自身能力与岗位要求的不适应、不同单位岗位实习补贴的反差，加之工作艰苦、工作挫折、工作单调等原因产生心理困扰。

（四）校企融合使校园文化受到严峻考验

企业文化的融入给学生带来截然不同的价值观念。企业文化的经济性、私有性和对价值最大化的执著追求与学生受到的传统的服务他人、献身祖国建设的奉献精神发生着巨大的冲击。校企合作带来的另一变化是校园更加社会化，学生更为直观、直接地接触企业文化的各方面，感受企业的生产、消费、服务观念与学校价值观念的巨大差异。校企文化融合给校园和企业带来全新的发展理念，也给学生的思想意识和价值取向带来新的问题，学生思想教育工作面临新挑战。

（五）"校企一体化"办学机制对党员学生流动的管理提出了新要求

"校企一体化"办学打破了传统学生党团建设工作，使其更具挑战性。例如，有的班级一学期在校时间只有几周，其他时间都在企业顶岗实习，这样入党积极分子和学生党员的流动，给党支部对其管理带来了一定难度，也使流动学生党员缺乏归属感。而有些企业不重视党团建设，认为只要搞好企业管理和生产工作就能给企业带来丰厚的利润；有些企业甚至表示党团建设对企业只是浪费时间，这些都严重影响着实习的学生，给学校的党团建设带来冲击。

二、"校企一体化"背景下学生工作新探索

（一）要形成适合高职学生管理工作的管理机制

1. 要从管理主体的角度去创新学生管理机制

这里包括组织领导管理机制、齐抓共管机制以及学生自我管理机制等。建立健全组织领导管理机制，是进行学生管理工作的关键。学生工作不单单是书记的事，院长也要对学生德智体美劳全面发展负责，因此，要建立并完善以院长和行政系统为主实施的学生管理机制。分院探索推行学生工作"专业负责人制"。同时，分院为了让广大教师更好地了解学生、理解学生、关爱学生，使其真正做到既"教书"又"育人"，从而有力地推进教师的成长；也为了使教学工作与学生工作紧密结合，推动"培育双高人才"这一育人目标的有效实现，开始实施教师—学生工作经历工程，各项工作都更加有针对性，专业负责人也更加关注学生工作，教研组与学工办联系更为紧密了。专业负责人的高度重视和专业辅导员的跟踪了解学生思想动态（专业辅导员会随同指导教师定期下企业），再加上企业兼职辅导员的参与管理，能够很好地解决学生在顶岗实习期间的日常管理和实习中出现的问题。

学生的自我管理就是指学生自己在学校管理者的主导作用下，根据学校培养的要求，运用现代管理的方法对自己的思想和行为进行自我教育、自我调节和自我控制。这种学生自己管理自己的方法以及它在学生成才中所发挥的作用是学校管理无法替代的。学校要站在学生的角度，设身处地地为学生着想，并给予必要

的帮助和指导，提高学生自我服务、自我管理、自我教育的能力，以促使学生自觉地进行自我思想转化和行为的养成，从而实现大学生全面发展、协调发展和可持续发展。

2. 要从管理方法的角度去创新学生管理机制

这里主要包括学生管理保障机制、激励机制和督导制约机制等。

保障机制是为学生管理工作有效顺利实施服务的。一是要加强学生管理工作队伍建设，优化队伍结构，足额配备；二是要保证必要经费的投入，改善学生管理工作的物质条件；三是要有法制保障。

激励机制是目前高职学生管理工作中必不可少的。激励，就是管理者遵循人的行为规律，根据激励理论，运用物质和精神相结合的手段，采取多种有效的方式方法，最大限度地激发人的积极性、主动性和创造性，以保证组织目标的实现。例如，友嘉机电学院通过与地方企业联手设立"综合素质奖学金""顶岗实习优秀员工奖学金"和"优秀成果奖学金"等企业专项奖学金。企业专项奖学金的具体做法是联系与专业实践相关的企业设立专项奖学金；组织学生到企业实习；鼓励学生以企业的实际项目为课题进行创新研究；结合校内课程学习成绩，由学校与企业共同考核确定；优秀毕业生可优先被企业录用；顶岗期间由企业考察选拔储备管理干部人选。

督导制约机制是强化管理从严治校，建立良好校风、学风的基础。当前，校企合作中学生大量的顶岗实习严峻地考验着学校的学风建设工作，学生自我管理、自我约束能力普遍不强。因此，在建立健全行政管理机制的指导思想上，一定要以"严"字当头，制定一套比较完整的规章制度，并根据新情况、新问题、新特点及时做好修订和完善工作。同时，在执行规章制度时坚持有章可循、有纪必循、违纪必究的原则，建立党政有关部门的负责同志参加、党政主要负责人亲自抓的督导小组加强监督，以保证制度的权威，发挥制度的制约作用。

（二）校企联手寻求灵活有效的心理教育模式

根据校企合作中学生的心理特点，制订灵活有效的心理教育模式。一是要建立实习期间心理互助小组，倡导德育同伴的心理教育。把去同一企业的学生编成多个心理互助小组，倡导每个小组每周聚会一次，在聚会中互相倾诉烦恼并分享快乐，以求通过此途径及早发现并治疗心理异常者。二是建立实习期间信息联络员制度。可在实习期间成立的心理互助小组中产生几名联络员，这些联络员通过网络和手机把信息及时反馈到心理辅导教师处。三是建立有效的沟通机制。心理辅导教师和学生的企业实习师傅要及时沟通，班主任和企业实习的学生加强交流，通过这两种有效的沟通渠道使学生心理疏导难题得到较大缓解。四是学生在校期间，学校要开展灵活有效的活动。丰富多彩的文体活动是培养学生心理健康教育的重要手段，如运动会、文艺汇演、演讲比赛、知识竞赛等，有助于学生在活动中锻炼自己、正确认识和评价自己，有助于培养学生自理自立的能力，在活动中创设良好的交际环境，纾解心中的压抑和焦虑，在交往中培养学生宽阔的胸怀和乐观的态度。

（三）发挥企业文化优势，尝试新型的教育理念和管理手段

在校园文化和企业文化不断融合过程中，学校应该充分发挥企业文化的积极作用，针对学生自制力差、依赖性强、自我意识强等现实状况，引导学生通过企业实习锻炼、采访报道、企业调研、文化大讲坛、与企业人员交流等途径了解、学习企业文化和企业精神，并逐步内化为自身的自觉行为。目前的教育环境下的职业技术教育还没有完善的制度体系，新旧制度相互碰撞和挤压，这也促使校方有责任、有信心去尝试新型的教育理念和管理手段。在学生管理模式上可以参照企业的组织模式设置班干部，以企业的管理模式实行"总经理（班长）负责制"，参照企业特点进行班级CIS策划，按照企业的制度制定班级规章、公约，结合企业和专业的特点规划班级活动，以项目的形式、招标的方式组织班级活动，从而使学生在校期间就能感受企业文化氛围。目前，友嘉机电学院已经实行"班级企业化管理"模式。

（四）把改进工作方式，创新工作载体作为加强流动党员管理的有效途径

根据学生流动党员思想活跃、流动性大、在企业实习期间不易集中等特点，建立健全党内生活制度，有针对性地组织学生流动党员开展各种学习教育活动，切实加强和改进流动党员的管理，并不断探索和改进管理的方式方法。

1. 设岗定责，发挥学生党员的模范先锋作用

建立"学生党员示范岗、学生党员责任区"，给学生党员亮出身份，并确定具体职责，确立工作目标，充分发挥学生流动党员在企业顶岗实习中的先锋模范作用。对实习期间成绩突出、工作成效显著、先锋模范作用明显的学生流动党员及时在实习企业内通报鼓励，并通过评选、设立专项奖励等形式予以表彰。

2. 拓宽教育方式，组织上门送学

学生党员所在的支部和其入党联系人，要定期到企业走访，开展教育宣传活动，主动了解学生流动党员在企业的工作、学习、生活情况，主动关爱学生党员，掌握思想动态。

3. 发挥先锋模范作用

把巩固基层建设作为加强学生流动党员管理的重要内容。开拓高职院校学生工作管理的新局面，切实提升学生工作的管理水平，提高学生自控能力，全面挖掘学生的潜能，让学生成为高技能应用型双高人才。

总之，在"校企一体化"的办学机制下，高职院校学生工作的侧重点较传统模式下应有所调整，要研究、把握与用活"校企一体化"办学机制给高职学生管理工作带来的机遇，在稳定学生专业思想的同时，引导学生积极利用企业现场资源，努力提高学生的动手能力；结合实习实践过程对学生进行相应的思想政治教育，提升学生的自信心。同时，也需要学生工作者结合各校实际情况，及时调整、改革既有的思想教育和日常管理工作方式，勤于探索、总结新经验、新思路与新方法，创造性地开展工作，以适应"校企一体化"办学机制的改革进程。此外，工作思路与工作方式也应随着时间推移、校企合作推进的深度做出适时的调整，只有做到面对新情况不懈探讨，才能使高职学生管理工作充满活力且适时有效。

第四节　校企共同体构建"文化长廊"

随着高等教育大众化，高等职业教育也得到了迅速发展，截至2009年，全国独立设置的高职院校已达1215所，高等职业教育已占据高等教育的"半壁江山"。与高职教育规模的迅速扩大相比，高职校园文化及文化形态的研究与建设相对滞后。因此，加快高职校园文化形态建设研究，推进高职校园文化形态建设的步伐，已成为学者共同关注的问题。

一、高职院校校园文化形态建设的误区

由于我国高职院校起步比较晚，基础比较薄弱，高职校园文化形态的内涵及其建设还存在诸多问题，主要表现在以下几个方面：

（一）地方性和区域性特色不明显

我国高职院校90%左右都属于地方性高职院校，为地方经济服务，为区域经济培养高技能人才，是高职院校建设的重要责任，也是其校园文化形态建设的重要内涵。然而，当前高职院校在校园文化形态建设过程中地方性和区域性特色不突出，模仿性和复制性比较明显，校园文化形态千篇一律。

（二）忽视高等性和大学文化内涵建设

高等职业教育是高等教育的重要组成部分，凸显高等教育性，传承大学文化是高职院校校园文化形态建设的应有之义，然而，由于我国绝大多数高职院校是由中专、技校、职工大学等合并升格而来，很多学校忽视高等教育性和大学文化内涵建设，或是校园文化形态建设与中专、技校等同，或是攀比普通高等院校的校园文化形态建设，具体表现为内涵不清、特色不明。

（三）学校制度与企业制度融合不够

很多学校认为，由于学校文化价值观与企业文化价值观的价值取向不尽相同，当学校制度引入企业或企业制度引入学校时，两种不同的制度会产生冲突或者出现不协调性，因此校企文化融合深度不够。职业教育的根本目标是为行业企业发展提供高素质高技能人才，作为人才供方的学校和作为人才用方的企业，在校企双方制度文化融合的过程中关键是要找准双方利益的结合点和平衡点。

高职院校承担着为地方区域经济培养生产、建设、管理、服务的高素质技能型专门人才的根本任务，校园文化形态建设是提升高职院校人才培养质量的重要载体，是加强内涵建设的重要内容。达利女装学院在坚持正确的办学定位、为地方经济社会发展服务的同时，积极探索校园文化形态建设，凸显地方性、融入区域文化；凸显职业性、融入企业文化；凸显高等性，传承大学文化，探索出了一条基于校企共同体背景下凸显文化育人功能的地方高职院校校园文化形态建设的新路子。

二、达利女装学院的"丝绸之路"

进入达利女装学院的一楼大厅，一阵忙碌而有序的气氛扑面而来，忙碌而不嘈杂，人来人往，大家各自都投入自己的工作中，参观人员一进入一楼大厅，就仿佛完全融入这些忙碌的风景中。有些像老师，在认真地指导者学生制版；有些像学生在静静听老师讲解；有些像工厂的师傅，因为他们身着工作服在生产线上指挥着；有些像学徒，他们也穿着工作服在生产线上穿梭着；有些人像是购物者，在挑选衣服；而有些人则像是销售员在给顾客介绍产品；还有些像是演员，因为他们身着"学生设计师"的作品，在音乐的伴奏下，优雅地在舞台上走来走去……它记载了企业丝绸文化融入校园文化的动人故事，也经历了先进的高职教育理念通过多种形式的教学在学子们身上发生的奇迹变化，也承载着职业素养在这里生根发芽开出美丽之花的时光，也见证着校企双方从握手到拉手，进而携手成为相濡以沫的一家人。

（一）服装展厅

从达利女装学院西大门进来的第一个场景就是服装展厅。展厅左边为专业文化展区，背景墙为丝绸面料墙，由艺术设计专业的学生作品拼接而成，这些作品已经被达利公司采用，投放市场。展台上为各专业的学生作品，展示各专业的校企合作产品开发的成果、毕业设计作品、学生创新的产品等，各专业轮流展出，每月更换一次。展厅右边为达利女装学院专业文化主题墙，展示达利企业核心文化"达己达人，利人利己"、校企合作组织结构图、校企合作成果、学院参与的项目和为达利公司开发的产品等图片。

展厅中间为大幅的旗袍作品。旗袍是最具代表性的女装，同时旗袍也是中华服饰文化的瑰宝。学院邀请非遗大师韩吾明对这件旗袍进行策划设计，由全国技术能手领衔，带领学生共同进行设计与制作。这件作品采用经典的旗袍款式和传统的制作工艺，让别人不仅欣赏到旗袍的造型美，也学习最传统的旗袍制作工艺。制作团队完成一件普通尺寸的旗袍不难，这么大尺寸的旗袍大家都是第一次尝试，况且展品与成衣的要求也有很大不同，要求在平面上就要体现旗袍的曲线美。开发团队多次制作了纸的和坯布的样品，在韩老师的指导下反复修改，逐渐达到了最佳效果，从设计到完成历时40余天，完成的旗袍全长3.99米，肩宽1.08米，胸围2.18米，整件旗袍呈现完美的花瓶造型，面料选用红底撒花绿滚边，面料由达利公司提供。制作工艺采用最传统的手工工艺，针脚细密，干净平整，充分体现了达利女装学院师生精湛的制作水平和精益求精的"工匠精神"。

（二）专业咨讯台

在服装展厅的对面是专业咨询台，这里通过海报、照片或者是壁挂式电视机定期播报专业咨讯，同学们可以驻足观看墙壁上的电视机播放的专业咨讯。例如，巴黎国际时装周模特走秀，驿路丝雨模特队（达利女装学院的学生模特队）

为达利流行之夜走台的视频，2013年达利公司时装流行发布会视频。

（三）三位一体特色资源中心

达利女装学院依托服装设计国家专业教学资源库，建设多个"实物展示、新技术体验和技术研讨"三位一体的标准化国家教学资源库特色资源中心，满足师生教学、研发的需求，服务中小微企业，拓展青少年职业体验服务。一是建设了时尚女装馆，展示国际前沿新型面料、高端定制样衣、杭派品牌女装代表作品、大师手工艺饰品等。二是建设了新技术体验区，应用高科技展示手段和交互式体验，建设三维试衣区、服饰品3D打印区、智能制造数字化展示区和服装款式数字化拼接区等，体验者可以亲身体验这些制作和设计过程。三是建设交流互动区，联合设计师协会、服装制版师协会、针织工业协会等定期开展服装设计沙龙、制版技术交流培训、工艺设计交流培训等一系列学术交流活动。

（四）非遗大师工作室

达利女装学院积极开展"非遗大师进校园"活动，聘请两位国家级非遗大师进驻校园成立大师工作室，开设非遗课程，传承创新非遗技艺，同时在非遗技艺和服装服饰设计相结合方面进行研究。

赵建忠大师是国家级非物质文化遗产——萧山花边制作技艺传承人。萧山花边制作技艺入选了第五批国家级非物质文化遗产代表性项目名录，该项技艺距今已有一百多年的历史，它不仅是作为非遗技艺所保留下来的艺术珍品，更是萧山民间文化、风土人情的最好见证，是独特的工艺品、实用品乃至收藏品。赵建忠大师一直坚守、传承、创新萧山花边技艺，把传统花边手艺完美保存和成功复活，主持制定了全国抽纱行业质量标准，成为抽纱花边产品的唯一质量标准。

金家虹大师为首届中国刺绣艺术大师、省级杭绣非物质文化传承人、浙江省工艺美术大师、浙江省抽纱刺绣中青年十大名师，高级工艺美术师。从艺三十年来一直致力于杭州刺绣传统针法的收集、研究和精品设计创作工作，积累了丰富的理论与实践经验，在延续了杭绣闺阁刺绣风格的同时能充分吸收其他艺术品种的精髓，大胆创新，设计并绣制作品时注重将传统针法和现代创意相结合，风格隽永清新，并已逐渐形成了自己独特的盘线、钉绣手法。

（五）T台

达利女装学院的T台是学生专业活动和文化活动的重要场所。为营造具有专业特色的文化氛围，达利女装学院利用现有场地进行改造，建成开放式的学生作品展示中心和学生活动中心，T台两边柱子建成展示橱窗，走廊两边建成"匠心"作品展示区和学生创新产品展示区等。

每次课程结束，学生的课程作品都会在T台展示，学生穿着自己设计、制作的服装，自己选择音乐，编排流程，课程指导教师根据作品展示的整体效果进行评价，通过这样的教学环节设计，学生的学习积极性得到很大提高，课程作品的质量也得到很大提升，同时也培养了学生的职业素养，加强了学生的组织能力、团队合作能力。

为了丰富学生的课余生活，团总支策划举办系列文化活动，如模特大赛、Cosplay大赛、彩虹周末、演讲比赛、辩论赛、专业技能比赛等学生活动，形成颇具特色的达利校园文化。

（六）专业书吧

在T台的尽头，有个相对安静的区域，占地100多平方米，这里是专业书吧，同学们在课余如果不去学校的图书馆，可以来这里阅览。有10多个书柜靠墙而立，10个小圆桌放在大厅里，每桌旁边坐着三五个同学。有些同学一边喝着咖啡一边在看专业杂志，有的同学在小声地起讨论着什么，也有同学对着自己的笔记本电脑画着图。在这里既是心灵的释放，也是专业知识的洗礼。

（七）创业孵化中心

在专业书吧的旁边有一个工作室，即创业孵化中心。创业孵化中心的宣传栏上有创业校友成长历程，共介绍25位校友，宣传栏上还有几幅每年一度的"创业校友沙龙"的图片，照片记录着校友们聚集一堂畅谈创业经验以及互通有无的场景。

（八）心灵驿站

在达利大厅的最里面有一间工作室，处在安静的一隅，达利女装学院的同学称这里为"心灵驿站"。驿站是为同学们解答心理困惑，释放心理压力的地方。门牌上温馨地写着开放时间、值班教师的联系方式等。这个工作室，达利女装学院每位同学都可以来咨询，也可以来聊天。

（九）实训车间

从心灵驿站出来，同学们沿着楼梯到达利女装学院的二楼、三楼、四楼，这三层都称为"实训工厂"。每一层南边都是一排排的缝纫机，北边都是裁床和制版台，实训工厂两面的墙壁上既有黑板，又有多媒体设备，这里是同学们平时上课的地方，也可以用于生产。在每一层南北两边间隔的地方称为走廊，这里有同学们称为"会说话"的墙壁和"爱微笑"的柜子。"会说话"的墙壁是指走廊的柱子上和实训室的墙壁上都贴着和达利公司生产车间一样的标语，有的贴着课堂规则；有的贴着生产要求，如高效、节约；有的贴着在生产和实训中"不迁怒，不二过"；有的贴着"达己达人，利人利己"等。至于"爱微笑"的柜子是指在走廊两端贴着大大笑脸的柜子，在笑脸下方有温馨提示，提示同学们把带进教学楼的背包、水杯、雨伞、食物等与实训过程无关的东西存储在柜子里。

（十）陈列室

达利女装学院大楼的第五层是陈列室。陈列室的第一室是书籍陈列，这里陈列着近10年来学院学生上课的教材，教材由十年前的教育部统编教材到5年前的高职高专专用教材，再到目前的校本教材，大家会发现达利女装学院的教改越来越接近高职学生实际状况，接近学院学生的实际状况；第二室是设备陈列。这里有已经淘汰的缝纫机、手摇横机、计算机，这些都是学院为了进行项目化课程设计，与企业行业接轨更新设备的见证；第三室是照片报道陈列。这里的很多照片和报道都是达利女装学院成长的见证。其中有一张照片是学院教师和达利员工一起共唱"相亲相爱"的一家人，它见证着学院由几十名教工变成一个强大的队伍，和企业员工变成相亲相爱的一家人；有篇报道记述了5年来学生、教师、外来专家等对达利女装学院的评价，见证学院由一个普通的高职二级学院成长为一个靓丽的校企共同体；有一幅达利女装学院5年前和5年后对比的照片，5年前的"敲墙运动"，毅然退去普通高职的面貌，站到企业行业的最前沿，完成了高职教育的"华丽转身"。这个陈列室是一种怀念，也是一种温馨的记载，这里记录的不仅仅是达利女装学院的成长，也记录了达利学子对专业的孜孜追求，记录校企成为一家人的风雨历程。

三、时尚女装数字博物馆

（一）数字博物馆功能

大国工匠是知识、技能、文化、素养兼备的高素质人才，其中文化素养是构成工匠精神的核心。然而，现有的专业、虚拟仿真、课程建设中普遍存在重知识技能、轻文化素养的现象，在培养学生行业认知、专业认知、职业精神、职业素养的课程思政教学方面，缺乏有效的手段和资源，成为当前高等教育中亟待解决的瓶颈问题。

达利女装学院精准对接时尚服装产业链，培养服装设计及生产的技术型人才。在工业化与信息化的时代，"移动互联网""创新"成为当前人们口中的热词，消费者对时尚服装的要求日益提高，加之近年来欧美品牌抢占中高档服装市场份额，加剧了本土服装企业、设计者的生存压力，这就要求中国本土服装应该发扬工匠精神，专注服装设计品质，努力打造自己的品牌。

从各院校文化素养及专业认知活动的情况来看，当前大多数院校更偏向采取口头宣讲形式，难以调动学生的主动性，就教学资源而言，也存在资源形式单一、缺乏互动体验等信息化功能的问题。

随着5G时代的来临，国家七部委联合发布的《关于促进"互联网+社会服务"发展的意见》指出，推进社会服务资源数字化，鼓励发展数字图书馆、数字文化馆、虚拟博物馆、虚拟体育场馆，推进大数据等新一代信息技术在社会服务领域集成应用，支持引导新型穿戴设备、智能终端、服务机器人、在线服务平台、虚拟现实、增强现实、混合现实等产品和服务研发，深入推进"互联网+中华文明"行动计划。

达利女装学院围绕时尚女装文化，构建时尚女装数字博物馆，并将博物馆打造成为时尚女装文化的研究中心、陈列中心、资料中心、达利女装学院成果的展示中心，以及服装设计师创作灵感的源泉。通过展示具有时代印记的时尚女装与相关品牌、人物资料以及学院优秀作品，反映时尚女装的变迁与创新，揭示时尚发展的规律，为学生接续历史文脉，提供文化依托，让学生在对时尚女装发展历程的理解中，保持创新的精神，思考未来的发展之路。

数字博物馆采用VR、"互联网+"等现代信息技术，建设基于"360°+3D"混合形式的时尚女装数字博物馆，可在计算机、手机、VR头盔等多终端使用。软件拥有智能漫游、社交互动等丰富的交互功能，可承载包括图文、音频、视频、3D模型等全媒体资源，能够实现全新程度上的"全景展、立体展、深度展"，广泛应用于专业认知、素养教育、招生宣传、成果展示等多种场景。并实现以下"三个打破"的目标：

1. 打破时空限制

打造"3A式时尚女装数字博物馆"，享受人人（Anybody）随时（Anytime）随地（Anywhere）参观实际现场的体验。

2. 打破内容限制

无限扩充线下博物馆承载内容的数量，丰富博物馆展品内容形式，虚实结合。

3. 打破功能限制

拥有更加生动深刻的交互体验，从而加深精神共鸣。

（二）数字博物馆内容

博物馆围绕时尚女装，设置外国时尚女装发展史、中国时尚女装发展史、时尚大牌、时装设计师、达利女装学院师生作品展五大主题，各展厅并非单纯的物品与人物的收集展示，而是从学术的角度对时尚女装文化研究成果和产业现状进行整理、分析、总结，更多的是从服装发展变迁内在因素出发，如社会环境、社会文化、政治环境等因素对服装服饰演变的内在动因的影响。

综合运用图文、音频、视频、360°全景以及3D模型等全媒体资源形式展示各分展厅内容，力求打造学生"研究历史、把握现在、探索未来"的数字窗口。

1. 外国时尚女装发展史展厅

以外国服装史为主线，以相关历史、地理和文化阐述背景，梳理、整合了外国服装历史的基本脉络。

以西班牙风格时代服装为例，展示了伊丽莎白女王一世画像，辅助资料包括以图文形式解说其时尚点如拉夫领、填充物的大量使用，以视频形式如《伊丽莎白》电影片段、服装纪录片等展示服装影像，以文字展示该服装款式及配件的发明目的是强调高贵的、神圣不可侵犯的权贵特色等（图3-7）。

图3-7 伊丽莎白一世不同时期的肖像反应拉夫领风尚的变化

2. 中国时尚女装发展史展厅

以时间为顺序，系统地介绍中国原始社会到现代服饰艺术的发展及演变，其中包括各朝代历史思想简介、服装形制、穿着方式等，使学生能够掌握中国历代服装发展的脉络，并透过这面历史的镜子，深刻感受中国"衣冠王国"之美名。

以唐代服饰为例，可以以复原图片展示朝服、公服、祭服、常服等服装特点，辅以文物如唐代陶俑、敦煌壁画、丝织物等，结合唐代文化艺术繁荣昌盛的时代背景，展现服装表现自由、丰满、肥壮的艺术风格，全面展示唐代女装潮流（图3-8）。

图3-8　中国时尚女装发展史展厅中的图示

3. 时尚大牌展厅

国际时尚大牌拥有顶尖的设计人员与理念，它们创造时尚经典，引领时尚潮流。本展厅选取部分大牌进行展示，如路易·威登（Louis Vuitton）、范思哲（Versace）、香奈儿（Chanel）、迪奥（Dior）、古驰（Gucci）、阿玛尼（Armani）、普拉达（PRADA）、博柏利（Burberry）等。

以香奈儿为例，展示其品牌内涵、历史、风格、成衣作品等内容（图3-9）。

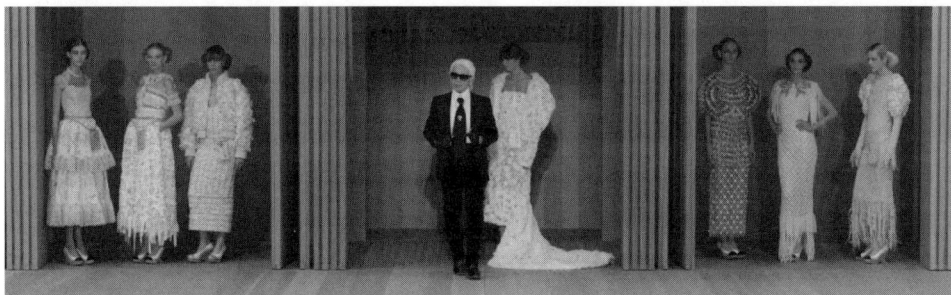

图3-9　时尚大牌展厅中的图示

4. 时装设计师展厅

该展厅以人物为专题，展示闻名世界的时装设计师，如卡尔·拉格斐（Karl Lagerfeld）、克里斯汀·迪奥（Christian Dior）、乔治·阿玛尼（Giorgio Armani）三宅一生（Issey Miyake）、瓦伦蒂诺·加拉瓦尼（Valentino Garavani）、川久保玲（Rei Kawakubo）、卓凡尼·华伦天奴（Giovanni Valentino）、高田贤三（Kenzo Takada）、山本耀司（Yohji Yamamoto）等，使学生瞻仰大师风采、感知榜样的力量。

以瓦伦蒂诺·加拉瓦尼为例，他是时装史上公认的最重要的设计师和革新者之一（图3-10）。本展厅主要展示其人物经历、风格特点、典型作品等内容。

图3-10　瓦伦蒂诺·加拉瓦尼

5. **达利女装学院师生作品展厅**

本展厅展示达利女装学院师生优秀设计作品、毕业生毕业设计等内容，打造学院的成果展示平台（图3-11）。

图3-11　达利女装学院师生优秀设计作品

（三）数字博物馆优势与特色

1. **采用"360°+3D"混合场景模式，创造身临其境般的体验**

采用360°全景和3D建模混合模式建构虚拟博物馆场景（图3-12）。360°全景用于窗外实景衬托，以及线下场景时空穿越展示；3D建模用于拓展场馆，并支持任意方向自由连续漫游，以及展台绕走、展品操作、人见人等丰富的功能体验，实现展示内容的无限拓展和游览体验的显著提升。

图 3-12　3D 建模虚拟馆示例图

2. 首创"人见人"功能，实现角色扮演、馆内互动

首次实现"人见人"功能，人与人在场馆内互相可见，可采用角色分工的方式，实现聊天、结伴同行、交换名片、导游等多种基于场景的社交互动，使数字展览馆游览高度逼近在真实场馆中互动效果，游览体验产生"质"的飞跃。同时，全面支持导游式、分组式、自主探索式等全新教学模式，大幅度提升线上教学的体验和效果。

3. 以丰富的功能实现"全景展、立体展、深度展"

拥有角色扮演、时空穿越、智能导游、游戏闯关、社交互动、数据管理、3D模型操控、全媒体链接、图集展示等丰富的交互功能，打破时空、功能和内容的局限，创造人人（Anybody）随时（Anytime）随地（Anywhere）参观实际现场的体验，解决线下场馆交互不足的缺陷，提升学习生动性、趣味性和沉浸感。

4. 零起点博物馆编辑器，实现自主升级和对外服务

利用零起点数字展览馆编辑器进行搭建场馆、展品内容编辑、植入，如添加全媒体链接、百科链接、视频、模型、音频导言等，完成数字展览馆的自主开发与更新，解决数字展览馆项目实施中的"最后一公里"与"一次性工程"问题，并可提供对外服务，实现创作创收。

四、"匠心筑美"文化品牌

一直以来，达利女装学院非常重视工匠精神培育，开展积极探索，举办了非

遗大师进课堂，邀请企业名师、优秀校友讲座，"金顶针"拔尖人才培养，优秀作品展示展演等活动，取得丰硕成果，学生和艺术大师陈家泠合作，作品被中国国家博物馆永久收藏，还为中国西部国际博览会丝绸流行趋势发布会制作服装，获各界一致好评。

贯彻全国职业教育大会精神，落实立德树人的根本任务，聚焦工匠精神培养，将工匠精神培育和美育、劳动教育结合起来，通过"匠心领航工程"进行思想引领、通过"匠技培育工程"促进技能提升、通过"匠品展秀工程"营造工匠氛围，不断提升综合素质，促进学生德智体美劳全面发展，培养堪当中华民族伟大复兴时代大任的高素质技术技能人才、能工巧匠、大国工匠，系统构建"一个平台、两个目标、三大工程"。

一个平台：打造达利女装学院工匠摇篮——"匠苗"育人平台。

两个目标：塑匠心、炼匠技。

三大工程：实施匠心领航工程""匠技培育工程""匠品展秀工程"。注重育人的系统化、长效化、全员化，努力打造工匠的培育引领之地、成长向往之地、技能创新之地。

文化品牌理念：美于匠心、精于匠技、培于匠苗。以培育匠苗为使命，以精于匠技为目标，以美于匠心为愿望，结合达利女装学院专业特点，将工匠精神细化为"爱岗敬业、精益求精、追求完美、勇于创新"4个方面，形成"以工匠之心铸魂，以工匠之技立身"的文化理念，倡导"精益求精、追求卓越"的企业文化，教育学生树立正确的人生观，培育和践行社会主义核心价值观，弘扬劳动光荣、技能宝贵、创造伟大的时代风尚，激励学生走技能成才、技能报国之路。

（一）聚焦思想引领 实施"匠心领航"工程

1. 开展"匠心大讲堂"

以了解工匠文化、传承弘扬工匠精神为目标，增强工匠文化氛围，打造一个线下对话平台。

2. 开展校友匠心沙龙

着重在学生群体中讲好"工匠故事"，以典型案例、典型人物和身边榜样等，感染、影响学生坚定目标，成为更优秀的人。

3. 开展"七个一"工匠精神教育活动

围绕听一次匠课，学一门匠艺、拜一名匠师、看一次匠展，展一次匠品，话一次匠心，聊一个工匠故事的"七个一活动，扎实推进工匠精神的传承与落地落实。

4. 开展"十佳匠苗"评选活动

每年5月评选产生10名优秀匠苗，进行重点全方面培养，助力匠苗成长。

（二）聚焦人才培养 实施"匠技培育"计划

1. 推进拔尖人才培养工程

实施"金顶针"计划，培育技术技能拔尖创新人才。

2. 启动创新创业培育工程

通过"师导生创、师生共创"，推进创新创业项目，孵化培育学生创业项目。

3. 实施特色项目培育工程

实施融善成长计划，培育班级特色、专业特色、学院特色相融合的班级特色项目。

4. 实施传统文化社团培育工程

在助力匠苗成长计划实施中，培育传统手工艺社团。

（三）聚焦创新实践 实施"匠品展秀"工程

1. 组织开展行业名师名匠展

每年引进行业名师名匠作品进行展览。

2. 定期开展主题作品展

每年结合青春校园、传统文化、清廉杭职等主题开展相关作品展。

3. 培育校园"一季一秀"文化品牌

打造校园文化金品牌，每年开展"一季一秀"展，以学生素养、职业素养、能力素养为切入点打造展示品牌。

第四章

以"建平台、创品牌"为抓手 提升社会服务水平

第一节 政行企校共建产业学院，技能人才赋能乡村振兴

一、探索混合所有制，政行企校共建"产业学院"推进区域产业发展

（一）政行企校四方联动共建许村产业学院

浙江省海宁市许村镇经过30多年的发展，已成为中国最大的家纺布艺产销基地。然而随着互联网技术的日益发展、信息传递的不断提速，家纺行业在从生产型向产品研发、营销策划的转变过程中，纺织企业的员工的技术水平，以及许村镇及周边村县农民工转化为产业工人的数量和水平，严重影响了产品质量的提升和生产效率的提高，技术技能人才的培养及农民工的培训已成当务之急。浙江省海宁市许村镇人民政府、杭州职业技术学院、海宁市职业高级中学、海宁市家用纺织品行业协会四方共建"许村龙渡湖国际时尚产业学院"。产业学院与当地纺织企业共建生产性实训中心，联合开展职工技能培训，赋能乡村振兴战略，让许村学子成为本地纺织产业聚集区企业技术骨干，当地农民成为新型产业工人，让许村镇成为安居乐业的美丽家园。助力浙江省成为全国高质量发展建设共同富裕示范区（图4-1）。

（二）创新组织架构，探索运行机制

传统的学院设置往往以专业导向为主，专业之间的校内藩篱很难打破，在产业合作方面存在一定的弊端与界限。由政府、行业、中职、高校四方共建的产业学院，在杭州职业技术学院校企合作人才培养实践的基础上，结合产业特点及中高职不同校情，就产业学院的组织架构、管理体制与运行机制等方面进行有益的探索和尝试。即弘扬杭州职业技术学院自身"融"文化特色，创新构建产业学院建设的理事会、院长、教学委员会分工负责的"三级管理"的组织架构，建立以

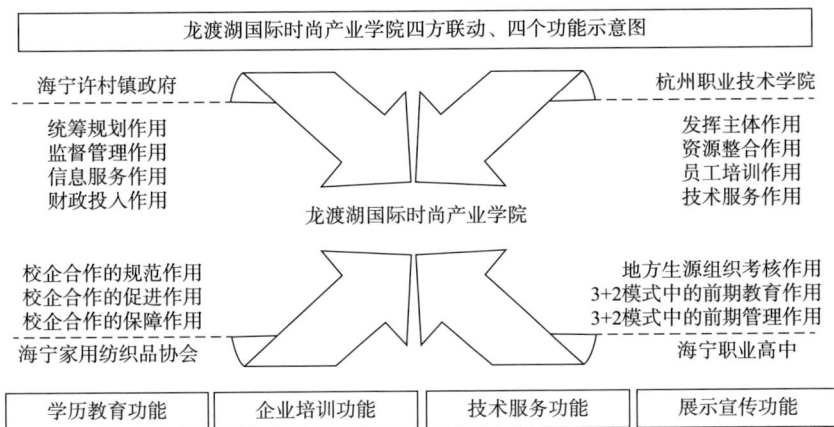

图4-1 龙渡湖国际时尚产业学院四方联动、四个功能示意图

地方政府为主导、学院为主体、企业参与的新型学院管理体制，强化地方学院服务地方产业意识，构建统一管理、系统运作、合作共建、协调发展的新机制。通过学院发展为许村镇纺织产业聚集区培养更多产品研发人员，培训更多乡村农民成为合格的产业技术工人，助力乡村振兴，实现共同富裕。

（三）立足区域产业需求，创新教学组织模式

产业学院立足许村镇纺织服装产业结构，对接许村产业链、人才链确定教育链、创新链，开设中高职人才一体化培养订单班，建立健全教学指导委员会，制订中高职一体化人才培养方案，研发专业培养标准，开发课程体系，探索培养当地留得住、企业用得上、能创新的技术技能型人才，助力许村镇实现纺织工业的产业基础高端化、产业现代化，生产出具有国际品质的、享誉海内外的纺织服装产品。

（四）立足产品升级需求，实现专业团队相融

健康、舒适、环保、安全已成为人们生活的主题，功能性服装、复合型纺织产品已被人们广泛接受，并影响到面料开发与终端产品设计生产与销售的各个方面，产品功能的复合化、销售形式的多样化必然促使研发团队的结构复合化，专业与专业之间、企业专家与专任教师之间的融合也成为必然。

（五）构建动态教学目标，完善质量保障机制

随着纺织服装产业由传统产业向科技化、数字化、信息化的升级，传统技能

167

岗位在不断地升级迭代，岗位技能的要求也在不断地提高变化，在针对企业产品开发的项目化实践教学过程中，实践教学内容的实时更新，企业的新技术、新方法的及时传授，使毕业生能够与工作岗位要求实现无缝对接。为了教学目标的实现，需要构建基于激励导向的动态化教学质量目标管理体系和全过程闭环式质量监控体系，切实做好教学质量的保障工作。

二、实施举措

（一）打破城乡教育二元格局，引入城市优质资源

为了使许村镇及周边农民转变为新型产业工人，使在岗员工技术得到提升，促进许村纺织产业的发展，杭州职业技术学院协同海宁市许村镇政府、海宁市家用纺织品行业协会、海宁市职业高级中学四方联动成立"杭海龙渡湖国际时尚产业学院"，产业学院由许村镇政府牵线组织协调，立足海宁市许村镇，依托海宁职业高级中学，以盐官镇、长安镇、马桥镇等地生源为主，协同海宁家纺协会，引入国家双高校杭州职业技术学院共同搭建技能人才培养培训平台，设置与当地产业链深度对接的纺织品设计、纺织服装电商等专业，与海宁伦迪纺织有限公司、杭州新欧纺织有限公司、杭州森染传播有限公司等20余家纺织服装企业深度合作，同时打破学科壁垒，实现教育链、产业链、创新链、人才链的深度融合。培养适应地方经济发展的高素质技能型、创新型人才（图4-2）。

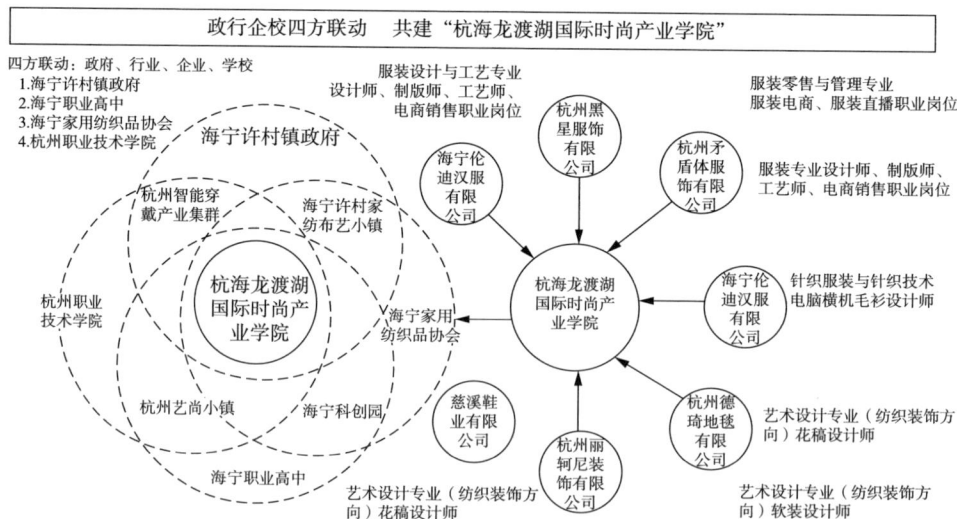

图4-2　政行企校四份联动　共建"杭海龙渡湖国际时尚产业学院"

（二）构建三级组织架构，探索保障运行机制

产业学院根据杭州区域纺织服装产业发展需求，构建了理事会、院长、教学委员会分工负责、协调运行的三级管理组织架构（图4-3）。

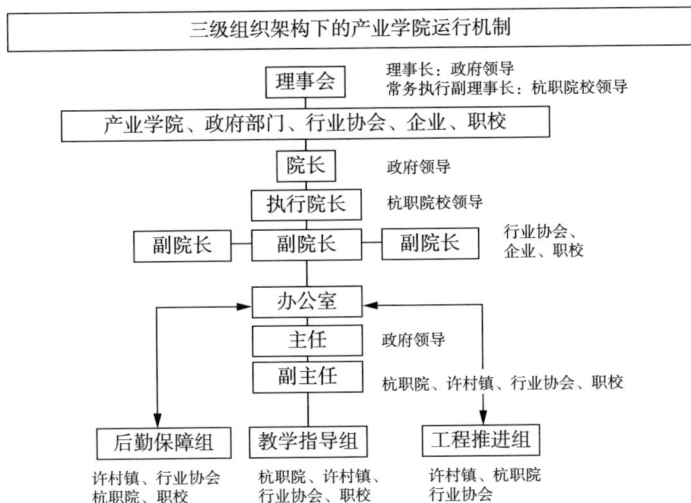

```
┌─────────────────────────────────────────────────┐
│        三级组织架构下的产业学院运行机制                │
└─────────────────────────────────────────────────┘

          ┌──────┐    理事长：政府领导
          │ 理事会 │    常务执行副理事长：杭职院校领导
          └──────┘
  ┌──────────────────────────────┐
  │ 产业学院、政府部门、行业协会、企业、职校 │
  └──────────────────────────────┘
             ┌────┐
             │ 院长 │   政府领导
             └────┘
            ┌──────┐
            │ 执行院长 │  杭职院校领导
            └──────┘
 ┌─────┐  ┌─────┐  ┌─────┐   行业协会、
 │ 副院长 │  │ 副院长 │  │ 副院长 │   企业、职校
 └─────┘  └─────┘  └─────┘
            ┌──────┐
            │ 办公室 │
            └──────┘
            ┌────┐
            │ 主任 │    政府领导
            └────┘
            ┌────┐
            │ 副主任 │   杭职院、许村镇、行业协会、职校
            └────┘
 ┌──────┐  ┌───────┐  ┌───────┐
 │后勤保障组│  │ 教学指导组 │  │ 工程推进组 │
 └──────┘  └───────┘  └───────┘
 许村镇、行业协会  杭职院、许村镇、  许村镇、杭职院、
 杭职院、职校    行业协会、职校    行业协会
```

图4-3 三级组织架构下的产业学院运行机制

以产业学院为主体，联合牵头政府部门、协会、企业等成立理事会，产业学院负责人和牵头企业负责人共任理事会理事长和常务执行副理事长；实行理事会领导下的产业学院院长负责制，政府领导兼任产业学院院长，副院长分别来自学校、政府部门、企业等理事单位；领导机构下设教学指导组、办公室、后勤保障组3个工作机构主任。理事会是决策机构，负责审定产业学院章程、发展规划、管理架构以及引进的重大项目（团队）及相关支持政策，考核产业学院工作情况和运行绩效；院长负责拟订产业学院发展规划、运行管理制度、人才培养方案、课程建设方案、师资调配、教学资源建设等；各工作组具体负责学院的专业建设、教学、科技成果转化、行政管理、学生管理、外联服务等工作。

（三）针对不同企业需求，构建"1315教学组织模式"

由行业协会根据不同品类纺织服装企业人才需求遴选有强烈合作意向的优质企业，同产业学院合作成立20个产品研发工作室，合作企业集中向学生宣讲企业现状即未来发展方向、工作岗位发展空间，学生根据个人职业发展规划与企业双向选择，成立研发团队，构建"1315教学组织模式"——即1个工作室、3个专兼

结合的专业教师团队、15个学生组成一个产品研发团队（图4-4）。

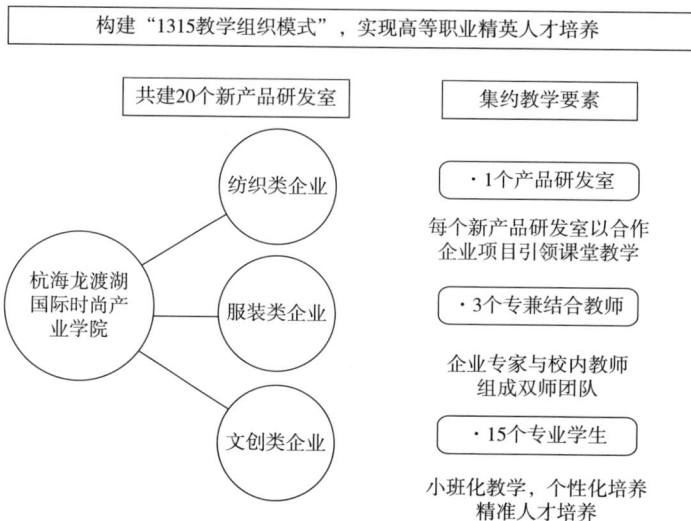

图4-4 "1315教学组织模式"示意图

工作室针对企业岗位人才需求，制订个性化人才培养方案，企业真实项目导入课堂教学，用企业岗位工作任务引领提升学生技能水平。"1315教学组织模式"1∶5的师生比和"真实项目引领课堂教学"初步实现了高等职业教育的精英教育。

（四）分解产品设计要素，构建"多专业融合"团队

以复合型产品研发为目标，分解产品设计要素，制订产品开发计划，组建针对不同功能要求的复合型教学团队，本着"率先示范、能力互融、递进指导"的原则实现企业产品的开发与教学任务的实施。即教师互融专业团队通过打破原有专业壁垒，发挥专业群复合型育人优势，进行了校内"多专业融合"组织形态下的产业学院建设实践。

围绕杭州区域智能穿戴产业研发链、家纺布艺小镇、纺织服装生产制造集群产业优势和产业升级发展对高素质技术技能人才的强烈需求，专业群源于服装设计与工艺、针织服装与针织技术、艺术设计（纺织装饰方向）、服装零售与管理3个专业4个方向所形成的国家"双高专业建设群"，充分发挥了各方优势作用。目前，"多专业融合"组织形态下的产业学院建设方兴未艾，已成为推进专业交叉融合、深化教育教学改革的重要着力点（图4-5）。

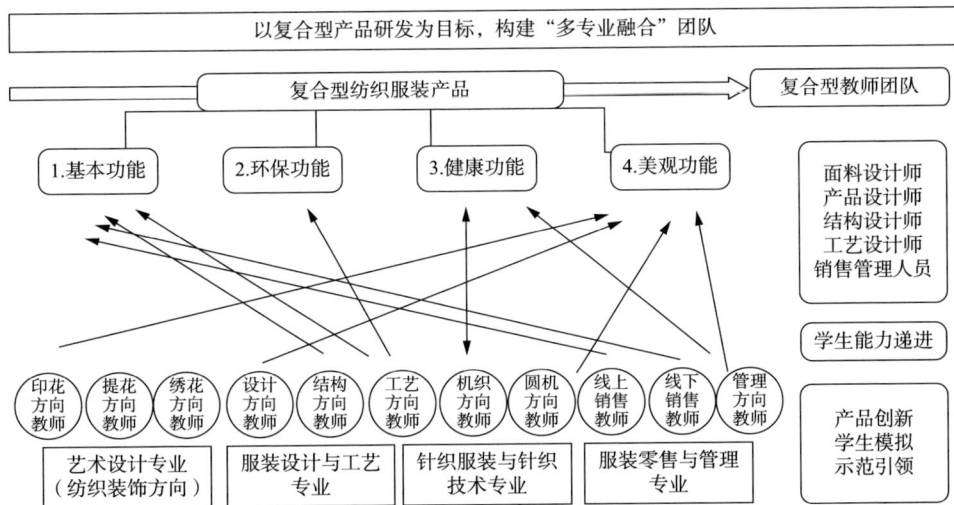

图4-5 以复合型产品研发为目标，构建"多专业融合"团队示意图

（五）坚持"两走访、三论证"，岗位契合产业升级

针对企业产品升级、设备升级和技术升级，产业学院通过"两走访三论证"的人才培养方案修订机制（图4-6），保障所培养的学生掌握技能适应企业岗位要求，即走访不少于30家许村镇纺织服装企业，深入调研了解企业用人现状及未来发展规划、用人规格；走访毕业三年以上的学生，了解他们在工作中的职业发展情况，对所学内容应用的有效性，听取他们的建议，汇总调研意见分解职业能力

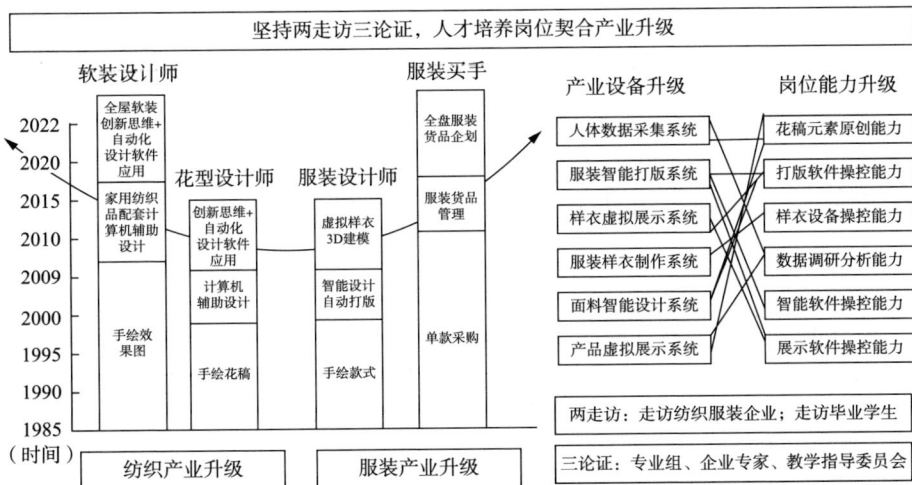

图4-6 "两走访三论证"的人才培养方案修订机制

动向，及时修订人才培养方案，并通过专业组论证、企业专家论证和专业教学指导委员会论证后实施。

三、经验与成效

（一）立足许村镇产业聚集区产业与生源，定位培养促进乡村振兴

政府、行业、企业、学校四方合作创新办学模式，吸收当地村镇生源，培养、培训成为当地企业技术骨干，产业学院构建了"1315教学组织模式"，初步实现了高职精英教育培养模式，学生质量逐年提高，年均初次就业率达98%，专业对口率达85.5%，远超全省平均水平。毕业生留杭率超60%，位列在杭高校第一。毕业生就业起薪达5600元/月，基本实现体面就业。

（二）深化产教融合赋能村镇经济，打造共同富裕示范区

许村镇投资6000余万元兴建的产业学院与许村镇的村镇纺织企业积极合作，以杭州职业技术学院为依托的产业学院投入优质教师资源，企业累计投入新产品研发资金1000余万元，共同成立20个产品研发室，累计为各中、小、微企业开发产品2000余款、针织样片2000余件、面料纹样2000余款，合计6000余款。平均占企业研发项目投入市场比重的26%，产值达3000余万元。

参与国家重要研发项目。助力杭州纺织服装产业在全国的领先地位。参与了G20峰会国家领导人服装面料款式设计，对接小、微企业的新产品研发室研发成果，促进了许村镇家用纺织产业在新技术方面的应用与推广，促进村镇地方产业发展，助力实现乡村振兴。

第二节　开拓多元化的社会服务类型，提升社会服务能级

作为地方性高等教育职业学院，达利女装学院深知"根植地方、依靠地方、服务地方"是必须坚守的特色发展之路，同时作为高水平专业群建设单位，把社会服务尽量地辐射全国也是学院的职责。学院立足自身实际谋发展、结合自身特点搞创新，主动全面地为经济建设和社会发展服务，充分发挥了自身的办学优势，取得了良好的办学效益，实现了高职院校与经济社会发展的良性互动。

达利女装学院成立以来，各专业根据自身的技术优势，不断发掘企业、行业的技术短板，开展技术培训服务，先后为达利集团、杭州中小企业版师协会、浙江省乔司监狱、全国高职服装专业骨干教师等开展各类培训活动。五年来合计开展各类培训活动18000多人/日，取得了良好的社会效益。回顾五年来的社会培训历程，社会培训工作呈现以点带面，先小后大，循序渐进的态势。

在开展社会培训的初期，按照服务区域和对象，采用分步实施的办法。首先，校企业共同体合作方——达利公司，作为学院首选的社会培训服务单位，以公司的需求作为自己的工作任务，促进校企共同体的发展；其次，拓宽服务面，将培训工作延伸到达利集团，做好达利集团公司所属盈利中心的培训服务工作；最后辐射到整个服装行业，乃至其他行业，一直到承接全国职业院校骨干教师的培训工作。

一、为达利公司开展制版师技术培训

达利公司作为校企共同体的合作方，为公司开展在职员工培训于情于理。但要在如此大规模的行业主流企业，如此强的技术团队面前，寻找到培训的切入点绝非易事。为此，该项目的执行教师在培训内容的选择上费了不少工夫。首先通过对企业一线版师的走访，了解到公司的许多技术骨干都没有经过专业院校的培养，大多是通过师傅带徒弟的方式，经过积累多年的实际生产经验而成长起来的。他们在生产中都具有较强的工作能力，对完成一些日常的生产任务游刃有余，但由于缺少系统的专业知识，许多领域都知道该怎么做，但不清楚为什么这么做，怎样能做得更好。经过前期的缜密调研和准备，2009年7月达利公司员工的首期培训班启动了，培训内容是代表着现代制版方向的"立体裁剪技术"。通知一出，达利公司的版房沸腾了，师傅们报名踊跃，有些部门甚至师傅带着徒弟全员参加，很快30人的班额满员。通过这次培训，让员工心里对服装的立体造型第一次有了清晰的认识，许多原来困扰的技术难题，现在都变得简单多了，有种豁然开朗的感觉。

二、在达利（浙江）丝绸公司开设艺术设计"双元制"班

达利（浙江）丝绸公司也是隶属于达利集团的全资子公司，位处浙江新昌县，主营丝绸面料、床上用品。由于其地理位置及产品结构的特殊性，该公司员

工对培训的要求也有新的变化。调研发现，该公司许多部门骨干都只有高中文化程度，对学历的提高有很强的需求，符合双元制班级的开设条件。双元制教学模式，就是针对这些已超过高职毕业生职业能力但文化程度不够的企业员工量身定制的教学模式，它的推行在认可职业能力的同时，更重要的是解决了员工学习时间和地点的困难，将工作业绩冲抵学业成绩一部分，减少了学习时间，保障和促进员工的本职工作，受到企业和员工的欢迎。2012年3月，艺术设计专业双元制班级在新昌厂区隆重开班，共有17位员工通过成人高考，顺利成为达利女装学院的学生。在接下来的两年半时间里，他们平时继续做好本职工作，休息日就厂区专设的教室里，接受来自学院委派的专业教师的教学。2013年3月，服装艺术设计专业第二个双元制班在达利公司的生源为20人，顺利开班。

三、依托服装协会，为服装中小企业制版师技能培训

2010年，在学院的倡议下，浙江省服装协会成立制版师分会，女装学院作为副会长单位，定期组织大型的职业技能交流培训活动，受到来自杭州及周边地区中小服装企业制版技术人员的欢迎。在培训中，学院邀请了国内外著名的服装制版专家，多次开展大型的技术交流和培训活动，围绕着企业的实际生产任务，培训内容灵活设置，总计有2400多人次参加了活动。得益于达利（国际）集团的人力资源优势，学院还多次邀请国内外的制版师作为主讲教师。通过培训，使制版师协会的知名度和凝聚力大增，技术交流日渐频繁，促进了浙江省乃至全国服装行业生产技术的发展。

四、服务社会无盲点，乔司监狱去帮教

浙江省乔司监狱紧贴下沙高教园区，由于该单位的特殊性，虽为近邻，但早期也没有多少业务来往。达利女装学院成立后，随着社会培训活动的不断开展和学院在社会知名度的不断增加。2020年9月，浙江省乔司监狱教育科的领导主动找上门来，希望学校能对口帮教，为监狱内的服装企业提供技术服务，为服刑人员做好帮教培训，为监狱警员提供职业技能鉴定等。同年10月，达利女装学院与监狱签署了合作开展技能培训的协议，每年完成8个班级、4000多人次的职业技能培训，取得了良好的社会效益。

五、开展高职骨干教师国内培训

根据《教育部财政部关于实施职业院校教师素质提高计划的意见》，为发挥国家示范高等职业院校的辐射带动作用，提高服装类高职教师的专业技术水平和教学实践能力，经教育部职业教育与成人教育司批准，达利女装学院在2019年7月15日—8月7日，举办了"女装制版与生产管理"和"女装产品研发与生产"服装类专业高职骨干教师国内培训班。培训主要面向从事服装类专业教学和管理的广大职业院校教师，专业范围涉及服装设计、服装管理与营销、针织技术与针织服装、服装制版与工艺、服装工艺技术、服用材料设计与应用等。

服装专业以国家示范性高等职业院校建设成果为依托，面向全国高职高专服装专业骨干教师开展培训，达到促进优质教学资源共享的效果。通过学习品牌设计策划理念、服装制版与工艺的新技术、自动生产流水线的新设备等，提高了教师结合市场定位的设计水平，掌握品牌产品的研发与现代化生产，学会使用自动裁剪系统、吊挂生产流水线系统，并能设计自动生产工艺流程。同时提高了服装教师的专业和课程开发能力、专业技能实训指导以及终身学习能力，提高教师职业教育理论，优化教师队伍结构。两期培训共有22名来自全国各地高职院校的骨干教师参加。活动结束后，学员们纷纷表示不虚此行，收获颇丰，满意率达到100%。"国培"扩大了达利女装学院的骨干示范作用及辐射面，同时促进了全国服装职业院校教师间的技术交流，提升了兄弟院校骨干教师的职业技能水平。

第三节　高职院校创新人才培养模式的创新与实践

一、职业源于社会，教育止于至善

为改变高职院校人才培养目标滞后于岗位需求，学生不能胜任岗位要求、创新能力不强等现象。杭州职业技术学院纺织服装专业在"职业教育引领产业发展"理念指引下，校企协同创新，把企业新产品研发室建在校内，将人才培养定位于企业产品研发的前端，以产品研发引领产业发展，借产品研发培养创新型人才，探索构建纺织服装专业对接企业新产品研发的高职院校创新人才培养模式。经过近10年的实践，人才培养质量明显提高，专业技术社会服务能力显著提升，成果全国示范引领作用持续增强。

二、理论指导实践，协同共筑未来

（一）构建"企业主导、新产品研发引导"的创新性人才培养模式

学校与企业合作共建校内纺织服装技术创新中心，中心下设10个产品研发室，可同时容纳800多人参与企业产品研发。以纺织服装新产品研发为引领，发挥服装设计与工艺、针织技术与针织服装、艺术设计（纺织装饰专业）的特色优势，整合学校优秀教师资源，针对学生不同职业规划和性格特点，制订个性化人才培养方案，与合作企业共同组建研发团队，集约化管理，构筑"一个中心、多点布局"的产品研发大平台，以培养"复合型创意设计人才"为目标，"现代学徒制"和"基础+专业模块+新产品研发+顶岗"双线驱动，构建以企业研发产品引领的课程体系，设置多元化进阶课程模块，为区域经济的发展输送高素质技术技能人才（图4-7）。

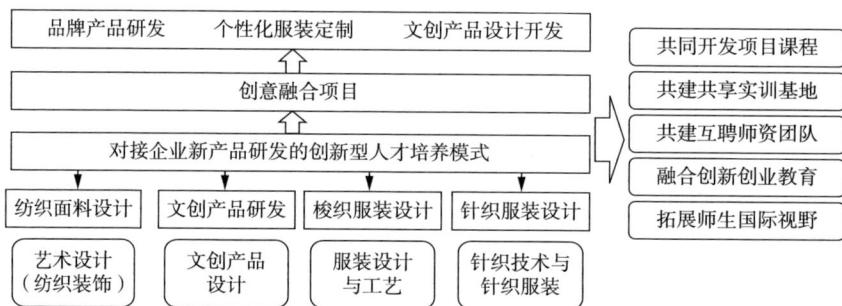

图4-7　对接企业产品研发的创新性人才培养模式

（二）构建"企业购买服务、校企协同共建"的共管策略

企业向产品研发室每年投入400万元经费，与杭州职业技术学院共建共管；学校组建以专业教师为主体、企业师傅参与的研发团队，大大降低了企业产品开发成本；与此同时，企业与学校共建领导小组，负责统筹新产品研发室的建设与管理运行；强化校企合作，引入企业真实产品研发任务开展真题实做，以服务收入换取企业新技术支持，建立起"输血"与"造血"功能互为补充，构建教学、科研、社会服务一体化的人才培养机制，有效解决人才培养能力滞后、创新能力不强等问题。

（三）构建"服务多元化、管理一体化"的共享策略

作为资源整合的"混合体"，产品研发中心既紧密对接区域产业发展，又紧密对接学校专业建设，同时学校和企业两个管理体系并存，将公共要素整合在一起，采用两个体系在统一的管理构架下运行策略，共享程度高。强化产品研发室的开放共享功能，明确面向区域职业院校、应用型本科、行业企业开放，努力满足各建设主体的利益诉求。开发新产品研发中心多渠道服务平台，实现了前期策划、中期研发、后期服务的新产品研发共享机制，有效提高新产品研发室的利用率，以所服务的达利公司为例，研发成果占公司新产品研发的28.3%，研发产品投入市场比例的程度远高于国内高职院校研发机构。

三、创新驱动发展，资源生态共享

（一）创新提出对接企业新产品研发的高职院校创新人才培养"双元模式"

所谓"双元模式"，即企业为主导，投入项目、资金；学校为主体，投入研发场地和研发团队，构建对接企业新产品研发的人才培养课程体系，进行创新性人才培养，通过新产品研发引领，满足技术技能人才、职业技能培训和新技术推广需要，创新提出职业院校、行业企业共享的"双元主体、双元共享、双元治理、双元服务"的"杭职模式"（图4-8）。

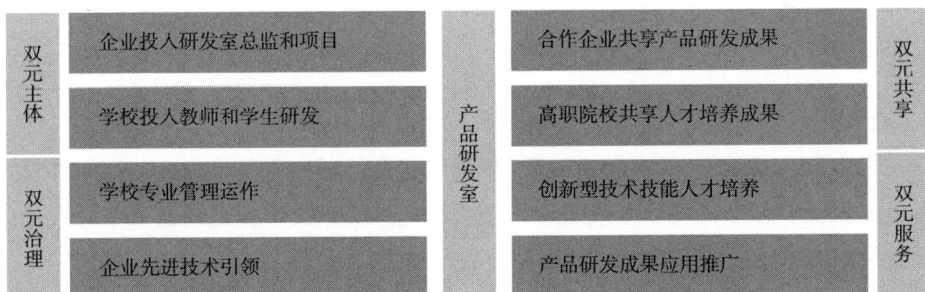

图4-8 对接企业新产品研发的人才培养模式示意图

（二）成功构建以新产品研发引导人才培养模式运行的"三大机制"

"企业为主"的投入机制。新产品研发室由合作企业分年度投入项目资金，学校投入少量日常运作经费；"成本分担"的运作机制。学校为新产品研发室提

供场地、设备和管理服务，合作企业自带项目和耗材；"校企合作"的保障机制。企业引入最新项目、技术和工艺，确保新产品研发内容的先进性。学校动态修订人才培养方案，确保人才培养质量。

（三）探索形成了契合职业教育发展需要的"创新型人才培养平台"

形成了"一个中心、多点布局"的区域新产品研发大平台。整合了校企资源优势，引领产业发展的创新型技术人才更加高效，资源集聚更加集约，教学时空构建更加合理，实训设备更新、更加符合实训教学需求；形成了多方合作共赢的新型社会关系。伴随新产品研发室建设的功能拓展，校企联动不断加深，围绕教学、研发等，逐步构建起双方合作共赢的新型社会关系。

四、标杆"拔地而起"，成果"破土而出"

（一）对接企业新产品研发的人才培养模式成效显著

1. 企业参与积极性高，服务能力显著提升

企业累计投入新产品研发经费400余万元，产品研发室累计为企业研发服装款式产品1000余款，针织样片2000余款，面料纹样2000余款，合计5000余款。平均占企业研发项目投入市场的26%，产值达3000多万；出版教材16本，参与2017年主持编写教育部针织技术与针织服装专业教学标准；开发了"纺织服装类产品研发课程"18门，开发了16部系列产品研发项目教材，其中4部立项浙江省重点建设教材，400余个教学视频的建设，1500人/年接受了新产品研发课程的培训。

2. 资源节约量巨大，新产品研发室利用率高

累计为30余家单位开展新产品开发技术服务，减少重复建设，节约硬件投入近1500万元。新产品研发室设备平均使用率超90%，其中先进制造等中心设备使用率超150%。

3. 参与国家重要研发项目，助力杭州纺织服装产业在全国的领先地位

参与了G20峰会国家领导人服装面料款式设计，学生与艺术大师陈家泠合作的研发产品被中国国家博物馆永久收藏，是全国唯一高职学生作品入选。新产品研发室的研发成果促进了杭州纺织服装产业新技术的应用与推广，提升了杭州纺织服装产品的国际影响力。

（二）基于基地的技术技能人才培养质量提升明显

1. 毕业生就业质量高

新产品研发室成立以来，纺织服装专业招生录取分数线逐年提高，已列全省前四；每年毕业生初次就业率超98%，专业对口率达85.5%，远高于全省平均水平；毕业生留杭率超60%，位列杭高校第一；毕业生就业起薪达4100元/月，基本实现体面就业。

2. 学生创新创业能力强

2012—2018年全国职业院校技能大赛中连续7年获得金奖11项，其中4名学生获全国技能标兵称号，8名学生获技师职业资格。学生毕业三年后自主创业率为20.48%（全省为7.44%），据省教育评估院数据显示，学校2014届纺织服装专业毕业生毕业三年后自主创业率为13.33%，居全省前列。

3. 用人单位满意度高

2014年新华社以《杭州职业技术学院：八个岗位争抢一个毕业生》为题报道杭职院学生体面就业的现状，被中央人民政府官网全文转载。达利集团设计总监刘琼说："亲身目睹了达利女装学院的成长过程，目前达利女装学院的研发作品90%可以直接投入生产"。2017年省教育评估院数据显示，学校纺织服装专业毕业生用人单位满意度达90%。

（三）对接企业新产品研发的人才培养模式示范全国

1. 国内同行和社会各界认可度高

杭州职业技术学院纺织服装专业人才培养模式多次在全国校企合作大会上作为经验交流研讨并推广；省市领导多次肯定批示，在全省乃至全国推广；国内30余家主流媒体进行了宣传报道。

2. 具有很好的示范与推广价值

"杭职模式"的双元创新效应，示范辐射贵州、湖北、河南、新疆等多个地区，漯河职业技术学院、贵州黔东南职业技术学院等多个地市还直接借鉴该模式开展人才培养。全国有800余所院校、单位7000余人次来学校考察学习，有力地推动了当地教学观念转变、教学模式改革等。

第五章

成果案例

案例一　基于产教融合的"实践人"培养探索与实践

（获2020年中国纺织工业联合会教学成果一等奖）

成果完成人：郑永进　章瓯雁　黄海燕　郑小飞　徐　剑

一、成果简介及主要解决的教学问题

在人才培养供给侧和产业需求侧"两张皮"现象依然明显的大背景下，杭州职业技术学院服装设计与工艺专业自2016年以来，基于产教融合，依托校企共同体，以现代学徒制为抓手，通过构建基于实践共同体的"实践场"、构建基于工匠精神的"实践文化"、构建基于合作共赢的"实践机制"，"统合"经济社会的发展和人的圆满发展，培养"融于社会实践、逐步掌握岗位技术技能并形成实践惯习"的社会实践者，即"实践人"（图5-1）。

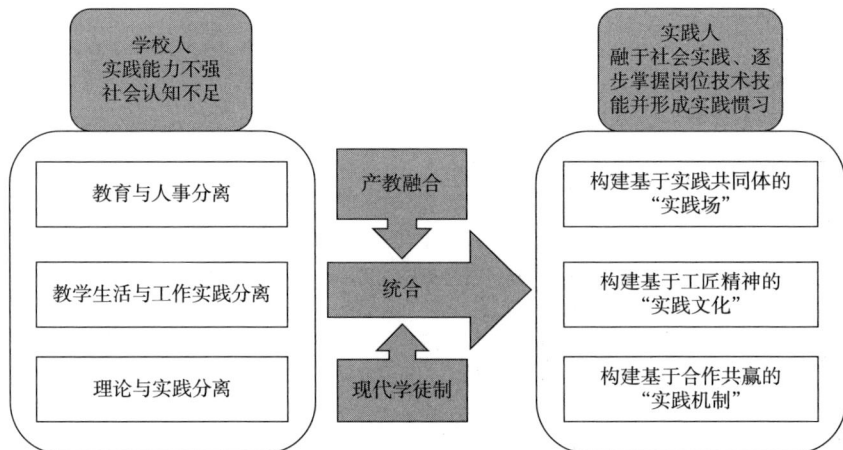

图5-1　"实践人"培养示意图

服装设计与工艺专业人才培养还不适应当前经济社会发展的需要，其主要存在三大问题：一是教育与人事的分离，缺乏实践场域；二是教学生活与工作实践的分离，缺乏实践文化；三是理论与实践的分离，缺乏实践机制。本项目着力推进职教体系与人事体系和经济体系的统合，即教育与人事、产业的统合，学校与企业的统合，学习与工作的统合，理论与实践的统合，旨在实现教育资源的统合以及理论与实践的统合，培养满足社会需要的"实践人"。通过"实践人"的培养，服装设计与工艺专业群入选全国"双高"专业群；团队教师入选包括"全国优秀教师""全国技术能手"；团队学生获全国技能大赛金奖11项。

二、教学问题的解决方法

本项目成果主要和达利公司深度合作，依托校企共同体，根据布迪厄社会实践理论从场域、惯习和资本建构"实践人"的培育形态。

（一）通过构建基于实践共同体的实践场，解决教育与人事分离问题

通过校企深度合作，提供相对稳固的理论教学和实践实习场所，融合校企双方的优质资源，提供优质的育人环境和设备；通过提供真实的生产任务让学习与日常生活和实践紧密相连，深入推进"校中厂"和"厂中校"建设，让学生（学徒）切实在真实的生产过程中生产、生活，从新人逐渐转变为师傅。

（二）通过构建基于工匠精神的实践文化，解决教学生活与工作实践分离问题

将工匠精神融入现代学徒制试点的课程教学，学校教师与企业师傅共同开发蕴含工匠精神的教育资源，激发学生工匠精神实践文化；学校教师和企业师傅共同对学生开展个性化精细培养，让学生在现实工作情境中，依照规范的职业标准磨炼生产技艺，涵养职业品行。

（三）通过构建基于合作共赢的实践机制，解决理论与实践分离问题

第一，基于职业能力倾向测试，构建学徒遴选机制，遴选适合的人学习适合的技能技艺，这样既保证了学生的利益，也保证了行业企业的利益；第二，完善运行机制，增强企业（师傅）在人才培养过程中的话语权，促进企业需求融入学生培养各环节，提高学生培养质量；第三，强化动力机制。通过提高技术成果转

化能力和社会服务能力，切实提高对合作企业的贡献力；同时通过提高企业师傅的社会地位，从而实现企业师傅的文化资本增值。

三、创新点

（一）首次创新提出"实践人"概念

本项目成果从高职学生学习行为、动机等现状分析的常规性外显研究上升到泛在学习素养养成层面的内隐研究，剖析了学习行为变化与学习素养养成之间的内在关联机理。研究提出，现代学徒制的本体是学徒制，而学徒制的本质是实践。研究认为，现代学徒制的实施，其价值指向是人才培养模式改革，其宗旨在于实现"学校人"向"实践人"的转变。本项目成果从理论与实证两个层面展开，有助于拓展对现代学徒制人才培养模式研究的视域。

（二）基于产教融合视域对"实践人"培养路径进行探索实践

产教融合、校企合作是职业教育办学的基本模式，是培养高素质劳动者和技术技能人才的内在要求，也是办好职业教育的关键所在。本项目成果形成对"实践人"培养路径的现实认识，从而为现代学徒制试点院校的制度设计提供依据；为深化产教融合和多元主体协同育人提供路径支持；同时也为高职院校培养高质量的复合型人才提供思考与分析的框架。

四、应用情况

产教融合是推进人力资源供给侧结构性改革的一项重大制度设计。通过产教融合，深化校企共同体建设，实现实践空间的统合、实践观念的转变和实践工具的优化，探索"实践人"的培养，取得了理念上的创新和实践上的重大突破，国内同行认可度高，具有很好的示范与推广价值。

（一）"实践人"理论创新成果明显

成果的系列学术论文分别发表于国内核心期刊：论文《现代学徒制试点实施路径审思》发表于《教育研究》（CSSCI），同时被中国人民大学报刊复印资料全文转载；论文《国家示范（骨干）高职院校校企合作现状调查——来自全国1400余家合作企业的调查》发表于《中国高教研究》（CSSCI），同时被中国人民大学报刊复印资料全文转载，并获得杭州市社科联人文社科优秀成果二等奖；论文《美国社区学院何以保持学生数的稳步增长》发表于中文核心期刊《中国职业技术教育》。以上理论成果在国内职教领域具有一定的影响力。

（二）学生"实践人"培养成效明显

第一，学生综合职业技能高。近5年学生参加职业院校学生技能大赛，获国家级奖项10项，其中，金奖7项，全国纺织服装专业学生职业技能标兵3项。张霞和王佳凤同学以高超的专业技能分别被绍兴技师学院和萧山第三职业高中录取为专业教师，并在2019年的教师服装专业技能大赛中分别获绍兴地区和杭州地区第一名；第二，毕业生就业质量高。个性化人才培养模式改革以来，本专业招生录取分数线逐年提高，现已位列全省高职第一；学生毕业一年后自主创业率为10.41%（全省为4.49%），学生毕业三年后自主创业率为20.48%（全省为7.44%）。每年的毕业生总是被企业提前预订，就业率始终保持在98%以上，企业对毕业生满意度达90%，毕业生成了服装企业的招聘首选，基本实现体面就业。

（三）教师"实践人"培养成效明显

教师技术创新能力强，发展快。教师通过带领学生参加技能大赛、承接企业项目进行产品研发、与企业导师一起开展现代学徒制培养等各项工作，教师的专业知识技能及产品研发都有了快速的提升，教师近几年来成果丰富，获得多项荣誉，培育了全国技术能手1名、全国优秀教师1名、全国优秀制版师1名、浙江省"万人计划"教学名师1名、浙江省高校优秀教师2名。

案例二 "三全育人"视域下
专业群一二课堂协同育人探索与实践

（获2020年中国纺织工业联合会教学成果二等奖）

成果完成人：郑小飞　祝丽霞　章瓯雁　崔畅丹　王培松

一、成果背景

2018年5月2日，习近平总书记在与北京大学师生座谈时发表的重要讲话中指出："要把立德树人内化到大学建设和管理各领域、各方面、各环节，做到以树人为核心，以立德为根本。"这为高等学校全面落实"全员、全过程、全方位"育人理念和构建高度系统性、整合性、协同性的育人新格局点明了研究和努力方向。2018年5月18日，教育部办公厅发布《关于开展"三全育人"综合改革试点工作的通知》，通知提出了聚焦短板弱项，坚持把破解高校思想政治工作不平衡、不充分问题作为目标指向，从宏观、中观、微观各个层面着力构建"一体化育人体系"。但随着我国高校育人环境越来越复杂，大学生面临多种价值观和网络新媒体的冲击，如今高校的育人工作仍存在育人主体过于单一、分工职责不清晰、协同机制不完善、合力发挥不充分等种种问题与挑战。

二、成果简介和解决的主要教学问题

（一）成果简介

党的十九大以来，以习近平新时代中国特色社会主义思想为指导，开展了"三全育人"综合改革工作。服装设计与工艺专业群作为中国特色高水平高职学校和专业建设计划重点专业群建设单位，紧紧把握时代育人主线任务，以"立德树人"为根本，大力推动理论创新和实践探索，构建以第一课堂为主渠道，第二课堂为延伸的"一体系四平台两机制"的"三全育人"格局，一是突出立德树人，重构一二课堂协同的专业群课程体系；二是搭建党建育人、一二课堂课程思政融合、学生崇德修身、工匠精神培育等实践平台；三是完善了第一课堂成绩单和第二课堂成绩单的人才评价机制和评奖评优机制。形成一二课堂互为补充，相互促进的良好格局，构建全方位、全过程、深融合的协同育人新机制（图5-2）。

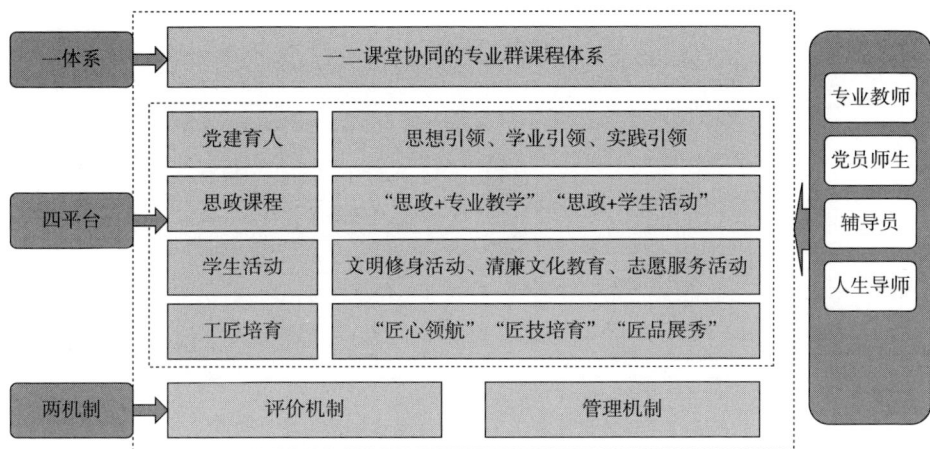

图5-2 专业群"一体系四平台两机制"三全育人构建图

（二）主要解决的教学问题

本项目成果以全面育人为导向，第一课堂和第二课堂相衔接，科学构建全面育人课程体系，较好地解决了第二课堂结构松散、育人功能不强的问题。根据德智体美劳全面发展的人才培养目标，多维度系统设计协同育人载体，解决了育人途径单一问题。根据目前在育人评价方面方法单一，注重智育的评价，忽视了德、美、劳等方面的评价等现状，解决了全面育人的评价机制构建问题。

三、教学问题的解决方法

（一）构建协同育人的课程体系

强化类型教育思维，将思政教育、劳动教育、美育教育、工匠精神融入课程体系，通过"党课""团课""团日活动"等融入思政教育，强化立德树人，坚持社会主义办学方向；通过"志愿服务""公益活动"等融入劳动教育，传承中华民族传统美德，弘扬劳模精神；通过"艺术论坛""师生优秀作品展"等融入美育教育，提升学生美学修养和鉴赏能力；通过"技能比武""创意设计大赛"等融入工匠精神，塑造学生精益求精的职业素养，重构时尚特征凸显的专业群课程体系（图5-3）。

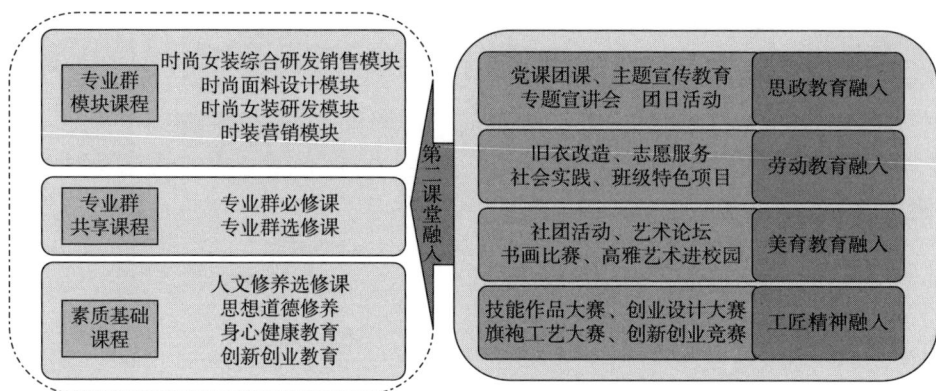

图 5-3　服装设计与工艺专业群课程体系构建示意图

（二）创新协同育人的载体设计

1. 系统构建党建育人机制

建立师生对话机制，实现对大学生的价值引领，开展"书记面对面""名师面对面"等活动，教育引导学生培育和践行社会主义核心价值观，踏踏实实修好品德，成为有大爱大德大情怀的人；建立对接机制，实现对大学生的学业引领，开展"卓越计划"，成立"党员头雁工作室"，组织参加国内外技能大赛、企业技术服务等，培养国际化服装技术技能拔尖创新人才。实施"创业成长计划"，党员教师担任创业导师，为学生的创新设计、劳动教育、挑战杯竞赛等提供支持。开展"师爱结对计划"，利用学生的朋辈影响，开展"学生党员学业帮扶计划"等；建立结合点机制，实现对大学生的实践引领。通过"结合点机制"解决党建和育人工作脱节问题，让党员在发现问题中找到解决办法，制定实施举措。通过项目，党员教师带领学生团队深入实践，培养学生的劳动精神、创新精神等，实现全面发展的育人目标。

2. 系统推进一二课堂"课程思政"

积极探索专业课"课程思政"教学改革，深入挖掘专业课的思政元素，通过专家指导、教研活动、课题研究等方式推进课程思政教学改革，实现"教学目标—教学内容—教学方式—教学评价"一体设计。积极探索"第二课堂+课程思政"，通过团课、党课、讲座、参观、活动等方式，实现第二课堂实践与课程思政的相互联动，有机融合，发挥第二课堂实践育人功能。

3. 系统开展学生崇德修身活动

开展"文明修身"系列活动，推进课堂文明、寝室文明、餐厅文明，促进大学生道德教育；开展"清廉文化"系列活动，推进大学生廉洁教育；开展"服务城市、服务社区、服务专业"志愿活动，推进大学生劳动教育。

4. 系统设计工匠精神培育计划

聚焦思想引领，实施"匠心领航"计划，开展"匠心大讲堂"校友匠心沙龙，"十佳匠苗"评选活动；聚焦人才培养，实施"匠技培育"计划，推进拔尖人才培养工程，启动创新创业培育工程，实施特色项目培育工程，实施传统文化社团培育工程，依托学校主持建设的"传统手工艺（非遗）技艺传习与创新资源库"，开设非遗课程，非遗大师进课堂；聚焦创新实践，实施"匠品展秀"计划，组织开展行业名师名匠展，培育校园"一季一秀"文化品牌。

（三）完善全面育人的评价机制

建立"以育人目标为导向、以学分建设为基础，以双向考核为保障"的评价机制。建立第二课堂学分机制，每个专业创设素质学分（不低于5个学分），制定分值表，规定不同类别、不同级别的活动赋分，经过详细论证后实施，并列入学生素养学分的重要组成部分，为用人单位在选人、用人时提供参考。建立劳动成果激励机制，将劳动成果与评奖评优挂钩，将劳动分作为评奖评优和入党考察的重要指标。

四、成果创新点

（一）创新一二课堂协同的育人模式

紧紧围绕"培养德智体美劳全面发展的社会主义事业建设者和接班人"的育人目标，构建一二课堂协同的课程体系，完善第二课堂的整体设计，从"思政教育、劳动教育、美育教育、工匠精神"4个层面搭建活动平台，改变以往第二课堂活动导向不明、结构松散无序的现象，使一二课堂之间形成互为补充、相互促进的格局，在全面发展的复合型人才培养上发挥了重要作用。

（二）创新性构建一二课堂协同的评价机制

目前高校在人才评价上存在"重智育，轻素质"的现象，不符合新时代德智体美劳全面育人的目标，本项目成果从评价理念、评价制度、评价方法进行了整体思考，创新了评价机制，第一课堂成绩单的构成融入素养评价，如诚信劳动、创新劳动等，对"不诚信"现象一票否决，第二课堂成绩单制定完善了评价制度，实行信息化管理，客观公正地反映学生的参与情况和活动成果，进一步保障了育人质量。

五、应用情况

（一）形成了以达利文化为核心的人文素质教育体系

全方位推进了职业素养教育，达利女装学院充分发挥校企共同体在工学结合、学做合一、师傅帮带、市场体验等方面的优势，将职业素养教育贯穿人才培养的全过程，在课程开发与实施、校园文化课题研究等方面结合达利公司和女装产业需求，通过课堂教学改革、"达利大讲堂"、企业实习锻炼、学生社团活动等形式，让学生在开放的、全真的、职业化的教学情境中感受达利公司先进的企业文化和杭州历史悠久的丝绸文化，不断熏陶，使学生逐渐养成良好职业素养。

创新了思政教育工作，制定了《思政课融入专业教学改革实施方案》，并在实践中结合达利特色，摸索出了一条适合达利思政教育长效推行的教改机制。在心理健康教育方面，学院团总支、学生会、心理协会每年都会定期举办各色各类的宣传普及心理健康知识的活动，编写了新生心理健康手册，引导学生积极参与社会公益服务活动。学院党总支通过创新党支部活动、学生公寓红色阵地建设等活动的开展，客观把握了不同阶段的发展特点与内在规律，切实把党组织的政治优势和组织优势转化为发展优势，努力构建和谐环境，促进学院各项工作顺利发展。

开展了具有专业特色的学生文化活动，坚持以人为本，强化育人意识，强调"全员育人、全方位育人、全过程育人"，遵循校园物质文化、精神文化、制度文化和行为文化的整体建设思路，结合达利实际，举办了"彩色周末文化剧场"、感恩的心、cosplay大赛、彩虹周末等活动，开展了"三展一秀"（课程作品展、特色项目展、专业作品展、毕业设计作品秀）演讲比赛、辩论赛、专业技能比赛等学生活动，培养学生爱岗敬业、诚实守信、团结合作的精神，形成颇具特色的达利校园文化。

搭建了创业能力培养平台，成立了创业教育指导中心，通过对毕业生创业的调查分析，明确学生的优缺点，扬长避短，制定了创业教育融入人才培养全过程的实施方案，建立了多种形式的校内外创业基地，开展了诸如校友创业经验交流会、创业大讲堂、创业模拟大赛等一系列的活动，举办了创业培训6期，编写了具有专业特色的创业教材1本，邀请了外聘创业导师8名，总计150多名学生参与了培训活动。通过这些互动交流的活动，很好地消除了学生关于创业、就业方面的疑惑，激发了学生的创业热情（图5-4）。

图5-4　第二课堂实施情况

（二）传统手工业（非遗）技艺传习传承与创新资源库运行良好，顺利通过验收

截至2019年3月，传统手工业（非遗）技艺传习传承与创新资源库用户总量达17711人，其中学生用户13544人。该项目的建设对人才培养和专业发展做出了很大贡献。一是资源库系统全面的课程体系，提高了职业教育专业建设水平，资源库开发了包含匠心素养类、技艺传习类和技艺创新类3种课程类别的非遗技艺教学课程体系，在课程开发过程中，融入了创意设计、产品创新、展示推广和市场拓展等理念，除传统手工艺技艺传习外，更加注重匠心素养的熏陶及技艺创新能力的培养。比如，服装设计与工艺专业师生，在旗袍非遗传承人韩吾明先生的带领下，坚持每周安排半天的时间进行传统旗袍制作的学习，学生通过传统旗袍工艺的学习，不仅掌握了技术，提高了对传统文化的兴趣，还通过大师手把手指导，感受到了非遗大师精益求精的专业精神，对学生的全面成长上起到很大的作用。这种影响反过来助推专业课学习，极大地提升了学生的专业水平，学生连续获得国家职业技能大赛一等奖3项；二是现代前沿的科技手段赋予了非遗技艺传播的生命力。通过对金石篆刻、中国丝绸、中式旗袍、西湖油纸伞、剪纸艺术、全形拓、雕版印刷等传统手工业非遗传承人的技艺挖掘，利用科技手段，以电视制作、动漫设计、数字技术等新手段创新呈现形式，最大限度地丰富和放大非遗技艺的价值呈现平台，同时借助互联网技术打破了非遗技艺传习的时空和地域限制，可以让任何人在任何时候、任何地点都能通过网络便捷地获得丰富立体的非遗技艺教学资源信息，实现非遗技艺优质资源得到最大限度的展示、利用和共享，推动了中华传统文化的传播弘扬；三是多元路径的培养模式，培育了一批

非遗技艺传承的职业人。资源库通过线上线下相结合的方式，为非遗手工技艺的学习者提供了互联网时代下的多元培养路径，线下建有非遗馆、传习创新基地和非遗体验中心，学习者可以获得更加直接的教学指导，线上采用PC、APP、OTO 3种学习方式，突破了原来师徒手把手和培训班师傅讲、学生听的传授模式，能够更加便捷地学习，获取丰富多样、先进实用的教学素材和信息，提高了非遗人才培养工作的针对性，实现了传统手工技艺传授模式优化，极大提升了非遗项目人才培养质量（图5-5）。

图5-5 传统手工业（非遗）技艺传习传承开展情况

（三）人才培养成绩斐然，学生就业创业竞争力居全国前列

体制机制的创新，校企深度的融合，极大地提升了学生的创新创业能力和就业竞争力。

案例三 "校企共建、双向兼职、创新服务"提升女装专任教师育人能力的研究与实践

（获2020年中国纺织工业联合会教学成果二等奖）

成果完成人：孙红艳 章瓯雁 徐高峰 马亿前 詹丹辉 刘桠楠

一、教学成果的背景

高职教育，即高等职业教育，是高等教育中的一个类型，它在育人内容、手段和路径方面与本科院校有较大差异。要构建与本科并行的、高职特有的育人模式，发展现代职业教育，首要的是高职专任教师能力要胜任。但是，高职院校的

专任教师在职业能力上存在一些瓶颈问题：从教师来源上看，他们主要来自普通本科院校，具备理论知识，但是缺乏企业工作经历，对企业一线工作缺乏了解，在教学中重理论而轻实践，对学生职业能力的塑造非常不利；从教师的能力要求来看，高职院校教师以教学为主，但是对企业的技术服务、社会服务方面缺乏动力和方法；从教师能力培训来看，教师培训浮于形式，质量不尽如人意。

要解决高职专任教师的能力问题，必须要从"双师素质"和"双师结构"两方面加强，而这就需要借助企业的深度参与。企业可以接纳教师到企业开展实践，提升教师的一线经验，另外，企业的优秀企业专家和技术骨干可以参与学校教学，与专任教师共同合作科研，优化学校双师结构。紧密的校企合作可以推动校企双方共同打造高水平的师资队伍。

杭州职业技术学院和达利女装学院开展深度的校企融合，通过"校企共建"共同实施教师提升计划，共建国家级双师培育基地；通过"双向兼职"构建校企双方"身份互认、角色互换"机制，实施教师分类培育的"四大工程"；通过"创新服务"着力增强教师的研发和社会服务能力。多措并举，打造出了一支"善教学、精技能、能研发"的多元能力复合型的高素质教师教学创新团队，显著提升了女装专业师资队伍的整体水平。

二、主要解决的教学问题及教学问题的解决方法

（一）主要解决三大教学问题

1. 双师型教师不足

我国高职院校"双师型"教师整体比较缺乏且补充困难，成为深化职业教育改革良性运行的障碍和瓶颈，这也成为制约高水平高职院校建设面临的第一要素。

2. 专任教师和企业师傅融合不深

很多高职院校"双师结构"只是停留于表面，专、兼职教师两支队伍往往是各行其是，融合不足，专任教师、企业师傅远没有形成一体化的教研团队，影响了"双师结构"构建的初衷和价值发挥。

3. 专任教师能力结构不良

高职院校的教师往往是以"教学"为主，普遍存在知识结构单一、实践操作能力欠缺、岗位需求了解不足、研发服务水平不高、教学创新意愿不强等问题。要与高水平职业教育的发展要求相匹配，高职专任教师亟待形成"精技能、善教学、能研发"的多元复合能力结构。

（二）提出解决教学问题的三大方法

1. 校企共建队伍，打造一流的师资建设支持系统

一是校企共同制订和实施教师提升计划，实施"四大工程"，即专业带头人"登峰工程"、骨干教师"名师工程"、青年教师"青蓝工程"、兼职教师"名匠工程"（图5-6），为学院内的每位教师制订有针对性的职业生涯规划和重点培育。二是校企共同打造国家级双师培育基地。整合浙江省服装版师协会、设计师协会、达利国际以及杭品牌女装企业资源，建立学校教师、企业技师共享共培师资发展平台，每年组织教师参加专业领域职业资格培训，在面料开发、时尚女装款式、毛衫设计、时装搭配与陈列等领域，培育技术能手。三是建立双师培育的长效机制。达利集团每年投入100万元用于学院教师的培训和进修；将教师企业经历制度化，作为评定"双师型"教师资格的条件和职称晋升条件，在企业期间，指导的学生实习、参与项目研发、参与技术革新等计入教学工作量，与校内津贴挂钩。

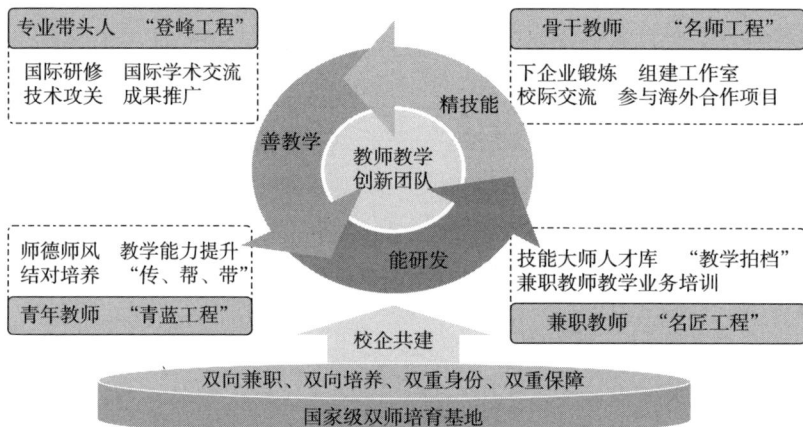

图5-6　达利女装学院"校企共建、双向兼职、创新服务"师资队伍建设示意图

2. 双向兼职，专任教师和企业师傅共构教研共同体

一是身份互认，角色互换。学院实施"教师进企业、大师进课堂"方略，聘用达利服装中心负责人为专业负责人，深度参与专业建设，指导师资队伍建设，负责建立"教师—师傅"对接，企业师傅常驻学校，引入企业技术、工艺、文化，专、兼职教师结对，兼职教师与专任教师一并进行培训和教研。二是专、兼一体化考核管理。为了增强专、兼融合，学院实行两者的捆绑式管理，教学要求可以通过专任教师无障碍地渗透到兼职教师，对专任教师的考核就是对该教学单位的整体考核，同时也对兼职教师进行考核，并给予相关激励。

3. 突出创新和服务，实现多元复合的专任教师能力结构

通过组建大师工作室和产学研中心、下企业锻炼、教师企业经历工程等方略，引导教师关注企业一线技术需求，到企业一线顶岗实践，教师每年至少1个月进企业参与企业工作，教师真正参与企业生产实践和技术创新服务，通过应用型课题项目研究，解决企业生产中的关键技术难题，积累技术经验和研发成果，培育具有引领产业技术革新、创新能力的复合型师资队伍，使之"善教学、精技能、会研发"。

三、教学成果的创新点

（一）以校企命运共同体为基石，企业深度参与，实现教师培育模式创新

杭州职业技术学院和达利公司建立了共同体，校企紧密合作，为女装专业师资团队建设打下坚实基础。企业将师资培育纳入企业人才发展规划，深度参与企业教师工作站、产学研中心等师资平台建设，遴选技术水平和工作经验丰富的一线企业专家、技术骨干常驻学校参与学校教学，与专任教师互补交流。同时企业积极落实专任教师的企业经历工程，给与专任教师实质任务，使教师企业经历工程落到实处。

（二）以职业生涯规划为依据，分类精准培养，实现师资培育路径创新

学院师资培育注重科学谋划，制定不同类型教师的能力标准，结合教师个体的职业生涯规划，根据教师类型、成长阶段、能力层次等维度，采取国内外高校访问研修、进企业服务、技术技能大赛、教学技能培训、海外研修、教学拍档等多种方式，开展专业带头人、骨干教师、青年教师、兼职教师的分层、分类、分岗培训。依托行业企业和高等院校，建设高水平双师培育基地，培育了一批"双师型"优秀教师。

（三）以创新和服务为发力点，实战为上，实现教师能力培育内容创新

以往教师培训侧重于教学能力培训，而对教师的技术研发、社会服务等方面的能力培训关注不足。学院注重强化教师的教研能力、应用研究能力，搭建协同发展中心、工程创新中心、创新创意中心、企业产学研中心等载体，加大科研激励力度，引导教师开展技术创新和企业服务，实现教师能力的多元化发展。

四、成果的推广应用效果

本课题经过三年的理论研究、实践验证和成果应用，取得了明显的成绩。

（一）学院教师的"双师"结构和能力明显提升

通过校企深度合作，多措并举提升师资能力，优化师资结构。目前，学院80%的专业教师拥有3年以上企业工作经历，企业常驻学校技师15人，兼职教师占学院教师总数的50%，而兼职教师来自企业一线的占兼职教师人数的90%，真正形成了"双师结构"，形成了一支稳定的专、兼结合的高水平队伍。

（二）专任教师的创新和服务能力明显提升

近三年，师生每年产品研发量占达利公司年开发量的31%，专任教师承担横向课题33项，技术服务到款额800余万元，申请获得实用新型专利21项，外观设计专利17项，软件著作权3项。

（三）教师队伍的整体水平大幅度提升

学院目前拥有1支省级教学团队，38名专任教师中已培育出1名全国优秀教师、1名全国技术能手、2名全国优秀制版师、1名浙江省"万人计划"教学名师、2名教师进入省级"教坛新秀"、2人获得浙江省"技术能手"、2名浙江省高校优秀教师，学院获评"全国教育系统先进单位"。

（四）学院的育人成效和专业建设成效突出

学院的校企共同体产教融合育人模式被社会各界称为职业教育的"达利现象"，并且获得国家教学成果奖一等奖，入选《国家高等职业教育服务产业发展成果案例选编》，获评"杭州十大美丽现象"。学院教师制定的《服装制版师岗位标准》成为全国制版师大赛的技术标准，承办省级以上服装技能大赛30项，开展技术培训和鉴定35000余人次，承担西博会项目流行发布会服装制作120套。服装设计与工艺专业在2020年顺利进入中国特色高水平专业建设计划。

案例四 基于数字校园学习平台的 信息化教学模式改革与实践

（获2018年中国纺织工业联合会教学成果一等奖）

成果完成人：章瓯雁 徐 剑 杨龙女 梅笑雪 竺近珠 袁 飞

一、教学成果的背景

基于数字校园学习平台的信息化教学模式改革与实践，是杭州职业技术学院通过对服装专业国家教学资源库的建设，反推学院服装专业师资团队建设数字化教学资源和搭建标准化课程、个性化课程、典型工作案例、企业生产案例和企业培训包等课程、项目建设，在使用和推广平台课程的过程中，改革课堂教学模式，以教学信息化为中心，以管理服务信息化为保障，以质量评价信息化为推手，有效解决教学过程中存在的问题，极大提高了教学效果和效率，找准"互联网+"现代职业教育背景下提高人才培养适用性突破口（图5-7）。

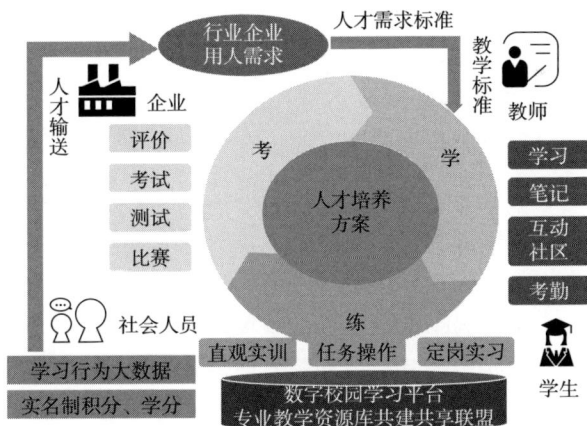

图5-7 数字校园学习平台的协作育人模式

（一）理论上实现两个突破性创新

一是平台系统架构创新，平台设有"资源库"和"微资库"两大系统，资源建设者根据国家服装专业标准，在"资源库"系统中建设服装设计专业海量资源，再根据区域服装产业特色，把"资源库"中的资源引入"微资库"，搭建标准化课程、个性化课程、典型工作案例、企业生产案例和企业培训包，满足多用户个性化需求。二是课程组织结构创新，设计"课前自学""课中做学"和"课后拓学"课程构架，采取视频自学、平台测试、在线互动、多元评价，虚拟情境等信息化教学策略，提升教学效果，提高教育教学质量。

（二）实践上凸显信息化改革效果

数字校园学习平台的构建，是以学习者为中心的"一站式学习平台"。2014年以来，教师通过在平台上建设数字化资源、搭建在线开放课程、开展信息化教学改革、推广优质资源共享等系列活动，有效提高了教师信息化课程建设能力和信息化教学能力，学生的培养质量显著升高。教师获全国高校教师微课大赛一等奖、全国职业院校教师信息化教学设计大赛二等奖；学生获全国技能大赛奖项10项，省技能大赛奖项26项。

二、主要解决的教学问题及解决教学问题的方法

（一）主要解决的教学问题

1. 教学内容和条件滞后、跟不上产业发展要求

2016年发布的《中国服装产业集群升级"十三五"升级发展战略纲要》指出，服装市场需求已发生结构性变化，时尚化，个性化，多元化已成为市场发展的新趋势，数字化、信息化、智能化先进制造技术已成为服装业的核心技术。但现有高职学校大部分教师的教学内容跟不上行业发展转型的新需求，教师的信息技术水平不够，对视频制作软件、资源搜索、加工、处理较少接触，在录制教学视频、利用信息技术创设教学情境、为学生提供高质量的数字化资源等方面存在困难，制约了信息化课程资源开发、利用及课程实施。同时，智能化校园的建设滞后，宽带速度不能保证视频顺利播放，学校学习终端配置数量不足等问题，使学习效果不能保证。

2. 传统课堂教学效果不好、效率不高

服装设计专业传统知识技能的传授，一直是从教师讲解、示范，到学生模仿、实践，再到教师个别指导的教学过程。教师的教学方法、手段相对老化、单调，一堂课从头讲到尾，学生在课堂上学习注意力不集中，对教学内容的了解和掌握有一定难度，对知识的灵活运用，也十分欠缺；而课中教师的示范，由于班

级学生人数多，学生无法看清示范动作，若教师分组进行多次示范，又导致课堂教学效率极低。而学生自己动手实训的时候，教师一对一的针对性辅导又相对费时，无法顾及所有学生，存在教师难教、学生难学的困境。

3. 学生自主学习动力不足

教学方法上的原因：教师从讲解、示范，到学生模仿、实践，再到教师个别指导的传统服装专业的教学方法，让学生大多数养成了依赖教师的习惯，自主学习的意识和能力不够。

学习内容上的原因：学生普遍对文字的接受能力弱，喜欢视频、虚拟仿真类媒体，其次是图片媒体。因此，对于教师提供的大部分的文字资料和一部分的图片资料，缺乏学习兴趣。

4. 学校与企业沟通不畅，社会服务成效不明显

社会服务是高校的重要职能。但由于地方高职院校缺乏行业的引导与指导，加上历史与传统的原因，学校在专业设置、课程开发、设施设备配置等方面与市场脱节、更新换代慢、与地方脱轨的现象较为普遍，严重束缚了学校服务地方经济社会的活力。

"地方性"是地方高职院校的优势，但好多地方高职院校由于与行业企业及经济社会缺少应有的联系和沟通，服务社会的积极性和主动性不够，或地方政府及行业企业对地方高职院校社会服务状态缺乏了解，甚至对高职院校社会服务能力持怀疑态度等原因，使高职院校的社会服务成效不甚明显。

（二）成果解决教学问题的方法

1. 践行信息技术与课程内容有效融合，适应服装产业发展要求

（1）采用信息化的数字资源，改变课程内容的组织结构

根据现代服装个性化，智能化的产业发展趋势，精准定位人才培养目标，构建与之相匹配的信息化手段支撑的课程体系，确立具有信息化特征的课程目标，搭建以"数字视频微课"为主线的信息化课程教学内容。

（2）利用平台测试及大数据分析，优化学生学习的评价方法

平台具有互动交流、全过程写实记录等功能。通过动态、写实性持续记录与课程相关的数据，为课程教学和分析提供可靠依据，使学生能通过平台，完成生生、师生作品点评、推优，利用在线测试及时了解知识技能的掌握情况，督促学生自主学习。而教师通过大数据分析，了解学生学习存在的问题，及时调整教学方案，在课堂上重点突破。

（3）集成数字化技术，实现校企跨时空对接

在信息化条件下，在移动端使用React Native整合Android与ios平台，集成虚拟仿真、AR、VR等技术设计学习情境的数字化，学生可通过反复研看教师利用高清拍摄设备完整摄录的服装生产流程的每一个细节，理解工作过程。或利用3G技术，实行3G实景教学，将企业的工作现场传输到课堂，与现场实现互动。

2. 构建以学习者为中心的"一站式学习平台"，激发自主学习及探究能力

高职教学不仅要求学生掌握基本知识和基本技能，同时，还要强调学生良好的职业道德、职业意识等职业素养的养成，尤其是自主学习、终身学习的能力及探究能力的培养。平台坚持以学习者为中心的设计理念，通过"教"与"学"两个模块实现系统内互动。其中"教学系统"主要包括教学资源、课程管理、互动教学、作业测试和分析评价等；"学习系统"主要包括课程选择、学业档案、在线学习互动、任务驱动和学生评估等。强大的智能导学功能，极大激发了学生的求知欲，通过虚拟仿真、富有变化的学习情境进行认知和学习，增强了学习自信心，让学生乐于学习，多角度多途径去思考、研究和解决问题，提升了学生对知识技能的探究能力。

3. 搭建具有充分互动和协同的课前、课中、课后模块，有效提高课堂教学效果和效率

平台的课程架构设计了"课前自学""课中做学"和"课后拓学"，教师在教学实施过程中利用信息化手段，将传统的课堂教学设置成与平台课程架构相适应的"准备任务""学做任务"和"拓展任务"，以加强对学生学习进度的监控及学习效果的分析。

（1）"课前自学"环节

加强学生对基础知识的复习、对新知识的导入以及学生自学的环节。在这个环节，教师创设单元情境，并对学生进行有效引导和帮助，学生按任务进行自学探究、体验交流。

（2）"课中做学"环节

学生通过真实或仿真项目进行实训，根据个人学习能力的不同，借助平台教师提供的FLASH动画、3D虚拟试衣、视频回放等资源，进行个性化分层次学习，而教师通过视频采集，分画面时时观察学生的实训情况，通过信息化手段，及时纠正实训过程中出现的问题，课堂变成了互动的场所，实现以"学生需求主导"的异步学习。

（3）"课后拓学"环节

系统根据学生的单元电子笔记、知识标签，实现个性推送学习知识点。据此可进行有针对性的巩固拓展学习；通过观看课堂教学视频，可实现重难点知识的重现；根据课中的实训情况，学生可选择性地完成拓展任务，进一步自学探究；在课余时间，学生通过手机APP，实现随时地个性阅读、互动交流。该环节是课堂学习的巩固与提高，是课堂教学的有效延伸，对提升学生个性化学习、自主自觉、主动追求式学习，以及增强学生自信心、创新意识能力都具有重要意义。

4. 打造行业企业与教育界畅通的开放式资源库管理平台，社会服务成效明显

信息技术的最大优势在于打破原来各个群体、各类机构、各种部门之间的壁垒，形成各方的有效沟通。在信息化时代，平台以推进职业教育教学改革为根本出发点，构建资源管理系统、学习管理系统、学习型社区、社会服务门户和专业建设管理系统等基础板块，面向整个职业教育战线（跨专业、跨院校、跨地区），教师与教师之间、学校与企业、学校与社会之间的障碍被迅速冲破，各方联系更为便利并进一步加强。教师通过平台实现与学生以及社会用户在资源、信息上的交流与互动，各个部门通过跨界的方式，参与到职业教育的办学中来；同时，校企合作工作也通过平台得到了推进，及时为企业提供知识与技能服务。社会服务工作在信息化条件下实现突破，成效凸显。

三、成果的创新点

（一）平台系统架构创新

根据服装专业共性和区域产业个性，搭建标准化和个性化课程，满足多用户个性化需求。资源作者根据服装行业企业的人才需求，搭建标准化课程，然后依照区域产业需求确定人才培养目标，将标准化课程重组，形成校本个性化课程。使资源使用者能够对资源进行个性定制和任意关联，满足个性化需求。

（二）课程组织结构创新

通过课前、课中、课后模块，采用视频自学、平台测试、课中在线互动、多元评价、虚拟情境等信息化教学策略，提升教学效果，提高教育教学质量。基于"一站式学习平台"，在教学中运用信息技术对教学活动进行创造性设计，通过以学生为主体的自主学习、在线测试、虚拟实践、课后拓展等环节，使教学表现形式生动、直观、形象、灵活，充分调动了学生学习积极性，增强解决问题的能

力，提升教学效果，提高教育教学质量。

四、成果的推广应用效果

本课题经过多年的理论深化、实践探索、成果推广与应用，取得了可喜的成绩，在全国高职院校的信息化教学改革中起到示范与引领作用。

（一）基于微资库学习平台的服装专业资源库的建设，带动服装专业师资团队信息化教学资源的建设能力

杭州院达利女装学院的专业教师通过服装专业资源库的建设，转变了教学观念，摒弃了传统的说教式教学，根据课程内容，把信息技术及设备巧妙应用于资源的建设中。2015年，章瓯雁老师的服装立体造型艺术表现手法之波浪褶课程获得全国高校教师微课设计大赛一等奖，微课在网上的点击学习次数达80168次，被学习者采用43923次，社会关注度极高。同时，学院的师资团队在浙江省高校教师微课大赛中获金奖1项、铜奖2项。

（二）通过"翻转课堂""混合教学"等信息化教学改革，提高服装专业师资团队信息化教学设计的能力

教师借助平台开展翻转课堂等形式的教学改革活动，极大地提升了师资团队的信息化教学设计能力，2017年获国家高职院校信息化教学设计大赛二等奖、浙江省高等职业院校信息化教学大赛教学设计赛项一等奖；服装设计专业实施信息化教学改革的课程占总课程的85%以上，学生满意度占97.1%，极大超过了传统课程。

（三）利用平台进行信息化教学，有效提高学习效率和效果

以学习者为中心的"一站式学习平台"，极大激发学生的求知欲，通过虚拟仿真、富有变化的学习情境进行认知和学习，提高了学习效率和效果，学生在全国职业院校技能大赛服装设计与工艺赛项中屡获佳绩，2014年以来获得全国一等奖6项、二等奖3项、三等奖1项，省级技能大赛获奖25项。

（四）通过平台的资源建设和课程搭建，提升了教师的在线开放课程的建设能力

基于资源库平台，杭职院服装专业教师建设了四门标准化课程、17门个性化

课程，其中两门课程立项浙江省精品在线开放课程，一门课程入选智慧职教课程平台，一门课程在高等教育出版社公开出版。

（五）有效推广了信息化教学改革成果及优质资源，推进了职业教育信息化的发展

杭职院作为第一主持单位和山东科技职业学院、全国纺织服装职业教育教学指导委员会联合18所职业院校和20家相关企业，共同建设服装设计专业教学资源库，2014年以来受邀开展了信息化教学改革及数字资源的建设等专题讲座，将信息化技术改革教学方法手段、建设服装设计专业数字化教学资源（特别是数字化视频资源）的方法和技巧做心得分享，推动职业教育专业教学改革。

案例五　基于校企共同体厂中校平台的"现代学徒制"培养探索与实践

（获2016年中国纺织联合会教学成果一等奖）
成果完成人：郑小飞　徐　剑　章瓯雁　王培松　郑　路

一、成果背景

达利女装学院成立以来与达利公司在人才培养模式改革、课程开发和建设、教师培养等方面开展了深入合作，取得了一系列优秀成绩。近年来，为了适应职业教育对创新性人才培养的要求，也为了满足公司转型升级对高素质人才的需求，达利女装学院依托公司的优质资源开展了现代学徒制培养，一方面学校的优质资源能与企业共享，能有效地服务企业的转型升级；另一方面企业的平台和教育资源也能助力学校内涵发展，能担任协同育人任务。

二、成果简介

在校企共同体的背景下，整合校企的优势资源，新建面积约3000余平方米的厂中校——达利产学研中心，作为新产品研发基地，产学研中心按照公司独立

部门的运行模式进行组织架构,公司董事长担任中心主任。以达利新产品研发和销售为工作重点,由专业教师和企业师傅组成双师团队开展现代学徒制模式的培养,专业教师主要负责理论教学和学生日常管理,企业师傅负责实践指导。在大二学生及合作中职学校的五年一贯制学生中进行选拔,根据学生的特长和职业生涯规划选拔学生进入设计和制版岗位工作。学校和公司共同制订单独的人才培养方案,共同进行考核评价,公司管理层和学院各部门负责人每月召开一次总结反馈会,不断优化运行模式,不断提高学生的培养质量。培养期间,达利公司支付一定的基本工资,并根据学生产品开发的录用情况发放绩效工资。

三、解决的教学问题

(一)企业培养和学校教学之间的衔接问题

创新了现代学徒制培养模式,通过厂中校建设,较好地解决了在现代学徒制培养中教学内容衔接和师资衔接等问题。

(二)教学质量管理问题

实行学校和企业双重管理,按照企业要求制定了《学生选拔和管理办法》,《教师考核与管理办法》等,保证了人才培养质量。

(三)学生定位不清,缺少生涯规划问题

根据学生的特长和职业生涯规划选拔学生进入设计和制版岗位工作,让学生提前适应工作环境,逐渐明确职业生涯规划。

四、成果解决教学问题的方法

(一)校企协同建设产学研中心

为了深化产教融合,以企业提供场地和装修、学校提供设备的方式,校企共建面积约3000余平方米的厂中校,厂中校以达利新产品研发和销售为工作重点,同时为集团培养优秀人才,提供优质人才储备。通过双师共同授课和实践指导,企业真实项目操作,提高学生职业素养和专业技能(图5-8)。

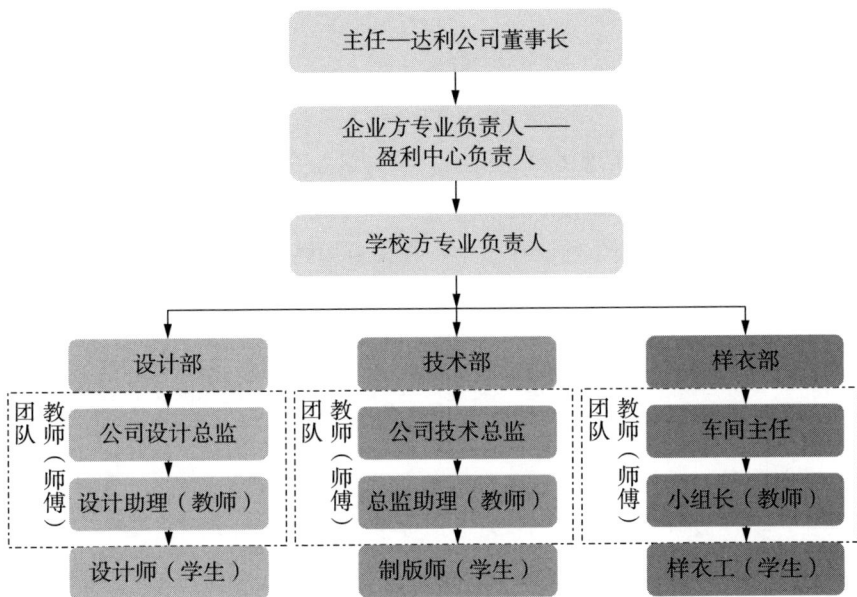

图 5-8　产学研中心组织机构

（二）协同制订学徒制人才培养方案

校企共同商讨制订人才培养方案，根据设计岗位、制版岗位和工艺岗位的工作要求和能力需求开发针对性强的课程，形成对接紧密、个性鲜明、动态调整的课程体系。明确选定校企双方的课程授课教师，以真实研发项目为教学任务，全面实施素养教育，将职业素养、人文素养教育贯穿培养全过程。

（三）校企协同成立双师团队

厂中校的教学和实训指导由专业教师和达利专家共同来完成，组建双师团队共同完成学生的指导。企业师傅指导实践，专任教师以理论指导为主，同时充当企业专家的助手，在协助企业专家的过程中不断学习，提高教师的专业技能。

（四）校企协同教学质量管理

以企业要求作为考核标准，制定《达利产学研中心学生考核办法》，分为业绩考核和职业素养考核。职业素养占30%，考核指标有考勤、工作态度等，由企业师傅评价。业绩考核占70%，指标是每门课程学生研发的作品质量和被企业录用的数量。校企双方定期召开教研会议，及时反馈并解决问题。

五、创新点

（一）载体创新

厂中校建设较好地实现了校企资源共享，学生在教师指导下参与企业产品研发，加强了企业产品研发力量，解决了校企合作过程中兼职教师企业和学校两地跑的问题，还解决了现代学徒制在教学中在内容衔接、场所衔接上等问题。

（二）机制创新

达利公司董事长既是学院院长又是厂中校负责人，负责校企合作各部门协调和资源调配。厂中校管理的主体是企业，如制度的制定、课程的设计、内容的安排、人员的配备、考核的标准等，都按照企业的要求实施，保证了教学的先进性和时效性。学校负责学生选拔和管理、教学实施和制度管理等，双方共同制定实施了一系列教学教务管理制度和教师学生管理制度，为现代学徒制培养提供了有力的制度保障。

（三）方法创新

中高职融通开展现代学徒制培养，拓宽了中高职衔接的内涵，将中职学生纳入现代学徒制培养，较好地解决了中职阶段实习的管理问题。同时与企业与所在地区的中职学校建立合作关系，选拔该校学生进行现代学徒制培养，有效地保证了学生的就业稳定性。

六、应用情况

本成果在探索和实践过程中应用情况如下：

（一）人才培养质量显著提高

通过厂中校的培养，学生的专业技能得到很大的提高，学生获得市级以上各类服装设计、制作大赛奖项共38项，其中国家级金奖（一等奖）15项。学生和海派画家陈家泠合作的缂丝服装在国家博物馆展出并永久收藏。

（二）学生产品研发能力得到大幅提升

2014~2016年，在厂中校新产品开发量达3600余款，其中1400余款被公司采用并投入批量生产,研发量占公司年开发量近30%。连续三年为西博会流行趋势发布会制作服装,获业界良好评价。

（三）带动中职学校发展

作为服装类专业开展中高职衔接的试点院校,服装设计专业主动适应杭州服装产业结构转型升级的需要,联合中职学校,制定了五年一体化专业人才培养方案。为了保证中高职的有效衔接,由高职主导分段实施教学及管理。为了加强中职阶段第六学期的实习管理,解决实习单位,提前到中职学校进行厂中校实习学生的选拔,挑选专业基础好,职业发展目标明确,职业素养好的学生进行个性化培养。已经有60多位中职阶段的同学在厂中校进行现代学徒制培养。

案例六 基于校企共同体的针织专业项目化课程教学探索与实践成果总结

（获2012年中国纺织工业联合会教学成果三等奖）
成果完成人：刘桠楠 卢华山 朱 琪 卢 英 严胜奇

一、针织技术与针织服装专业人才培养定位

达利女装学院针织技术与针织服装专业确立了为杭州女装产业培养女装毛衫设计、编织工艺技术、生产管理等高技能紧缺人才的专业建设理念,以达利企业为主导,以毛衫横机工艺师为专业培养的首要岗位,重点培养电脑横机工艺设计人才,以电脑工艺设计技能基础上可以向毛衫设计师、毛衫生产工艺管理等岗位迁移,注重学生的可持续发展能力的培养,力争学生能够体面就业。

二、成果主要解决的教学问题

针织技术与针织服装专业以毛衫生产技术岗位能力标准为依据,实施项目化教学、生产性实训的人才培养模式,构建了基于达利女装毛衫典型产品的项目化课程体系,在浙江省已经做出了显著的特色。

成果主要解决了基于毛衫典型产品的项目化课程教学模式，将企业的真实生产项目与课程内容的设置紧密结合起来，将企业的产品开发、生产和课程内容紧密配合，对教学体系与教学内容进行重新设计，形成了适合高职针织专业学生的学习特点和技能要求的课程，很好地解决了"教、学、做"合一的难题；聘请达利公司的技术骨干为专业的兼职教师，直接参与课程教学，突出了以企业生产实际带动教学，提高了教学的有效性。

三、教学问题的解决方法

（一）校企共同体是专业教学的依托

校企共同体是以合作共赢为基础，以协议形式缔约建设的相互开放、相互依存、相互促进的利益实体，较好地解决了目前高职院校专业教学中存在的理论化、实践少、技能低等教学问题，促进了专业人才的培养与用人单位要求之间的对接，提高了专业整合社会资源的能力，为专业课程体系的现代化建设提供了保障。

（二）共同构建基于企业典型产品的课程体系，实施"教、学、做合一"的教学模式

根据行业企业的特点，准确定位就业岗位，开展教学项目任务的分析，制定明确的职业能力标准，选取企业典型产品作为项目化课程教学内容，实施"教、学、做合一"的教学模式，并从职业素养、企业文化等层面实施文化育人。

（三）共同开发"横机工艺师"职业技能证书，突出岗位特色的教学体系

由达利公司发起，联合杭州多家毛衫企业共同推出"横机工艺师职业技能证书"（图5-9），成为毛衫行业认可的职业资格证书，建立了突出岗位特色的理论与实践相结合的教学体系。

横机工艺师岗位证书

针织技术与针织服装专业学生吴菲菲性别女，1989 年 10月 18日生，于 2010 年11 月通过横机工艺师岗位技能资格证考核，具有横机工艺师上岗资格证。

特此发证。

考核项目	理论	技能	职业素养	总评分
成绩	80	85	88	84

达利（中国）有限公司总裁：

年 月 日

编号 20100022

图5-9 横机工艺师岗位证书

（四）共享教学与生产资源，为专业现代化建设提供条件保障

学生以企业生产的产品为学习对象，参与样品开发。同时提高教师自身的专业技能和社会服务能力。在教学中达利公司派出兼职教师参与课程教学设计，参加课程成果的评审，并参加实践教学指导。

四、成果的创新点

（一）提出"项目化课程"概念，构建"针织专业项目化课程体系"

经过实践在教学目标定位、教学内容选取、教学方法与手段采用，教学团队建设和教学评价等方面做出了大胆的创新，形成了教学内容"任务化"、课程实施"项目化"、学生能力"技能化"的特色。

项目化课程实施以企业典型产品作为任务引领的真实情境教学。企业参与课程整体设计和建设，课程内容的设置以企业典型产品为教学案例，教学过程始终围绕毛衫生产流程而展开，设置教学环境为真实实训基地，实施"教、学、做"一体化，使整个教学过程置于职业岗位工作情境中，课程评价由学生、教师、企业共同参与，集中评审。

项目化课程改革对课程建设进行了系统探索，较好地解决了理论与实践、知识与技能之间的矛盾，在实施过程中提高了教师的专业技能，学生在学习过程中也增强了职业归属感，对同类专业的课程体系的建设具有积极引导意义和实际借鉴作用。

（二）创新实训室与教师工作室合二为一的运行机制

为了更好地实现"产教融合"的教学模式，提升"学做合一"的教学效果，实行将教师工作室与实训室合二为一的运行机制，即教师工作室落户于实训室。让学生参与达利公司的产品研发（图5-10），熟悉产品风格，工作流程等。实训室全天开放，教师指导，助教协助，有效地解决了教师少、学生多，难以及时解决学生难题的问题，很好地提高了教学效果。

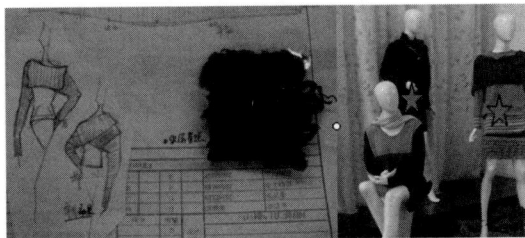

图5-10 根据达利公司款式进行工艺设计

五、成果的推广应用情况

（一）项目化课程教学应用

经过2006—2011年六个年级8个班级的试行后，针织专业的教学资源及其组合得到了进一步的优化，本成果课程体系所要求的教学条件已达到设计要求。本成果研究团队在总结前期试行经验的基础上对教学文件、教学资源、师资队伍进行了进一步的规划和设计，目前，本成果已经在2009~2013级针织专业教学中全面实施和应用，通过"项目化课程"的实施，学生的毛衫创意设计与编织工艺技能得到了进一步的融合（图5-11）。

图5-11　2011届、2012届毕业作品展示部分作品

（二）在项目化教学的推动下教师综合能力逐步提高

紧密依托"校企共同体"，专业教师与来自企业的兼职教师一起开展科研开发与课程建设，目前已建设了省级精品课程1项、市级精品课程2项，校企共建核心课程4门，教师与企业专家主编和参编校本教材共4本（图5-12），完成或在研课题5项，发表了相应的教改论文数十篇。为企业培训300人次，承担了达利公司2011年以来的围巾产品研发200余款（图5-13），生产总额达到80多万元，设计开发新花型100余款（图5-14），得到了企业的好评。

图5-12　核心课程项目化教材

图5-13　部分成品围巾

图5-14　部分设计花样

（三）本专业项目化课程在省内同类专业中处于领先地位

在教学实施中以工作岗位的典型产品或任务为载体，采用任务驱动、项目导向化教学。所有课程教学坚持以能力为本位，以学生为主体，以实训基地为中心的原则，实施工学结合，学做合一，将专业能力、社会能力与方法能力的培养融为一体，鲜明的教学特色、优秀的教学团队、先进的教学理念、良好的教学条件使本专业的项目化的课程教学处于省内领先地位。

案例七　高职服装专业立体裁剪国家精品课程项目化教学改革与实践总结

（获2012年中国纺织工业联合会教学成果一等奖）

成果完成人：章瓯雁　郑小飞　袁　飞　竺近珠　伍　箐

"高职服装专业立体裁剪课程项目化教学改革与实践"是2007年9月申报成功的浙江省新世纪高等教育教学改革项目，该项目经浙江省教育厅立项后，在浙江省教育厅高教处的指导和关怀下，于2010年7月经浙江省教育厅专家组的鉴定，顺利结题。

"高职服装专业立体裁剪课程项目化教学改革与实践"项目建立在校企共同体大平台上，对接企业的岗位需求。项目着力于与企业专家共定课标、共施教学、共享场地、共编教材、共研产品"五共"一体的课程改革与建设，即与企业能工巧匠共同分析专业面向的岗位，制订课程标准，把传统学科体系中该课程的知识和能力要求，贯穿于若干个来自企业的真实项目中，围绕着这些项目组织和展开教学，师生通过共同实施一个完整的"项目"来进行立体裁剪基本理论知识的学习及技能训练。在此过程中，学生在教师和企业设计师的指导下，在校企共同的生产车间自行完成项目作业。在项目教学完成时，学生有明确而具体的成果展示，优秀项目成果会被企业采纳，应用到企业的生产中。

该教学改革打破了传统"知识本位"教学理念，改变了传统立体裁剪教学中"以教师为中心、以课本为中心、以课堂为中心"的局面，在课堂上就有独立进行生产性实训的机会，有利于调动学生学习的积极性和主动性，使学习目的性更加明确，增强学习的趣味性。不仅使学生真正掌握了服装立体裁剪的实用技术和技能，而且培养了学生综合分析、解决问题的能力，从而形成完整的职业能力，实现校企"无缝"对接，达到毕业即就业，就业即上岗的效果。

一、主要解决的教学问题

（一）项目化教学经验不足

进一步研究项目化教学法的理论依据，总结国内外项目化教学改革的成功经验，探索服装立体裁剪课程如何通过与企业深层次的合作，寻求多方面、多层次的结合点。现达利女装学院已与达利公司建立以合作共赢为基础，以协议形式缔约的相互开放、相互依存、相互促进的校企共同体，为实现本课程的项目化改革创造条件。

对原有的服装立体裁剪课程内容进行改革，建立全新的项目化教学课程，把课程的知识点和能力点进行归纳、分类，融入一系列课程教学项目，从而形成全新的课程标准。

（二）教学方法和手段单一

改变传统的教师授课的教学方法，充分运用现代教育技术手段，以"八步"教学法为主，辅以探究教学法、任务驱动教学法、案例教学法等多样化教学方法，培养学生学习兴趣，实现教学效果最优化。

（三）课程教学文件与资源建设不足

建立一整套与项目化教学相配套的项目化教材、项目实训指导书、试题库等教学文件。进一步完善本课程的多媒体课件、教学录像等网络教学资源的建设。

二、教学问题的解决方法

本教改项目在校企共同体大平台上，与企业专家通过对服装立体裁剪课程教学模式、教学方法、教学实践、教材建设、成果应用等方面多角度、全方位的教学改革，实现学生"所学即所用，就业即上岗"的学习效果，教学问题的解决方法主要体现在以下几个方面：

（一）共定课标，探索"四个结合"的项目化教学模式

理论学习与实际能力培养相结合。将教学理论知识融入项目中，让理论知识的学习和项目所必须具备能力的培养有机结合，体现"做中学、学中做"的教学理念，易于学生掌握理论知识。

教学与企业实际生产过程相结合。在项目的制订中，采用企业真实项目，让学生有独立进行生产性实训的机会，学会自己克服、处理在项目工作中出现的困难和问题。

运用新知识、新技能与解决生产实际问题相结合。因为教学项目来自生产实际，具有一定的难度，学生不仅需要对已有知识、技能进行应用，而且要求学生运用新学习的知识、技能，解决未遇到过的实际生产问题。

过程评价与结果评价相结合。由于项目的实施过程是一个人人参与的创造性的实践活动，课程成绩考核以学生完成项目过程中的表现、创造力的发挥与教学完成后项目成果展示为依据，由企业专家、教师、学生一起对成绩进行评价，工作过程与项目成果并重。

（二）共施教学，形成以"八步"教学法为主的多样化教学方法

教学中注重体现现代教学理念，充分运用现代教育技术手段，针对项目化教学的特点，采用了以"八步"教学法为主，辅以探究教学法、任务驱动教学法、案例教学法等多样化的教学方法，培养学生学习兴趣，实现教学效果最优化。其

中,"八步"教学法是与企业专家以工作过程为主线开展教学,按照完成一个实际工作项目完整的流程来组织教学过程,整个流程包括项目调查、方案决策、计划制订、组织分工、项目实施、成果评价、成果改进、成果应用八个工作步骤。

(三)共享场地,构建"四位一体"的实践教学基地

对校内教室进行改造,使校内的教室既是教学课堂,又是实训车间、生产车间,形成了教室、实验室、实训室与生产车间"四位一体",校内和企业都有良好的职业氛围和教学环境,共享场地的构建,让生产带动专业实训,以技术研发促进专业教学。从而形成学生与企业员工互动,教师与师傅合一,教学与生产对接,学校与企业共赢的良好氛围,真正实现"学"与"做"的高度融合与统一。

(四)共著教材,完成"项目化"浙江省重点教材建设

配合项目化教学,在企业的大力支持下,共著教材《服装立体裁剪项目化教程》,该教材针对市场需求,与企业合作,精心挑选了一批企业典型实例,把课程的知识、能力和素质要求进行归纳、分类,融入这一系列的实例中。因此,所编写的教材内容新颖、实用,具有很强的市场针对性与适用性,使学生所学知识与技能更加贴近社会,符合市场需求,实现工学结合。该教材在2009年立项为浙江省重点建设教材。

(五)共研产品,实现人才培养与企业需求之间的"零磨合"对接

在课程项目化教学过程中,根据市场流行趋势和本课程教学特点,采用企业的真实项目,学生在企业设计师和教师的指导下为企业开发产品。学生优秀的项目成果被企业采用,使学生在校就可取得一些实际工作经验,缩短就业的磨合期,甚至实现就业的零磨合对接,取得较好的效果,实现了人才培养与企业需求之间的有效对接。

三、创新点

校企共同体大平台下的"五共"一体的项目化课程建设,使教改项目在校企共同体大平台下,对接企业的岗位需求,与企业专家共定课标、共施教学、共享场地、共编教材、共研产品,在教学中采用真实、典型的企业项目,将服装立体裁剪课程知识的传授、技能的培养与企业的工作任务有机结合。在教师和企业专

家的指导下，师生共同完成来自企业的工作任务，优秀作品为企业所用，投入生产，实现教学与研发合一。生产前线的训练使学生受益匪浅，大大提高学习的针对性和实用性。作品的生产应用增强了学生的自信心，增加学习的积极性和主动性。学生岗位能力得到极大提高，实现学习与就业的"零磨合"。

四、应用情况

（一）国家级精品课程建设

该成果在服装立体裁剪课程中应用于实践，在培养学生服装立体裁剪的实用技术和技能方面，以及根据市场综合分析、解决问题等方面取得了显著成效，实现课程跨越式发展。2008年获院级精品课程；2009年获教育部高职高专服装纺织类专业教指委级精品课程；2010年获国家级精品课程。课程发展稳健有序，表现出良好的成长过程和建设过程，得到了省内外专家与同行的高度评价，在国内同类院校相同课程的教学与改革中达到先进水平，具有一定的示范性作用和推广价值。

（二）教学改革研究项目立项

2007年11月，浙江省新世纪高等教育教学改革研究项目"高职服装专业立体裁剪课程项目化教学改革与实践"成功申报，并在浙江省教育厅高教处的指导和关怀下，投入配套资金。经过项目组全体成员的积极探讨和实践，较好地完成了预定的目标和任务，于2010年11月顺利结题。

（三）浙江省重点教材建设

根据项目的改革思路，撰写项目化教材，于2009年成功立项浙江省重点建设教材。

（四）教改论文发表

总结项目改革的经验与成果，2008年8月，在职业技术教育杂志上发表《服装立体裁剪课程的项目化教学改革》论文，使该改革成果进一步得到推广。完成了浙江省新世纪教改项目。

（五）举办专业骨干教师培训班

教育部高等学校高职高专服装纺织类专业教学指导委员会为认真贯彻教育

部高教司《关于全面提高高等职业教育教学质量的若干意见》的文件精神，进一步提高高职高专服装纺织类专业骨干教师课程建设的水平，适应高职教育教学改革的需要，于2010年10月29日—11月2日在江西南昌举办专业骨干教师培训班。服纺教指委全体委员，江西省教育厅高教处领导和全国服装纺织类各有关院（校）教务处、院（系）负责人、专业带头人、教研室主任、相关骨干教师参加了本次活动。笔者应邀在大会上为全国骨干教师做了关于课程改革与建设的专题报告，得到与会骨干教师的认可，使该改革在全国得到进一步的推广。

五、社会认可度

改革经过3年多的实践，教学效果突出，社会认可度高，主要体现在以下几方面：

（一）学生在各种技能比赛频频获奖

2006年，在杭州市2006"祥盛杯"服装技能大赛，获得个人制版优胜奖两名；获得浙江省教育厅举办的"亚龙杯"服装技能大赛获得团体一等奖，获个人第一、第二、第三名；在杭州市丝绸与女装产业发展领导小组办公室举办的"威芸杯"服装技能大赛中获得了个人制作优秀奖两名。2008年辅导楼晨南和沈红燕同学参加浙江省大学生职业技能大赛，荣获二等奖。2010年辅导学生参加"达利杯"全国第三届服装技能大赛，一组同学喜获金奖及最佳版型奖，两组同学荣获优秀效果图奖。

（二）项目化教学改革引起媒体关注

对课程进行项目化教学改革，与企业进行深层次的合作，由于教学项目来自企业，学生的项目成果具有很强的实用性，多次被企业采用，应用于企业生产和企业的橱窗设计中。浙江日报、浙江教育通讯、新感觉时尚杂志等媒体也对课程改革做相关报道。

（三）企业对学生的专业技能信任度高

许多企业主动与学院教师联系，签订横向课题，提供资金，委托教师带动学生开展企业新产品的设计和开发，学生设计的作品很受企业赞赏，为企业带来一定的经济效益，得到企业的认可。

（四）技能等级考试通过率高

从2005年开始，通过教学改革，把服装设计定制高级工考证纳入专业人才培养方案，突出职业性。大部分学生毕业后都获得了服装技能等级证书。2009—2011年连续三年学生的服装双证书通过率为100%。多证制的建设，使学生综合素质得到全面的提高，开阔了学生的就业面。

（五）毕业生就业前景好

从近几年毕业生的就业率（2009届：97.85%；2010届：97.70%；2011届：98.15%）和一些用人单位的反馈信息上看，毕业生大部分能够"零距离"上岗，许多毕业生成为企业打版师，设计师，受到用人单位的好评。

案例八　基于校企共同体的工作室个性化人才培养模式改革与实践

（获2016年中国纺织工业联合会教学成果一等奖）
成果完成人：章瓯雁　梅笑雪　竺近珠　郑小飞　郑露莙

一、成果简介及主要解决的教学问题

基于校企共同体的服装专业工作室个性化人才培养模式改革和实践，是杭职院对"校企共同体"体制机制创新理论研究与实践应用的一项成果。"校企共同体"是学院与区域主导行业的主流企业以合作共赢为基础，以协议形式缔约建立的相互开放、相互联系、相互依赖、相互促进的利益实体，是校企合作的新型组织形式，具有共同规划、共构组织、共同建设、共同管理、共享成果、共担风险的"六共"特征（图5-15）。达利女装学院是杭职院与服装行业的主流企业达利公司合作建立的7个校企共同体其中之一。经过4年的探索与实践取得了显著成效，有效解决了工作室"项目来源不稳定，人才培养功能发挥不足，探索各个教学环节实施细节不够，管理体制与运行机制不健全，对来自不同企业的产品定位、风格等把握不准，学生难以参与到项目中，无法高质量完成企业的产品开发项目"等关键问题。

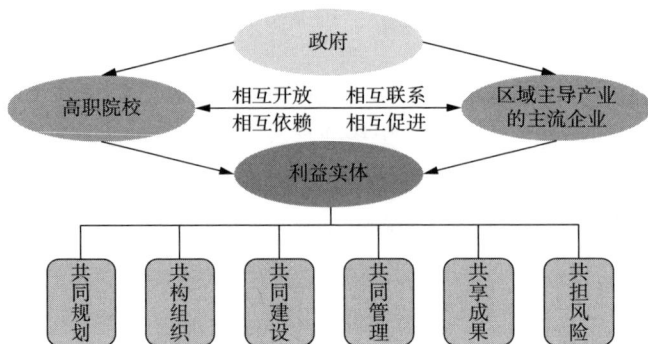

图 5-15 校企共同体内涵示意图

二、教学问题的解决方法

通过创建校企共同体和个性化人才培养，探索提高人才培养适用性的有效途径。

（一）项目以达利产品研发为主体，服务服从于个性化人才培养要求

①工作室紧跟企业需求，教学定位为个性化人才培养，通过个性化教学，培养一批对服装立体造型感兴趣且具有综合职业能力的学生。②研发项目以达利产品开发为主，以达利天猫店"CB"品牌的产品开发工作过程作为教学内容，学习即工作；将企业真实产品开发项目融入教学，作品即产品；工作室对学生实行企业化管理。

（二）针对学生特长制订方案、分解项目，易于学生参与和完成

①工作室根据学生特长制订个性化培养方案，然后结合开发项目组织攻关。②工作室对项目进行分解，并根据学生特长等分配项目。项目分解足够具体、细致，因此学生容易自主完成。

（三）引入企业考核办法，对学生实行项目绩效考核

按项目完成的过程和成果对学生进行考核，既有过程考核，又有终结考核。每个子任务完成后，指导教师即对学生进行阶段效果评价。整个项目完成后，工作室成员共同参与对项目的成果进行最终评价。

（四）制度保障为工作室教学活动的顺利开展和可持续发展奠定了基础

学院出台了《技术研发平台管理暂行办法》，规定了工作室的设立条件、主

要任务等。同时，制定了一系列扶持和激励措施，如技术研发平台负责人享受校内副处级待遇等。

在教师指导下，学生参与完成真实项目，共同解决企业的实际问题，如工程方向的学生向设计方向的同学请教服装款式设计、计算机效果图绘制、色彩搭配等技能，学生之间的沟通合作增多，团结协作能力得到了极大的锻炼和提高。

三、应用情况

本成果于2012年提出，2013年顺利立项浙江省高等教育教学改革研究项目。经过4年的理论深化、实践探索、成果推广与应用，在全国高职院校的工作室建设与运行中起到示范与引领作用。

（一）"训研"合一，持续不断地进行新品研发

以合作企业的产品开发为主，确保学生持续有真实项目进行综合实践；学生参与企业产品开发，实现了"企业专家把关，教师为辅，学生设计开发为主"的转变；2012—2016年工作室为企业设计开发产品312款，学生的创新能力得到锻炼和提高，实现了"训研"合一。

（二）培养模式被全国众多高职院校借鉴学习

本工作室个性化人才培养模式开展后，有效解决了"工作室的项目来源不稳定，工作室的人才培养功能发挥不足，探索工作室各个教学环节实施细节不够，管理体制与运行机制不健全，工作室对来自不同企业的产品定位、风格等把握不准，学生难以参与到项目中，无法高质量完成企业的产品开发项目"等关键问题。服装立体造型工作室每年接受来访的各方领导、同行及兄弟院校师生上百次，通过在这一平台上进行经验、学术交流，扩大了本专业的知名度和影响力，加快了专业建设。

（三）个性化培养成效显著，工作室学生频频获奖

工作室根据学生的特长，对学生进行个性化培养，成效显著。学生在工作室接受有针对性的培训，进行真实项目的研发，综合职业技能得到快速提升。2012—2016年，学生获得全国纺织服装专业学生职业技能标兵3项、技师资格证书3项、全国高职服装专业技能大赛一等奖8项。企业纷纷提前进校预订工作室的学生，不少毕业生毕业不到一年就能拿到可观的月薪。

（四）教师深度参与企业产品研发，实践技能显著提升

以基于校企共同体的工作室为平台，依托合作企业的人力资源优势，校企共同实施"团队教师能力提升计划"，教师与企业的联系与沟通得到加强。团队教师以项目为载体，以校企合作为纽带，在工作室"立地式"研发工作中不断提高自身的应用和创新能力。工作室负责人自2013年以来担任杭州生生韵丝绸有限公司设计总监，2013—2015年为企业开发设计产品并带来可观业绩，公司销售业绩达3600万元，利润近800万元，受到企业高度肯定。

（五）理论研究取得丰硕成果，应用前景良好

"基于校企共同体的工作室个性化人才培养模式"的研究与实践，取得丰硕成果：一是研究和实践成果，以论文形式发表、推广。2014年6月，《塑型材料在服装造型中的应用研究》在核心期刊《丝绸》上发表；2015年10月，《基于校企共同体的工作室制高职服装专业人才培养模式》在《纺织服装教育》期刊发表。二是先后立项的纵、横向课题23项，到款金额76.9万元。其中，国家级2项，省厅级2项，为企业开发新产品的横向课题2项，为其他院校提供技术指导6项。三是课题负责人多次担任全国学生技能大赛的裁判和骨干教师培训专家，社会影响广泛，并在职业院校特别是中职学校中具有较大影响力。

案例九　基于校企共同体的创新创业平台构建与实施

（获2018年中国纺织工业联合会教学成果二等奖）

成果完成人：徐　剑　郑小飞　王培松　章瓯雁　刘桠楠　白志刚

一、教学成果背景

基于校企共同体的创新创业平台构建与实施，是在2013年5月至今中央层面已出台22个创新创业相关文件的背景下，在杭职院"校企共同体"体制机制支撑下的一项教学成果。进一步提升高职院校学生创新创业核心竞争力，是专业内涵建设的进一步深化，是教育教学改革又一次新的探索。

创新创业能力教育是当前高职院校人才培养的重点与难点工作之一，如何构建创新创业能力平台，改革专业人才培养模式与课程体系，将创新创业教育贯穿人才培养的全过程，是一次新的挑战与考验。经过探索与实践，学生创新创业能力培养取得了显著成效，有效解决了创新创业能力培养体系构建难、融入专业课程缺乏项目支撑、学生学习积极性不强、与市场脱节现象严重、评价指向不明确、师资队伍的专业能力提升缺乏抓手等关键问题。构建了较为完整的创新创业能力培养模式（图5-16），形成了能力递进、螺旋上升的创新创业能力培养新模式，实现了创新创业教育融入人才培养全过程。学生的专业学习兴趣大幅度提升，学生创业率高达21.99%，远远高于全国水平。提升了专业社会服务能力，作品成果转化率极大提高，以2017年为例，专业师生为企业研发新产品，占企业全年新产品研发总量的28.6%。

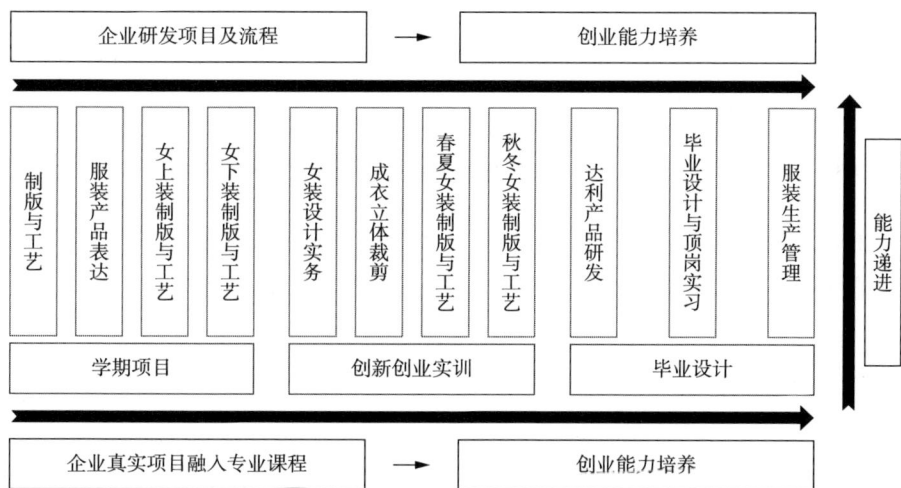

图5-16 创新创业能力培养模式

二、主要解决的教学问题

（一）创新创业体系不完善，创新创业缺乏整体设计

国外很多高校的创新创业教育体系已经相对成熟，且大多以市场和应用为导向，而国内高校的创新创业人才培养模式才刚刚启动，尤其是高职院校更是相对滞后，即使个别院校在创新创业方面有所尝试，但缺乏创新创业平台和完整的体系设计，没有科学的创新创业顶层设计，后续的实施也只是零散的"点"，缺乏

系统的"线"的设计,更缺乏真实项目的支撑,很难做到真实与市场的对接,教学效果大打折扣。

(二)没有完整的创新创业课程体系支撑

在缺乏创新创业顶层设计的前提下,更缺乏系统的创新创业课程体系的支撑。没有完善的课程体系支撑,很难实现创新创业能力递进、螺旋上升,课程实施也缺乏相应的抓手,很多教师想尝试,但缺乏项目、企业师傅等关键要素的支持。

(三)校企合作内涵深化没有抓手,企业积极性不高

国内高职院校开展校企合作已经近10年了,随着校企合作的深入,很多院校均感后续建设乏力,没有具体的建设抓手,因此很难在校企合作的道路上有新的突破和创新点,导致校企合作始终是学校方"一头热",企业积极性逐步降低,甚至逐渐失去合作的兴趣。

(四)学生创新创业积极性不高、创业率低

在缺少创新创业人才培养模式和课程体系的支撑下,学生对创新创业的积极性始终不高,学生既没有创新创业的实际经历,更没有真正培养创新创业方面的能力,学生毕业后在企业中缺乏后续的发展潜力,甚至和中职学生在同一岗位缺乏竞争力。

三、解决教学问题的方法

(一)构建能力递进、螺旋上升的创新创业培养体系

按人才培养目标的要求,构建能力递进、螺旋上升的创新创业培养体系。分别在第二学期开设综合性学期项目,在第四学期开设创新创业实训环节,在第五学期开设毕业设计课程,形成能力递进、螺旋上升的立体化培养模式。

(二)注重课程的项目设计

将企业真实研发项目融入课程,作为课程的教学项目或任务。在年初或学期末,根据下学期的课程设置,提前与合作企业进行项目引入的对接,通过校企双方协商,确定引入的企业真实项目和企业师傅。教师通过企业真实项目的备课,

自身专业水平不断提升。学生通过企业真实项目的学习，极大地提高了专业的学习兴趣，也大大地缩短了学生毕业后进入企业的迷茫期和适应期。

（三）以企业产品研发流程开展课程教学组织

课程的教学组织按照企业的产品研发流程进行涉及，学生在课程的学习过程中，既学习了专业的知识与技能，又熟悉了企业的工作流程。克服了以往单一课程的只涉及"点"，缺乏系统"线"的学习和掌握，满足了当前企业岗位复合型、综合性从业人员的上岗要求。通过以5人左右的小组形式，渗透式培养了学生的团队合作、沟通交流、成本概念等职业素养的教育。

（四）以企业产品质量标准和销售业绩作为评价指标

学业评价融入"作品＝产品"的质量要求，学生作品通过企业师傅、专任教师的共同授课，严格按照企业的产品质量标准，并通过实地展卖、淘宝销售、微信营销等各种销售形式，完成对自己产品的销售，极大地加强了学生对作品的市场意识、成本意识，解决了以往无法通过课堂教学来完成创新创业培养的难题。

（五）企业参与教学积极性大幅度提高，形成稳定的、高水平的校企双师教学团队

寻找到企业降低产品研发成本，学校找到课程的真实产品研发任务之间的平衡点。企业积极性极大提高，企业高水平师傅更愿意进入课堂指导学生，进入了良性的发展阶段，解决了以往师傅难请、课堂难进的问题。

四、成果的创新点

（一）构建并实践了创新创业能力培养体系

依托校企共同体，构建了"双线并行"的创新创业能力培养的运行体系。
1. 引入企业真实项目融入专业课程，将创新创业能力培养融入专业课程
以企业的真实项目作为课程任务、以企业产品的质量标准作为评价指标，推进创新创业教育教学改革的不断深入。
2. 能力培养融会整个创新创业环节
从综合性学期项目、创新创业实训环节至毕业设计的创新创业能力培养实训环节学生通过课程的学习，将专业课程所学的知识与技能进行融会贯通，同时融

入职业素养的培养，不断提升创新创业能力整体水平。

（二）改革并完善了创新创业教学组织形式

紧密对接企业对复合型、综合型从业人员的岗位要求，结合历年毕业生跟踪调查的反馈意见，以企业真实产品研发流程作为课程教学的组织形式，组织真实的产品研发实训环节，通过潜移默化的渗透式培养，不断提升学生的学习兴趣，实现从市场调研、产品制作到产品销售的全过程系统性人才培养。

五、成果的推广应用效果

（一）完善了人才培养模式和课程体系

通过几年的时间，不断完善人才培养模式与课程体系，打破了以往单一的技能训练模式，通过引入企业真实研发项目，完善了"整体化教学、生产性实训"人才培养模式。形成了女下装典型款制版与工艺、女上装典型款制版与工艺、春夏流行女装设计、春夏流行女装制版与工艺、秋冬流行女装设计、秋冬流行女装制版与工艺等核心课程的"基于产品研发"的项目化课程体系。构建并实践了企业真实项目融入课程、开设创新创业实训环节的"双线并行"创新创业能力培养体系。

（二）学生创业率逐年提高

经过2014—2017年的培育与探索，学生创新创业能力不断提升，通过浙江省教育厅委派第三方调查机构——浙江省考试院的调研数据显示，达利女装学院服装专业群2014年、2015年、2016年、2017年的学生成功创业率分别为5.9%、14.52%、10.41%、21.99%，创业率逐年提高，且远远高于浙江省乃至全国的平均创业率，创新创业能力培养模式的成效逐步显现。

（三）师生作品成果转化率逐年提升

依托校企共同体——达利集团，企业真实项目融入专业课程，并以教师工作室、专题研发项目为补充，师生作品的成果转化率逐年提高，2014—2017年师生分别为企业研发产品且被企业采用的数量分别为1426款、1916款、2852款、2925款，占企业年总开发量的16.4%、20.3%、26.1%和28.6%，企业、教师和学生的积极性大幅度提升。

（四）校企合作的积极性进一步激发

学校以企业项目融入课程，为企业大大降低了研发的成本，企业参与教学的积极性进一步激发，合作模式也纷纷在专业群中进行推广，仅2017年底和2018年初，就有近30家企业来校洽谈合作事项，2017年企业人力资源、设计总监、技术总监等近30人企业专家走进课堂，参与课程教学的部分环节，在提高教学效果的同时，双师共育人才得以进一步夯实。

（五）师资队伍水平不断提高

项目推进的最大获益者除了学生以外，专任教师的专业水平也得以快速提升，师资队伍整体水平不断提高，章瓯雁、刘桠楠、白志刚等专业负责人、骨干教师，多次被全国其他院校邀请，做创新创业、专业建设等相关主题的讲座和辅导，专业教师参加全国服装专业教师技能大赛频频获奖，达利女装学院的声誉进一步提高。

参考文献

［1］许淑燕,林平.现实与理想——职业教育人才培养新探索 [M].北京:光明日报出版社,2015.

［2］国务院关于印发国家职业教育改革实施方案的通知(国发〔2019〕4号)[Z].2019-01-24.

［3］职业教育提质培优行动计划(2020—2023年)[Z].2020-09-30.

［4］叶鉴铭."校企共同体"背景下高职学生职业岗位能力培养新探索 [J].职教论坛,2010(25).

［5］俞仲文.迈向21世纪的中国高等职业教育 [M].西安:西安电子科技大学出版社,1999.

［6］徐国庆.职业教育项目课程开发指南 [M].上海:华东师范大学出版社,2013.

［7］肖化移,黄龙威.职业技术教育教学模式比较研究 [J].外国教育研究,2008.

［8］石伟平.比较职业技术教育 [M].上海:华东师范大学出版社,2008.

［9］罗丽英,张增良,郝红霞.探析高职"工学结合"模式下的学生思想教育 [J].继续教育研究,2009(5).

［10］周和平.对发展高等职业教育若干问题的探讨 [J].职业教育研究,2005.

［11］游文明.关于中德高职教育与企业关系的理性分析 [J].职业教育研究,2007.

［12］王晓华.基于"校企共同体"的高职教育服务社会能力探析 [J].中国职业技术教育,2012(3).

［13］李峰.高校校办企业存在的问题及对策分析 [J].湖南冶金职业技术学院学报,2009.

［14］苏志刚.高等职业教育产学研结合探索与实践 [J].宁波大学学报,2008.

［15］姚剑平.高职院校开展产学研合作过程中存在的问题与对策 [J].安徽职业技术学院学报,2009.

［16］李剑平,谢洋.风景这边好,成才道路宽 [N].中国青年报,2008-6-23.

［17］于长东.国外高等职业教育产学合作的典型模式及借鉴 [J].辽宁农业职业技术学院学报,2003.

［18］任君庆.高职院校科研工作若干问题探讨 [J].黑龙江高教研究,2010.

［19］洪贞银. 高等职业教育校企深度合作的若干问题及其思考 [J]. 高等教育研究, 2010（3）.

［20］刘洪宇. 我国高等职业教育校企合作体制机制建设的新思路 [J]. 教育与职业, 2011（5）.

［21］徐英杰. 体现企业利益, 促进校企合作 [J]. 科技信息, 2011（18）.

［22］Ding Xiajun. Training High Vocational Talents with School-Enterprise Cooperation：A Case Study[J]. 978-1-4244-7618-3 /10/（C）2010.

［23］赵美惠. 德国的 "双元制" 教育对我国高职教育人才培养的启示 [J]. 教育与职业, 2010（8）.

［24］胡秋儿. 高等职业教育三角协调模式研究 [J]. 宁波大学学报：教育科学版, 2010（7）.

［25］颜楚华, 王章华, 邓青云. 政府主导、学校主体、企业主动 —— 构建校企合作保障机制的思考 [J]. 中国高教研究, 2011（4）.

［26］何杨勇, 裘孟荣. 为了企业的需求 —— 对高职校企合作的深层思考 [J]. 职教论坛, 2011（15）.

［27］余芝轩. 校企合作的制约因素与对策研究 [J]. 中共山西省直机关党校学报, 2012（1）.

［28］葛锦林. 推进校企合作利益相关者目标价值趋同的必要性研究 [J]. 河南科技学院学报, 2011（6）.

［29］李中衡, 吴金华. 高职教育校企合作中的利益相关者研究 [J]. 职教通讯, 2011（7）.

［30］黄志坚. 论职业院校校企合作的形式、条件及目标效果 [J]. 广东广播电视大学学报, 2008（5）.

［31］孙健, 王明伦. 利益相关者视角下职教集团发展战略初探 [J]. 职业技术教育, 2010（10）.

［32］丁金昌, 童卫军. 关于高职教育推进 "校企合作、工学结合" 的再认识 [J]. 高等教育研究, 2008（6）.

［33］张永良, 张学琴. 高职 "订单式" 人才培养模式的有效机制探索 [J]. 中国高教研究, 2007（6）.

［34］Jin Hui. The Ideal Path of Deepening School-enterprise Cooperation of Higher Vocational Education[J]. Educational Research, 2010.

［35］孔凡成. 论高等职业教育校企合作机制的构建 [J]. 中国职工教育, 2007（11）.

［36］牛晓霞.基于博弈的校企合作技术创新过程研究[D].西安理工大学,2005.

［37］桂早芳.高等职业教育与普通高等教育的差异性研究[J].武汉电力职业技术学院学报,2011（9）.

［38］谭界忠.高等职业教育产学研合作机制研究[M].北京:中国农业科学技术出版社,2008.

［39］杨东铭.高职教育——高等教育的一种全新类型[J].现代教育科学,2010(1).

［40］郭晓川.合作技术创新:大学与企业合作的理论和实证[M].北京:经济管理出版社,2001.

［41］黎丽.浅析影响"校企合作"人才培养的三大因素[J].经营管理者,2011（8）.

［42］潘光.校企合作已成为职业教育改革方向[N].中国教育报,2007-12-22.

［43］张社宇.我国职业教育面临的六大问题[J].教育发展研究,2009（23）.

［44］刘康.创新培养工作体制机制 推进校企合作深度发展[J].中国职业技术教育,2008（26）.

［45］关于进一步发挥行业、企业在职业教育和培训中作用的意见（教职成〔2002〕15号）[Z].2002-12-2.

［46］中国社会科学院语言研究所词典编辑室.现代汉语词典[Z].北京:商务印书馆,1983.

［47］戴裕崴.高职教育校企合作模式探究[J].中国职业技术教育,2009（15）.

［48］刘明兰.高等职业技术教育办学特色研究[M].上海:华中科技大学出版社,2004.

［49］李萍.职业迁移:高职学生面临的困惑与思考[J].教育探索,2008（11）.